MODERNIDADE LÍQUIDA

Obras de Zygmunt Bauman:

- 44 cartas do mundo líquido moderno
- Amor líquido
- Aprendendo a pensar com a sociologia
- A arte da vida
- Babel
- Bauman sobre Bauman
- Capitalismo parasitário
- Cegueira moral
- Comunidade
- Confiança e medo na cidade
- A cultura no mundo líquido moderno
- Danos colaterais
- O elogio da literatura
- Em busca da política
- Ensaios sobre o conceito de cultura
- Esboços de uma teoria da cultura
- Estado de crise
- Estranho familiar
- Estranhos à nossa porta
- A ética é possível num mundo de consumidores?
- Europa
- Globalização: as consequências humanas
- Identidade
- A individualidade numa época de incertezas
- Isto não é um diário
- Legisladores e intérpretes
- Mal líquido
- O mal-estar da pós-modernidade
- Medo líquido
- Modernidade e ambivalência
- Modernidade e Holocausto
- Modernidade líquida
- Nascidos em tempos líquidos
- Para que serve a sociologia?
- O retorno do pêndulo
- Retrotopia
- A riqueza de poucos beneficia todos nós?
- Sobre educação e juventude
- A sociedade individualizada
- Tempos líquidos
- Vida a crédito
- Vida em fragmentos
- Vida líquida
- Vida para consumo
- Vidas desperdiçadas
- Vigilância líquida

Zygmunt Bauman

MODERNIDADE LÍQUIDA

Tradução:
Plínio Dentzien

9ª reimpressão

Copyright © 2000 by Zygmunt Bauman

Tradução autorizada da edição inglesa publicada em 2000 por Polity Press, de Oxford, Inglaterra

Grafia atualizada segundo o Acordo Ortográfico da Língua Portuguesa de 1990, que entrou em vigor no Brasil em 2009.

Título original
Liquid Modernity

Capa e imagem
Bruno Oliveira

Dados Internacionais de Catalogação na Publicação (CIP)
(Câmara Brasileira do Livro, SP, Brasil)

Bauman, Zygmunt, 1925-2017
    Modernidade líquida / Zygmunt Bauman ; tradução Plínio Dentzien.
– 1ª ed. – Rio de Janeiro : Zahar, 2021.

    Título original: Liquid Modernity.
    ISBN 978-65-5979-000-5

    1. Civilização moderna – Século 20 2. Sociologia I. Título.

21-60240   CDD: 30104

Índice para catálogo sistemático:
1. Sociologia 301

Aline Graziele Benitez – Bibliotecária – CRB-1/3129

Todos os direitos desta edição reservados à
EDITORA SCHWARCZ S.A.
Praça Floriano, 19, sala 3001 – Cinelândia
20031-050 – Rio de Janeiro – RJ
Telefone: (21) 3993-7510
www.companhiadasletras.com.br
www.blogdacompanhia.com.br
facebook.com/editorazahar
instagram.com/editorazahar
twitter.com/editorazahar

· Sumário ·

Prefácio: Ser Leve e Líquido   *7*

1. Emancipação   *25*

As bênçãos mistas da liberdade, *27* • As casualidades e a sorte cambiantes da crítica, *33* • O indivíduo em combate com o cidadão, *43* • O compromisso da teoria crítica na sociedade dos indivíduos, *52* • A teoria crítica revisitada, *56* • A crítica da política-vida, *64*

2. Individualidade   *70*

Capitalismo – pesado e leve, *72* • Tenho carro, posso viajar, *77* • Pare de me dizer; mostre-me!, *83* • A compulsão transformada em vício, *93* • O corpo do consumidor, *98* • Comprar como ritual de exorcismo, *103* • Livre para comprar – ou assim parece, *105* • Separados, compramos , *114*

3. Tempo/Espaço   *117*

Quando estranhos se encontram, *121* • Lugares êmicos, lugares fágicos, não lugares, espaços vazios, *125* • Não fale com estranhos, *133* • A modernidade como história do tempo, *139* • Da modernidade pesada à modernidade leve, *144* • A sedutora leveza do ser, *150* • Vida instantânea, *157*

4. Trabalho   *164*

Progresso e fé na história, *166* • Ascensão e queda do trabalho, *176* • Do casamento à coabitação, *186* • Digressão: breve história da procrastinação, *195* • Os laços humanos no mundo fluido, *201* • A autoperpetuação da falta de confiança, *207*

5. Comunidade *210*

Nacionalismo, marco 2, *215* • Unidade – pela semelhança ou pela diferença?, *220* • Segurança a um certo preço, *226* • Depois do Estado-nação, *230* • Preencher o vazio, *239* • *Cloakroom communities*, *248*

Posfácio: Escrever; escrever sociologia *251*

Notas *268*

Índice remissivo *275*

. Prefácio .

Ser Leve e Líquido

> Interrupção, incoerência, surpresa são as condições comuns de nossa vida. Elas se tornaram mesmo necessidades reais para muitas pessoas, cujas mentes deixaram de ser alimentadas ... por outra coisa que não mudanças repentinas e estímulos constantemente renovados ... Não podemos mais tolerar o que dura. Não sabemos mais fazer com que o tédio dê frutos.
>
> Assim, toda a questão se reduz a isto: pode a mente humana dominar o que a mente humana criou?
>
> Paul Valéry

"Fluidez" é a qualidade de líquidos e gases. O que os distingue dos sólidos, como a *Enciclopédia britânica,* com a autoridade que tem, nos informa, é que eles "não podem suportar uma força tangencial ou deformante quando imóveis" e assim "sofrem uma constante mudança de forma quando submetidos a tal tensão".

Essa contínua e irrecuperável mudança de posição de uma parte do material em relação a outra parte quando sob pressão deformante constitui o fluxo, propriedade característica dos fluidos. Em contraste, as forças deformantes num sólido torcido ou flexionado se mantêm, o sólido não sofre o fluxo e pode voltar à sua forma original.

Os líquidos, uma variedade dos fluidos, devem essas notáveis qualidades ao fato de que suas "moléculas são mantidas num arranjo ordenado que atinge apenas poucos diâmetros moleculares", enquanto "a variedade de comportamentos exibida pelos sólidos é um resultado direto do tipo de liga que une os seus átomos e dos arranjos estruturais destes". "Liga", por sua vez, é um termo que indica a estabilidade dos sólidos – a resistência que eles "opõem à separação dos átomos".

Isso quanto à *Enciclopédia britânica* – no que parece uma tentativa de oferecer "fluidez" como a principal metáfora para o estágio presente da era moderna.

O que todas essas características dos fluidos mostram, em linguagem simples, é que os líquidos, diferentemente dos sólidos, não mantêm sua forma com facilidade. Os fluidos, por assim dizer, não fixam o espaço nem prendem o tempo. Enquanto os sólidos têm dimensões espaciais claras, mas neutralizam o impacto e, portanto, diminuem a significação do tempo (resistem efetivamente a seu fluxo ou o tornam irrelevante), os fluidos não se atêm muito a qualquer forma e estão constantemente prontos (e propensos) a mudá-la; assim, para eles, o que conta é o tempo, mais do que o espaço que lhes toca ocupar; espaço que, afinal, preenchem apenas "por um momento". Em certo sentido, os sólidos suprimem o tempo; para os líquidos, ao contrário, o tempo é o que importa. Ao descrever os sólidos, podemos ignorar inteiramente o tempo; ao descrever os fluidos, deixar o tempo de fora seria um grave erro. Descrições de líquidos são fotos instantâneas, que precisam ser datadas.

Os fluidos se movem facilmente. Eles "fluem", "escorrem", "esvaem-se", "respingam", "transbordam", "vazam", "inundam", "borrifam", "pingam"; são "filtrados", "destilados"; diferentemente dos sólidos, não são facilmente contidos – contornam certos obstáculos, dissolvem outros e invadem ou inundam seu caminho. Do encontro com sólidos emergem intactos, enquanto os sólidos que encontraram, se permanecem sólidos, são alterados – ficam molhados ou encharcados. A extraordinária mobilidade dos fluidos é o que os associa à ideia de "leveza". Há líquidos que, centímetro cúbico por centímetro cúbico, são mais pesados que muitos sólidos, mas ainda assim tendemos a vê-los como mais leves, menos "pesados" que qualquer sólido. Associamos "leveza" ou "ausência de peso" à mobilidade e à inconstância: sabemos pela prática que quanto mais leves viajamos, com maior facilidade e rapidez nos movemos.

Essas são razões para considerar "fluidez" ou "liquidez" como metáforas adequadas quando queremos captar a natureza da presente fase, *nova* de muitas maneiras, na história da modernidade.

Concordo prontamente que tal proposição deve fazer vacilar quem transita à vontade no "discurso da modernidade" e está familiarizado com o vocabulário usado normalmente para narrar a história moderna. Mas a modernidade não foi um processo de "liquefação" desde o começo? Não foi o "derretimento dos sólidos" seu maior passatempo e principal realização? Em outras palavras, a modernidade não foi "fluida" desde sua concepção?

Essas e outras objeções semelhantes são justificadas, e o parecerão ainda mais se lembrarmos que a famosa frase sobre "derreter os sólidos", quando cunhada há um século e meio pelos autores do *Manifesto comunista,* referia-se ao tratamento que o autoconfiante e exuberante espírito moderno dava à sociedade, que considerava estagnada demais para seu gosto e resistente demais para mudar e amoldar-se a suas ambições – porque congelada em seus caminhos habituais. Se o "espírito" era "moderno", ele o era na medida em que estava determinado que a realidade deveria ser emancipada da "mão morta" de sua própria história – e isso só poderia ser feito derretendo os sólidos (isto é, por definição, dissolvendo o que quer que persistisse no tempo e fosse infenso à sua passagem ou imune a seu fluxo). Essa intenção clamava, por sua vez, pela "profanação do sagrado": pelo repúdio e destronamento do passado, e, antes e acima de tudo, da "tradição" – isto é, o sedimento ou resíduo do passado no presente; clamava pelo esmagamento da armadura protetora forjada de crenças e lealdades que permitiam que os sólidos resistissem à "liquefação".

Lembremos, no entanto, que tudo isso seria feito não para acabar de uma vez por todas com os sólidos e construir um admirável mundo novo livre deles para sempre, mas para limpar a área para *novos e aperfeiçoados sólidos;* para substituir o conjunto herdado de sólidos deficientes e defeituosos por outro conjunto, aperfeiçoado e preferivelmente perfeito, e por isso não mais alterável. Ao ler o *Ancien Régime* de Tocqueville, podemos nos perguntar até que ponto os "sólidos encontrados" não teriam sido desprezados, condenados e destinados à liquefação por já estarem enferrujados, esfarelados, com as costuras abrindo; por não se poder confiar neles. Os tempos modernos encontraram os sólidos pré-modernos em estado avançado de desintegração; e um dos motivos mais fortes por trás da urgência em derretê-los era o desejo de, por uma vez, descobrir ou inventar sólidos de solidez *duradoura,* solidez em que se pudesse confiar e que tornaria o mundo previsível e, portanto, administrável.

Os primeiros sólidos a derreter e os primeiros sagrados a profanar eram as lealdades tradicionais, os direitos costumeiros e as obrigações que atavam pés e mãos, impediam os movimentos e restringiam as iniciativas. Para poder construir seriamente uma nova ordem (verdadeiramente sólida!) era necessário primeiro livrar-se do entulho com que a velha ordem sobrecarregava os construtores. "Derreter os sólidos" significava, antes e acima de tudo, eliminar as obrigações "irrelevantes" que impediam a via do cálculo racional dos efeitos; como dizia Max Weber, libertar a empresa de negócios dos grilhões dos deveres para com a família e o lar e da densa trama das obrigações éticas; ou, como preferiria Thomas Carlyle, dentre os vários laços subjacentes às responsabilidades humanas mútuas, deixar restar somente o "nexo dinheiro". Por isso mesmo, essa forma de "derreter os sólidos" deixava toda a complexa rede de relações sociais no ar – nua, desprotegida, desarmada e exposta, impotente para resistir às regras de ação e aos critérios de racionalidade inspirados pelos negócios, quanto mais para competir efetivamente com eles.

Esse desvio fatal deixou o campo aberto para a invasão e dominação (como dizia Weber) da racionalidade instrumental, ou (na formulação de Karl Marx) para o papel determinante da economia: agora a "base" da vida social outorgava a todos os outros domínios o estatuto de "superestrutura" – isto é, um artefato da "base", cuja única função era auxiliar sua operação suave e contínua. O derretimento dos sólidos levou à progressiva libertação da economia de seus tradicionais embaraços políticos, éticos e culturais. Sedimentou uma nova ordem, definida principalmente em termos econômicos. Essa nova ordem deveria ser mais "sólida" que as ordens que substituía, porque, diferentemente delas, era imune a desafios por qualquer ação que não fosse econômica. A maioria das alavancas políticas ou morais capazes de mudar ou reformar a nova ordem foram quebradas ou feitas curtas ou fracas demais, ou de alguma outra forma inadequadas para a tarefa. Não que a ordem econômica, uma vez instalada, tivesse colonizado, reeducado e convertido a seus fins o restante da vida social; essa ordem veio a dominar a totalidade da vida humana porque o que quer que pudesse ter acontecido nessa vida tornou-se irrelevante e ineficaz no que diz respeito à implacável e contínua reprodução dessa ordem.

Esse estágio na carreira da modernidade foi bem-descrito por Claus Offe (em "A utopia da opção zero", publicado originalmente em 1987 em *Praxis international*): as sociedades "complexas se tornaram rígidas a tal ponto que a própria tentativa de refletir normativamente sobre elas ou de renovar sua 'ordem', isto é, a natureza da coordenação dos processos que nelas têm lugar, é virtualmente impedida por força de sua própria futilidade, donde sua inadequação essencial". Por mais livres e voláteis que sejam os "subsistemas" dessa ordem, isoladamente ou em conjunto, o modo como são entretecidos é "rígido, fatal e desprovido de qualquer liberdade de escolha". A ordem das coisas como um todo não está aberta a opções; está longe de ser claro quais poderiam ser essas opções, e ainda menos claro como uma opção ostensivamente viável poderia ser real no caso pouco provável de a vida social ser capaz de concebê-la e gestá-la. Entre a ordem como um todo e cada uma das agências, veículos e estratagemas da ação proposital há uma clivagem – uma brecha que se amplia perpetuamente, sem ponte à vista.

Ao contrário da maioria dos cenários distópicos, este efeito não foi alcançado via ditadura, subordinação, opressão ou escravização; nem através da "colonização" da esfera privada pelo "sistema". Ao contrário: a situação presente emergiu do derretimento radical dos grilhões e das algemas que, certo ou errado, eram suspeitos de limitar a liberdade individual de escolher e de agir. *A rigidez da ordem é o artefato e o sedimento da liberdade dos agentes humanos.* Essa rigidez é o resultado de "soltar o freio": da desregulamentação, da liberalização, da "flexibilização", da "fluidez" crescente, do descontrole dos mercados financeiro, imobiliário e de trabalho, tornando mais leve o peso dos impostos etc. (como Offe observou em "Amarras, algemas, grades", publicado originalmente em 1987); ou (para citar Richard Sennett em *Flesh and Stone*) das técnicas de "velocidade, fuga, passividade" – em outras palavras, técnicas que permitem que o sistema e os agentes livres se mantenham radicalmente desengajados e que se desencontrem em vez de encontrar-se. Se o tempo das revoluções sistêmicas passou, é porque não há edifícios que alojem as mesas de controle do sistema, que poderiam ser atacados e capturados pelos revolucionários; e também porque é terrivelmente difícil, para não dizer impossível, imaginar o que os vencedores, uma vez dentro dos edifícios (se os tivessem achado), poderiam fazer para virar a mesa e pôr fim à miséria que os levou à rebelião. Ninguém ficaria surpreso ou intrigado pela evidente escassez de pessoas que se disporiam a ser revolucionários: do tipo de pessoas que articulam o desejo de mudar seus planos individuais como projeto para mudar a ordem da sociedade.

A tarefa de construir uma ordem nova e melhor para substituir a velha ordem defeituosa não está hoje na agenda – pelo menos não na agenda daquele domínio em que se supõe que a ação política resida. O "derretimento dos sólidos", traço permanente da modernidade, adquiriu, portanto, um novo sentido, e, mais que tudo, foi redirecionado a um novo alvo, e um dos principais efeitos desse redirecionamento foi a dissolução das forças que poderiam ter mantido a questão da ordem e do sistema na agenda política. Os sólidos que estão para ser lançados no cadinho e os que estão derretendo neste momento, o momento da modernidade fluida, são os elos que entrelaçam as escolhas individuais em projetos e ações coletivas – os padrões de comunicação e coordenação entre as políticas de vida conduzidas individualmente, de um lado, e as ações políticas de coletividades humanas, de outro.

Numa entrevista a Jonathan Rutherford no dia três de fevereiro de 1999, Ulrich Beck (que alguns anos antes cunhara o termo "segunda modernidade" para conotar a fase marcada pela modernidade "voltando-se sobre si mesma", a era da assim chamada "modernização da modernidade") fala de "categorias zumbi" e "instituições zumbi", que estão "mortas e ainda vivas". Ele menciona a família, a classe e o bairro como principais exemplos do novo fenômeno. A família, por exemplo:

> Pergunte-se o que é realmente uma família hoje em dia? O que significa? É claro que há crianças, meus filhos, nossos filhos. Mas, mesmo a paternidade e a maternidade, o núcleo da vida familiar, estão começando a se desintegrar no divórcio ... Avós e avôs são incluídos e excluídos sem meios de participar nas decisões de seus filhos e filhas. Do ponto de vista de seus netos, o significado das avós e dos avôs tem que ser determinado por decisões e escolhas individuais.

O que está acontecendo hoje é, por assim dizer, uma redistribuição e realocação dos "poderes de derretimento" da modernidade. Primeiro, eles afetaram as instituições existentes, as molduras que circunscreviam o domínio das ações-escolhas possíveis, como os estamentos hereditários com sua alocação por atribuição, sem chance de apelação. Configurações, constelações, padrões de dependência e interação, tudo isso foi posto a derreter no cadinho, para ser depois novamente moldado e refeito; essa foi a fase de "quebrar a forma" na história da modernidade inerentemente transgressiva, rompedora de fronteiras e capaz de tudo desmoronar. Quanto aos indivíduos, porém – eles podem ser desculpados por ter deixado de notá-lo; passaram a ser confrontados por padrões e figurações que, ainda que "novas e aperfeiçoadas", eram tão duras e indomáveis como sempre.

Na verdade, nenhum molde foi quebrado sem que fosse substituído por outro; as pessoas foram libertadas de suas velhas gaiolas apenas para ser admoestadas e censuradas caso não conseguissem se realocar, através de seus próprios esforços dedicados, contínuos e verdadeiramente infindáveis, nos nichos préfabricados da nova ordem: nas *classes,* as molduras que (tão intransigentemente como os *estamentos* já dissolvidos) encapsulavam a totalidade das condições e perspectivas de vida e determinavam o âmbito dos projetos e estratégias realistas de vida. A tarefa dos indivíduos livres era usar sua nova liberdade para encontrar o nicho apropriado e ali se acomodar e adaptar: seguindo fielmente as regras e modos de conduta identificados como corretos e apropriados para aquele lugar.

São esses padrões, códigos e regras a que podíamos nos conformar, que podíamos selecionar como pontos estáveis de orientação e pelos quais podíamos nos deixar depois guiar, que estão cada vez mais em falta. Isso não quer dizer que nossos contemporâneos sejam guiados tão somente por sua própria imaginação e resolução e sejam livres para construir seu modo de vida a partir do zero e segundo sua vontade, ou que não sejam mais dependentes da sociedade para obter as plantas e os materiais de construção. Mas quer dizer que estamos passando de uma era de "grupos de referência" predeterminados a uma outra de "comparação universal", em que o destino dos trabalhos de autoconstrução individual está endêmica e incuravelmente sub-determinado, não está dado de antemão, e tende a sofrer numerosas e profundas mudanças antes que esses trabalhos alcancem seu único fim genuíno: o fim da vida do indivíduo.

Hoje, os padrões e configurações não são mais "dados", e menos ainda "autoevidentes"; eles são muitos, chocando-se entre si e contradizendo-se em seus comandos conflitantes, de tal forma que todos e cada um foram desprovidos de boa parte de seus poderes de coercitivamente compelir e restringir. E eles mudaram de natureza e foram reclassificados de acordo: como itens no inventário das tarefas individuais. Em vez de preceder a política-vida e emoldurar seu curso futuro, eles devem segui-la (derivar *dela),* para serem formados e reformados por suas flexões e torções. Os poderes que liquefazem passaram do "sistema" para a "sociedade", da "política" para as "políticas da vida" – ou desceram do nível "macro" para o nível "micro" do convívio social.

A nossa é, como resultado, uma versão individualizada e privatizada da modernidade, e o peso da trama dos padrões e a responsabilidade pelo fracasso caem principalmente sobre os ombros dos indivíduos. Chegou a vez da liquefação dos padrões de dependência e interação. Eles são agora maleáveis a um ponto que as gerações passadas não experimentaram e nem poderiam imaginar; mas, como todos os fluidos, eles não mantêm a forma por muito tempo. Dar-lhes forma é mais fácil que mantê-los nela. Os sólidos são moldados para sempre. Manter os fluidos em uma forma requer muita atenção, vigilância constante e esforço perpétuo – e mesmo assim o sucesso do esforço é tudo menos inevitável.

Seria imprudente negar, ou mesmo subestimar, a profunda mudança que o advento da "modernidade fluida" produziu na condição humana. O fato de que a estrutura sistêmica seja remota e inalcançável, aliado ao estado fluido e não estruturado do cenário imediato da política-vida, muda aquela condição de um modo radical e requer que repensemos os velhos conceitos que costumavam cercar suas narrativas. Como zumbis, esses conceitos são hoje mortos-vivos. A questão prática consiste em saber se sua ressurreição, ainda que em nova forma ou encarnação, é possível; ou – se não for – como fazer com que eles tenham um enterro decente e eficaz.

Este livro se dedica a essa questão. Foram selecionados para exame cinco dos conceitos básicos em torno dos quais as narrativas ortodoxas da condição humana tendem a se desenvolver: a emancipação, a individualidade, o tempo/espaço, o trabalho e a comunidade. Transformações sucessivas de seus significados e aplicações práticas são exploradas (ainda que de maneira muito fragmentária e preliminar) com a esperança de salvar os bebês do banho desta torrente de água poluída.

A modernidade significa muitas coisas, e sua chegada e avanço podem ser aferidos utilizando-se muitos marcadores diferentes. Uma característica da vida moderna e de seu moderno entorno se impõe, no entanto, talvez como a "diferença que faz a diferença"; como o atributo crucial que todas as demais características seguem. Esse atributo é a relação cambiante entre espaço e tempo.

A modernidade começa quando o espaço e o tempo são separados da prática da vida e entre si, e assim podem ser teorizados como categorias distintas e mutuamente independentes da estratégia e da ação; quando deixam de ser, como eram ao longo dos séculos pré-modernos, aspectos entrelaçados e dificilmente distinguíveis da experiência vivida, presos numa estável e aparentemente invulnerável correspondência biunívoca. Na modernidade, o tempo tem *história,* tem história por causa de sua "capacidade de carga", perpetuamente em expansão – o alongamento dos trechos do espaço que unidades de tempo permitem "passar", "atravessar", "cobrir" – ou *conquistar.* O tempo adquire história uma vez que a velocidade do movimento através do espaço (diferentemente do espaço eminentemente inflexível, que não pode ser esticado e que não encolhe) se torna uma questão do engenho, da imaginação e da capacidade humanas.

A própria ideia de velocidade (e mais ainda a de aceleração), quando se refere à relação entre tempo e espaço, *supõe* sua variabilidade, e dificilmente teria qualquer significado se não fosse aquela uma relação verdadeiramente variável, se fosse um atributo da realidade inumana e pré-humana e não uma questão de inventividade e resolução humanas, e se não se lançasse para muito além da estreita gama de variações a que as ferramentas naturais da mobilidade – as pernas humanas ou equinas – costumavam confinar os movimentos dos corpos pré-modernos. Quando a distância percorrida numa unidade de tempo passou a depender da tecnologia, de meios artificiais de transporte, todos os limites à velocidade do movimento, existentes ou herdados, poderiam, em princípio, ser transgredidos. Apenas o céu (ou, como acabou sendo depois, a velocidade da luz) era agora o limite, e a modernidade era um esforço contínuo, rápido e irrefreável para alcançá-lo.

Graças a sua flexibilidade e expansividade recentemente adquiridas, o tempo moderno se tornou, antes e acima de tudo, a arma na conquista do espaço. Na moderna luta entre tempo e espaço, o espaço era o lado sólido e impassível, pesado e inerte, capaz apenas de uma guerra defensiva, de trincheiras – um obstáculo aos avanços do tempo. O tempo era o lado dinâmico e ativo na batalha, o lado sempre na ofensiva: a força invasora, conquistadora e colonizadora. A velocidade do movimento e o acesso a meios mais rápidos de mobilidade chegaram nos tempos modernos à posição de principal ferramenta do poder e da dominação.

Michel Foucault utilizou o projeto do Panóptico de Jeremy Bentham como arquimetáfora do poder moderno. No Panóptico, os internos estavam presos ao lugar e impedidos de qualquer movimento, confinados entre muros grossos, densos e bem-guardados, e fixados a suas camas, celas ou bancadas. Eles não podiam se mover porque estavam sob vigilância; tinham que se ater aos lugares indicados sempre porque não sabiam, e nem tinham como saber, onde estavam no momento seus vigias, livres para mover-se à vontade. As instalações e a facilidade de movimento dos vigias eram a garantia de sua dominação; dos múltiplos laços de sua subordinação, a "fixação" dos internos ao lugar era o mais seguro e difícil de romper. O domínio do tempo era o segredo do poder dos administradores – e imobilizar os subordinados no espaço, negando-lhes o direito ao movimento e rotinizando o ritmo a que deviam obedecer era a principal estratégia em seu exercício do poder. A pirâmide do poder era feita de velocidade, de acesso aos meios de transporte e da resultante liberdade de movimento.

O Panóptico era um modelo de engajamento e confrontação mútuos entre os dois lados da relação de poder. As estratégias dos administradores, mantendo sua própria volatilidade e rotinizando o fluxo do tempo de seus subordinados, se tornavam uma só. Mas havia tensão entre as duas tarefas. A segunda tarefa punha limites à primeira – prendia os "rotinizadores" ao lugar dentro do qual os objetos da rotinização do tempo estavam confinados. Os rotinizadores não eram verdadeira e inteiramente livres para se mover: a opção "ausente" estava fora de questão em termos práticos.

O Panóptico apresenta também outras desvantagens. É uma estratégia cara: a conquista do espaço e sua manutenção, assim como a manutenção dos internos no espaço vigiado, abarcava ampla gama de tarefas administrativas custosas e complicadas. Havia os edifícios a erigir e manter em bom estado, os vigias profissionais a contratar e remunerar, a sobrevivência e capacidade de trabalho dos internos a ser preservada e cultivada. Finalmente, administrar significa, ainda que a contragosto, responsabilizar-se pelo bem-estar geral do lugar, mesmo que em nome de um interesse pessoal consciente – e a responsabilidade, outra vez, significa estar preso ao lugar. Ela requer presença, e engajamento, pelo menos como uma confrontação e um cabo de guerra permanentes.

O que leva tantos a falar do "fim da história", da pós-modernidade, da "segunda modernidade" e da "sobremodernidade", ou a articular a intuição de uma mudança radical no arranjo do convívio humano e nas condições sociais sob as quais a política-vida é hoje levada, é o fato de que o longo esforço para acelerar a velocidade do movimento chegou a seu "limite natural". O poder pode se mover com a velocidade do sinal eletrônico – e assim o tempo requerido para o movimento de seus ingredientes essenciais se reduziu à instantaneidade. Em termos práticos, o poder se tornou verdadeiramente *extraterritorial,* não mais limitado, nem mesmo desacelerado, pela resistência do espaço (o advento do telefone celular serve bem como "golpe de misericórdia" simbólico na dependência em relação ao espaço: o próprio acesso a um ponto telefônico não é mais necessário para que uma ordem seja dada e cumprida. Não importa mais onde está quem dá a ordem – a diferença entre "próximo" e "distante", ou entre o espaço selvagem e o civilizado e ordenado, está a ponto de desaparecer). Isso dá aos detentores do poder uma oportunidade verdadeiramente sem precedentes: eles podem se livrar dos aspectos irritantes e atrasados da técnica de poder do Panóptico. O que quer que a história da modernidade seja no estágio presente, ela é também, e talvez acima de tudo, *pós-Panóptica.* O que importava no Panóptico era que os encarregados "estivessem lá", próximos, na torre de controle. O que importa, nas relações de poder pós-panópticas é que as pessoas que operam as alavancas do poder de que depende o destino dos parceiros menos voláteis na relação podem fugir do alcance a qualquer momento – para a pura inacessibilidade.

O fim do Panóptico é o arauto do *fim da era do engajamento mútuo:* entre supervisores e supervisados, capital e trabalho, líderes e seguidores, exércitos em guerra. As principais técnicas do poder são agora a fuga, a astúcia, o desvio e a evitação, a efetiva rejeição de qualquer confinamento territorial, com os complicados corolários de construção e manutenção da ordem, e com a responsabilidade pelas consequências de tudo, bem como com a necessidade de arcar com os custos.

Essa nova técnica do poder foi vividamente ilustrada pelas estratégias desenvolvidas pelos atacantes nas guerras do Golfo e da Iugoslávia. A relutância em utilizar forças terrestres na guerra foi impressionante; quaisquer que tenham sido as explicações oficiais, essa relutância foi ditada não apenas pela amplamente referida síndrome dos "cadáveres ensacados". O engajamento num combate terrestre foi evitado não só por seus possíveis efeitos adversos na política interna, mas também (talvez principalmente) por sua total inutilidade e mesmo contraprodutividade em relação aos objetivos da guerra. Afinal, a conquista do território com todas suas consequências administrativas e gerenciais não só estava ausente da lista de objetivos das ações de guerra, como era uma eventualidade a ser evitada a todo custo, vista com repugnância como outro tipo de "prejuízo colateral", desta vez infligido à própria força atacante.

Golpes desferidos por bombardeiros furtivos e "espertos" mísseis autodirigidos capazes de seguir seus alvos – lançados de surpresa, vindos do nada e desaparecendo imediatamente de vista – substituíram os avanços territoriais das tropas de infantaria e o esforço para expulsar o inimigo de seu território – o esforço de ocupar o território possuído, controlado e administrado pelo inimigo. Os atacantes definitivamente não queriam mais ser "os últimos no campo de batalha" depois da fuga ou retirada do inimigo. A força militar e seu plano de guerra de "atingir e correr" prefigura, incorpora e pressagia o que de fato está em jogo no novo tipo de guerra na era da modernidade líquida: não a conquista de novo território, mas a destruição das muralhas que impediam o fluxo dos novos e fluidos poderes globais; expulsar da cabeça do inimigo o desejo de formular suas próprias regras, abrindo assim o até então inacessível, defendido e protegido espaço para a operação dos outros ramos, não militares, do poder. A guerra hoje, pode-se dizer (parafraseando a famosa fórmula de Clausewitz), parece cada vez mais uma "promoção do livre comércio por outros meios".

Jim MacLaughlin nos lembrou recentemente (em *Sociology* 1/99) de que o advento da era moderna significou, entre outras coisas, o ataque consistente e sistemático dos "assentados", convertidos ao modo sedentário de vida, contra os povos e o estilo de vida nômades, completamente alheios às preocupações territoriais e de fronteiras do emergente Estado moderno. Ibn Khaldoun, no século XIV, podia elogiar o nomadismo, que faz com que os nômades "sejam melhores que os povos assentados porque ... estão mais afastados de todos os maus hábitos que infectaram o coração dos assentados" – mas a febre de construção de nações e Estados-nação que logo em seguida começou a sério por toda a Europa colocou o "solo" firmemente acima do "sangue" ao lançar as fundações da nova ordem legislada e ao codificar os direitos e deveres dos cidadãos. Os nômades, que faziam pouco das preocupações territoriais dos legisladores e ostensivamente desrespeitavam seus zelosos esforços em traçar fronteiras, foram colocados entre os principais vilões na guerra santa travada em nome do progresso e da civilização. A "cronopolítica" moderna os situa não apenas como seres inferiores e primitivos, "subdesenvolvidos" e necessitados de profunda reforma e esclarecimento, mas também como atrasados e "aquém dos tempos", vítimas da "defasagem cultural", arrastando-se nos degraus mais baixos da escala evolutiva, e imperdoavelmente lentos ou morbidamente relutantes em subir nela, para seguir o "padrão universal de desenvolvimento".

Ao longo do estágio sólido da era moderna, os hábitos nômades foram malvistos. A cidadania andava de mãos dadas com o assentamento, e a falta de "endereço fixo" e de "estado de origem" significava exclusão da comunidade obediente e protegida pelas leis, frequentemente tornando os nômades vítimas de discriminação legal, quando não de perseguição ativa. Embora isso ainda se aplique à "subclasse" andarilha e "sem-teto", sujeita às antigas técnicas de controle panóptico (técnicas quase abandonadas como veículo principal para integração e disciplina do grosso da população), a era da superioridade incondicional do sedentarismo sobre o nomadismo e da dominação dos assentados sobre os nômades está chegando ao fim. Estamos testemunhando a vingança do nomadismo contra o princípio da territorialidade e do assentamento. No estágio fluido da modernidade, a maioria assentada é dominada pela elite nômade e extraterritorial. Manter as estradas abertas para o tráfego nômade e tornar mais distantes as barreiras remanescentes tornou-se hoje o metapropósito da política, e também das guerras, que, como Clausewitz originalmente declarou, não são mais que "a extensão da política por outros meios".

A elite global contemporânea é formada no padrão do velho estilo dos "senhores ausentes". Ela pode dominar sem se ocupar com a administração, gerenciamento, bem-estar, ou, ainda, com a missão de "levar a luz", "reformar os modos", elevar moralmente, "civilizar" e com cruzadas culturais. O engajamento ativo na vida das populações subordinadas não é mais necessário (ao contrário, é fortemente evitado como desnecessariamente custoso e ineficaz) – e, portanto, o "maior" não só não é mais o "melhor", mas carece de significado racional. Agora é o menor, mais leve e mais portátil que significa melhoria e "progresso". Mover-se leve, e não mais aferrar-se a coisas vistas como atraentes por sua confiabilidade e solidez – isto é, por seu peso, substancialidade e capacidade de resistência – é hoje recurso de poder.

Fixar-se ao solo não é tão importante se o solo pode ser alcançado e abandonado à vontade, imediatamente ou em pouquíssimo tempo. Por outro lado, fixar-se muito fortemente, sobrecarregando os laços com compromissos mutuamente vinculantes, pode ser positivamente prejudicial, dadas as novas oportunidades que surgem em outros lugares. Rockefeller pode ter desejado construir suas fábricas, estradas de ferro e torres de petróleo altas e volumosas e ser dono delas por um longo tempo (pela eternidade, se medirmos o tempo pela duração da própria vida ou pela da família). Bill Gates, no entanto, não sente remorsos quando abandona posses de que se orgulhava ontem; é a velocidade atordoante da circulação, da reciclagem, do envelhecimento, do entulho e da substituição que traz lucro hoje – não a durabilidade e confiabilidade do produto. Numa notável reversão da tradição milenar, são os grandes e poderosos que evitam o durável e desejam o transitório, enquanto os da base da pirâmide – contra todas as chances – lutam desesperadamente para fazer suas frágeis, mesquinhas e transitórias posses durarem mais tempo. Os dois se encontram hoje em dia principalmente nos lados opostos dos balcões das megaliquidações ou de vendas de carros usados.

A desintegração da rede social, a derrocada das agências efetivas de ação coletiva, é recebida muitas vezes com grande ansiedade e lamentada como "efeito colateral" não previsto da nova leveza e fluidez do poder cada vez mais móvel, escorregadio, evasivo e fugitivo. Mas a desintegração social é tanto uma condição quanto um resultado da nova técnica do poder, que tem como ferramentas principais o desengajamento e a arte da fuga. Para que o poder tenha liberdade de fluir, o mundo deve estar livre de cercas, barreiras, fronteiras fortificadas e barricadas. Qualquer rede densa de laços sociais, e em particular uma que esteja territorialmente enraizada, é um obstáculo a ser eliminado. Os poderes globais se inclinam a desmantelar tais redes em proveito de sua contínua e crescente fluidez, principal fonte de sua força e garantia de sua invencibilidade. E são esse derrocar, a fragilidade, o quebradiço, o imediato dos laços e redes humanos que permitem que esses poderes operem.

Se essas tendências entrelaçadas se desenvolvessem sem freios, homens e mulheres seriam reformulados no padrão da toupeira eletrônica, essa orgulhosa invenção dos tempos pioneiros da cibernética imediatamente aclamada como arauto do porvir: um plugue em castores atarantados na desesperada busca de tomadas a que se ligar. Mas no futuro anunciado pelos telefones celulares, as tomadas serão provavelmente declaradas obsoletas e de mau gosto, e passarão a ser fornecidas em quantidades cada vez menores e com qualidade cada vez mais duvidosa. No momento, muitos fornecedores de eletricidade exaltam as vantagens da conexão a suas respectivas redes e disputam os favores dos que procuram por tomadas. Mas a longo prazo (o que quer que "longo prazo" signifique na era da instantaneidade) as tomadas serão provavelmente banidas e suplantadas por baterias descartáveis compradas individualmente nas lojas e em oferta em cada quiosque de aeroporto e posto de gasolina ao longo das estradas.

Essa parece ser a distopia feita sob medida para a modernidade líquida – e capaz de substituir os terrores dos pesadelos de Orwell e Huxley.

Junho de 1999

· 1 ·

Emancipação

Ao fim das "três décadas gloriosas" que se seguiram ao final da Segunda Guerra Mundial – as três décadas de crescimento sem precedentes e de estabelecimento da riqueza e da segurança econômica no próspero Ocidente – Herbert Marcuse reclamava:

> Em relação a hoje e à nossa própria condição, creio que estamos diante de uma situação nova na história, porque temos que ser libertados de uma sociedade rica, poderosa e que funciona relativamente bem ... O problema que enfrentamos é a necessidade de nos libertarmos de uma sociedade que desenvolve em grande medida as necessidades materiais e mesmo culturais do homem – uma sociedade que, para usar um slogan, cumpre o que prometeu a uma parte crescente da população. E isso implica que enfrentamos a libertação de uma sociedade na qual a libertação aparentemente não conta com uma base de massas.[1]

Devermos nos emancipar, "libertar-nos da sociedade", não era problema para Marcuse. O que *era* um problema – *o* problema específico para a sociedade que "cumpre o que prometeu" – era a falta de uma "base de massas" para a libertação. Para simplificar: poucas pessoas desejavam ser libertadas, menos ainda estavam dispostas a agir para isso, e virtualmente ninguém tinha certeza de como a "libertação da sociedade" poderia distinguir-se do estado em que se encontrava.

"Libertar-se" significa literalmente libertar-se de algum tipo de grilhão que obstrui ou impede os movimentos; começar a *sentir-se* livre para se mover ou agir. "Sentir-se livre" significa não experimentar dificuldade, obstáculo, resistência ou qualquer outro impedimento aos movimentos pretendidos ou concebíveis. Como observou Arthur Schopenhauer, a "realidade" é criada pelo ato de querer; é a teimosa indiferença do mundo em relação à minha intenção, a relutância do mundo em se submeter à minha vontade, que resulta na percepção do mundo como "real", constrangedor, limitante e desobediente. Sentir-se livre das limitações, livre para agir conforme os desejos, significa atingir o equilíbrio entre os desejos, a imaginação e a capacidade de agir: sentimo-nos livres na medida em que a imaginação não vai mais longe que nossos desejos e que nem uma nem os outros ultrapassam nossa capacidade de agir. O equilíbrio pode, portanto, ser alcançado e mantido de duas maneiras diferentes: ou reduzindo os desejos e/ou a imaginação, ou ampliando nossa capacidade de ação. Uma vez alcançado o equilíbrio, e enquanto ele se mantiver, "libertação" é um slogan sem sentido, pois falta-lhe força motivacional.

Tal uso nos permite distinguir entre liberdade "subjetiva" e "objetiva" – e também entre a "necessidade de libertação" subjetiva e objetiva. Pode ser que o desejo de melhorar tenha sido frustrado, ou nem tenha tido oportunidade de surgir (por exemplo, pela pressão do "princípio de realidade" exercido, segundo Sigmund Freud, sobre a busca humana do prazer e da felicidade); as intenções, fossem elas realmente experimentadas ou apenas imagináveis, foram adaptadas ao tamanho da capacidade de agir, e particularmente à capacidade de agir razoavelmente – com chance de sucesso. Por outro lado, pode ser que, pela manipulação direta das intenções – uma forma de "lavagem cerebral" – nunca se pudesse chegar a verificar os limites da capacidade "objetiva" de agir, e menos ainda saber quais eram, em primeiro lugar, essas intenções, acabando-se, portanto, por colocá-las abaixo do nível da liberdade "objetiva".

A distinção entre liberdade "subjetiva" e "objetiva" abriu uma genuína caixa de Pandora de questões embaraçosas como "fenômeno versus essência" – de significação filosófica variada, mas no todo considerável, e de importância política potencialmente enorme. Uma dessas questões é a possibilidade de que o que se sente como liberdade não seja de fato liberdade; que as pessoas poderem estar satisfeitas com o que lhes cabe mesmo que o que lhes cabe esteja longe de ser "objetivamente" satisfatório; que, vivendo na escravidão, se sintam livres e, portanto, não experimentem a necessidade de se libertar, e assim percam a chance de se tornar genuinamente livres. O corolário dessa possibilidade é a suposição de que as pessoas podem ser juízes incompetentes de sua própria situação, e devem ser forçadas ou seduzidas, mas em todo caso guiadas, para experimentar a necessidade de ser "objetivamente" livres e para reunir a coragem e a determinação para lutar por isso. Ameaça mais sombria atormentava o coração dos filósofos: que as pessoas pudessem simplesmente não querer ser livres e rejeitassem a perspectiva da libertação pelas dificuldades que o exercício da liberdade pode acarretar.

As bênçãos mistas da liberdade

Numa versão apócrifa da *Odisseia* ("Odysseus und die Schweine: das Unbehagen an der Kultur"), Lion Feuchtwanger propôs que os marinheiros enfeitiçados por Circe e transformados em porcos gostaram de sua nova condição e resistiram desesperadamente aos esforços de Ulisses para quebrar o encanto e trazê-los de volta à forma humana. Quando informados por Ulisses de que ele tinha encontrado as ervas mágicas capazes de desfazer a maldição e de que logo seriam humanos novamente, fugiram numa velocidade que seu zeloso salvador não pôde acompanhar. Ulisses conseguiu afinal prender um dos suínos; esfregada com a erva maravilhosa, a pele eriçada deu lugar a Elpenoros – um marinheiro, como insiste Feuchtwanger, em todos os sentidos mediano e comum, exatamente "como todos os outros, sem se destacar por sua força ou por sua esperteza". O "libertado" Elpenoros não ficou nada grato por sua liberdade, e furiosamente atacou seu "libertador":

> Então voltaste, ó tratante, ó intrometido? Queres novamente nos aborrecer e importunar, queres novamente expor nossos corpos ao perigo e forçar nossos corações sempre a novas decisões? Eu estava tão feliz, eu podia chafurdar na lama e aquecer-me ao sol, eu podia comer e beber, grunhir e guinchar, e estava livre de meditações e dúvidas: "O que devo fazer, isto ou aquilo?" Por que vieste? Para jogar-me outra vez na vida odiosa que eu levava antes?

A libertação é uma bênção ou uma maldição? Uma maldição disfarçada de bênção, ou uma bênção temida como maldição? Tais questões assombraram os pensadores durante a maior parte da era moderna, que punha a "libertação" no topo da agenda da reforma política e a "liberdade" no alto da lista de valores – quando ficou suficientemente claro que a liberdade custava a chegar e os que deveriam dela gozar relutavam em dar-lhe as boas-vindas. Houve dois tipos de resposta. A primeira lançava dúvidas sobre a prontidão do "povo comum" para a liberdade. Como o escritor norte-americano Herbert Sebastian Agar dizia (em *A Time for Greatness*, 1942), "a verdade que torna os homens livres é, na maioria dos casos, a verdade que os homens preferem não ouvir". A segunda inclinava-se a aceitar que os homens podem não estar inteiramente equivocados quando questionam os benefícios que as liberdades oferecidas podem lhes trazer.

Respostas do primeiro tipo inspiram, intermitentemente, compaixão pelo "povo" desorientado, enganado e levado a desistir de sua chance de liberdade, ou desprezo e ultraje contra a "massa" que não quer assumir os riscos e responsabilidades que acompanham a autonomia e a autoafirmação genuínas. O protesto de Marcuse envolve uma mistura das duas, além de uma tentativa de deixar na soleira da nova prosperidade a culpa pela reconciliação evidente dos não livres com sua falta de liberdade. Outros discursos frequentes para protestos semelhantes foram os do "aburguesamento" dos despossuídos (a substituição de "ser" por "ter", e a de "agir" por "ser" como os valores mais altos) e da "cultura de massas" (uma lesão cerebral coletiva causada pela "indústria cultural", plantando uma sede de entretenimento e diversão no lugar que – como diria Matthew Arnold – deveria ser ocupado pela "paixão pela doçura e pela luz e pela paixão de fazer com que estas triunfem").

Respostas da segunda espécie sugerem que o tipo de liberdade louvada pelos libertários não é, ao contrário do que eles dizem, uma garantia de felicidade. Vai trazer mais tristeza que alegria. Segundo este ponto de vista, os libertários estão errados quando afirmam – como o faz, por exemplo, David Conway,[2] seguindo o princípio de Henry Sidgwick – que a felicidade geral é promovida mais eficazmente se mantivermos nos adultos "a expectativa de que cada um será deixado com seus próprios recursos para prover suas próprias necessidades"; ou Charles Murray,[3] que beira o lírico ao descrever a felicidade intrínseca à busca solitária: "O que faz um acontecimento causar satisfação é que *você* o produziu ... com responsabilidade substancial sobre *seus* ombros, sendo uma parte substancial do bem alcançado uma contribuição *sua*." "Ser abandonado a seus próprios recursos" anuncia tormentos mentais e a agonia da indecisão, enquanto a "responsabilidade sobre os próprios ombros" prenuncia um medo paralisante do risco e do fracasso, sem direito a apelação ou desistência. Esse não pode ser o significado real da "liberdade"; e se a liberdade "realmente existente", a liberdade oferecida, significar tudo isso, ela não pode ser nem a garantia da felicidade, nem um objetivo digno de luta.

Respostas do segundo tipo nascem em última análise do horror visceral hobbesiano ao "homem à solta". Derivam sua credibilidade da suposição de que um ser humano dispensado das limitações sociais coercitivas (ou nunca submetido a elas) é uma besta e não um indivíduo livre; e o horror que ele gera vem de outra suposição: a de que a falta de limites eficazes faz a vida "detestável, brutal e curta" – e, assim, qualquer coisa, menos feliz. A mesma visão hobbesiana foi desenvolvida por Émile Durkheim numa filosofia social compreensiva, de acordo com a qual é a "norma", medida pela média ou pelo mais comum, e apoiada em duras sanções punitivas, que verdadeiramente liberta os pseudo-humanos da mais horrenda e temível das escravidões; o tipo de escravidão que não se esconde em nenhuma pressão externa, mas dentro, na natureza pré-social ou associal do homem. A coerção social é, nessa filosofia, a força emancipadora, e a única esperança de liberdade a que um humano pode razoavelmente aspirar.

> O indivíduo se submete à sociedade e essa submissão é a condição de sua libertação. Para o homem a liberdade consiste em não estar sujeito às forças físicas cegas; ele chega a isso opondo-lhes a grande e inteligente força da sociedade, sob cuja proteção se abriga. Ao colocar-se sob as asas da sociedade, ele se torna, até certo ponto, dependente dela. Mas é uma dependência libertadora; não há nisso contradição.[4]

Não só não há contradição entre dependência e libertação: não há outro caminho para buscar a libertação senão "submeter-se à sociedade" e seguir suas normas. A liberdade não pode ser ganha contra a sociedade. O resultado da rebelião contra as normas, mesmo que os rebelados não tenham se tornado bestas de uma vez por todas, e, portanto, perdido a capacidade de julgar sua própria condição, é uma agonia perpétua de indecisão ligada a um Estado de incerteza sobre as intenções e movimentos dos outros ao redor – o que faz da vida um inferno. Padrões e rotinas impostos por pressões sociais condensadas poupam essa agonia aos homens; graças à monotonia e à regularidade de modos de conduta recomendados, para os quais foram treinados e a que podem ser obrigados, os homens sabem como proceder na maior parte do tempo e raramente se encontram em situações sem sinalização, aquelas situações em que as decisões devem ser tomadas com a própria responsabilidade e sem o conhecimento tranquilizante de suas consequências, fazendo com que cada movimento seja impregnado de riscos difíceis de calcular. A ausência, ou a mera falta de clareza, das normas – anomia – é o pior que pode acontecer às pessoas em sua luta para dar conta dos afazeres da vida. As normas *capacitam* tanto quanto incapacitam; a anomia anuncia a pura e simples incapacitação. Uma vez que as tropas da regulamentação normativa abandonam o campo de batalha da vida, sobram apenas a dúvida e o medo. Quando (como notavelmente formulado por Erich Fromm) "cada indivíduo deve ir em frente e tentar sua sorte", quando "ele tem que nadar ou afundar" – "a busca compulsiva da certeza" se instala, começa a desesperada busca por "soluções" capazes de "eliminar a *consciência* da dúvida" – o que quer que prometa "assumir a responsabilidade pela 'certeza'" é bem-vindo.[5]

"A rotina pode apequenar, mas ela também pode proteger"; é o que diz Richard Sennett, para então lembrar seus leitores da velha controvérsia entre Adam Smith e Dennis Diderot. Enquanto Smith advertia contra os efeitos degradantes e estupidificantes da rotina de trabalho, "Diderot não acreditava que o trabalho rotineiro é degradante ... O maior herdeiro moderno de Diderot, o sociólogo Anthony Giddens, tentou manter viva a percepção diderotiana, apontando para o valor primário do hábito tanto para as práticas sociais quanto para a autocompreensão". A proposição do próprio Sennett é direta: "Imaginar uma vida de impulsos momentâneos, de ações de curto prazo, destituída de rotinas sustentáveis, uma vida sem hábitos, é imaginar, de fato, uma existência sem sentido."[6]

A vida ainda não atingiu os extremos que a fariam sem sentido, mas muito dano foi causado, e todas as futuras ferramentas da certeza, inclusive as novíssimas rotinas (que provavelmente não durarão o suficiente para se tornarem hábitos) não poderão ser mais que muletas, artifícios do engenho humano que só parecem a coisa em si se nos abstivermos de examiná-las muito de perto. Toda certeza alcançada depois do "pecado original" de desmantelar o mundo cotidiano cheio de rotina e vazio de reflexão terá que ser uma certeza manufaturada, uma certeza escancarada e desavergonhadamente "fabricada", sobrecarregada com toda a vulnerabilidade inata das decisões tomadas por humanos. De fato, como insistem Deleuze e Guattari,

> não acreditamos mais no mito da existência de fragmentos que, como peças de uma antiga estátua, estão meramente esperando que apareça o último caco para que todas possam ser coladas novamente para criar uma unidade que é precisamente a mesma que a unidade original. Não mais acreditamos numa totalidade primordial que existiu uma vez, nem numa totalidade final que espera por nós numa data futura.[7]

O que foi separado não pode ser colado novamente. Abandonai toda esperança de totalidade, tanto futura como passada, vós que entrais no mundo da modernidade fluida. Chegou o tempo de anunciar, como o fez recentemente Alain Touraine, "o fim da definição do ser humano como um ser social, definido por seu lugar na sociedade, que determina seu comportamento e ações". Em seu lugar, o princípio da combinação da "definição estratégica da ação social que não é orientada por normas sociais" e "a defesa, por todos os atores sociais, de sua especificidade cultural e psicológica" "pode ser encontrado dentro do indivíduo, e não mais em instituições sociais ou em princípios universais".[8]

A suposição tácita que apoia uma tomada de posição tão radical é que a liberdade concebível e possível de alcançar já foi atingida; nada resta a fazer senão limpar os poucos cantos restantes e preencher os poucos lugares vazios – trabalho que será completado em pouco tempo. Os homens e as mulheres são inteira e verdadeiramente livres, e assim a agenda da libertação está praticamente esgotada. O protesto de Marcuse e a nostalgia comunitária da comunidade perdida podem ser manifestações de valores mutuamente opostos, mas são igualmente anacrônicos. Nem o reenraizar dos desenraizados, nem o "despertar do povo" para a tarefa não realizada da libertação estão nas cartas. A perplexidade de Marcuse está ultrapassada, pois "o indivíduo" já ganhou toda a liberdade com que poderia sonhar e que seria razoável esperar; as instituições sociais estão mais que dispostas a deixar à iniciativa individual o cuidado com as definições e identidades, e os princípios universais contra os quais se rebelar estão em falta. Quanto ao sonho comunitário de "reacomodar os desacomodados", nada pode mudar o fato de que o que está disponível para a reacomodação são somente camas de motel, sacos de dormir e divãs de analistas, e que de agora em diante as comunidades – mais *postuladas* que "imaginadas" – podem ser apenas artefatos efêmeros da peça da individualidade em curso, e não mais as forças determinantes e definidoras das identidades.

As casualidades e a sorte cambiantes da crítica

O que está errado com a sociedade em que vivemos, disse Cornelius Castoriadis, é que ela deixou de se questionar. É um tipo de sociedade que não mais reconhece qualquer alternativa para si mesma e, portanto, sente-se absolvida do dever de examinar, demonstrar, justificar (e que dirá provar) a validade de suas suposições tácitas e declaradas.

Isso não significa, entretanto, que nossa sociedade tenha suprimido (ou venha a suprimir) o pensamento crítico como tal. Ela não deixou seus membros reticentes (e menos ainda temerosos) em lhe dar voz. Ao contrário: nossa sociedade – uma sociedade de "indivíduos livres" – fez da crítica da realidade, da insatisfação com "o que aí está" e da expressão dessa insatisfação uma parte inevitável e obrigatória dos afazeres da vida de cada um de seus membros. Como Anthony Giddens nos lembra, estamos hoje engajados na "política-vida"; somos "seres reflexivos" que olhamos de perto cada movimento que fazemos, que estamos raramente satisfeitos com seus resultados e sempre prontos a corrigi-los. De alguma maneira, no entanto, essa reflexão não vai longe o suficiente para alcançar os complexos mecanismos que conectam nossos movimentos com seus resultados e os determinam, e menos ainda as condições que mantêm esses mecanismos em operação. Somos talvez mais "predispostos à crítica", mais assertivos e intransigentes em nossas críticas, que nossos ancestrais em sua vida cotidiana, mas nossa crítica é, por assim dizer, "desdentada", incapaz de afetar a agenda estabelecida para nossas escolhas na "política-vida". A liberdade sem precedentes que nossa sociedade oferece a seus membros chegou, como há tempo nos advertia Leo Strauss, e com ela também uma impotência sem precedentes.

Ouve-se algumas vezes a opinião de que a sociedade contemporânea (que aparece sob o nome de última sociedade moderna ou pós-moderna, a sociedade da "segunda modernidade" de Ulrich Beck ou, como prefiro chamá-la, a "sociedade da modernidade fluida") é inóspita para a crítica. Essa opinião parece perder de vista a natureza da mudança presente, ao supor que o próprio significado de "hospitalidade" permanece invariável em sucessivas fases históricas. A questão é, porém, que a sociedade contemporânea deu à "hospitalidade à crítica" um sentido inteiramente novo e inventou um modo de acomodar o pensamento e a ação críticas, permanecendo imune às consequências dessa acomodação e saindo, assim, intacta e sem cicatrizes – reforçada, e não enfraquecida – das tentativas e testes da "política de portas abertas".

O tipo de "hospitalidade à crítica" característico da sociedade moderna em sua forma presente pode ser aproximado do padrão do acampamento. O lugar está aberto a quem quer que venha com seu trailer e dinheiro suficiente para o aluguel; os hóspedes vêm e vão; nenhum deles presta muita atenção a como o lugar é gerido, desde que haja espaço suficiente para estacionar o trailer, as tomadas elétricas e encanamentos estejam em ordem e os donos dos trailers vizinhos não façam muito barulho e mantenham baixo o som de suas TVs portáteis e aparelhos de som depois de escurecer. Os motoristas trazem para o acampamento suas próprias casas, equipadas com todos os aparelhos de que precisam para a estada, que em todo caso pretendem que seja curta. Cada um tem seu próprio itinerário e horário. O que os motoristas querem dos administradores do lugar não é muito mais (mas tampouco menos) do que ser deixados à vontade. Em troca, não pretendem desafiar a autoridade dos administradores e pagam o aluguel no prazo. Como pagam, também demandam. Tendem a ser inflexíveis quando defendem seus direitos aos serviços prometidos, mas em geral querem seguir seu caminho e ficariam irritados se isso não lhes fosse permitido. Ocasionalmente podem reivindicar melhores serviços; se forem bastante incisivos, vociferantes e resolutos, podem até obtê-los. Se se sentirem prejudicados, podem reclamar e cobrar o que lhes é devido – mas nunca lhes ocorreria questionar e negociar a filosofia administrativa do lugar, e muito menos assumir a responsabilidade pelo gerenciamento do mesmo. Podem, no máximo, anotar mentalmente que não devem nunca mais usar o lugar novamente e nem recomendá-lo a seus amigos. Quando vão embora, seguindo seus próprios itinerários, o lugar fica como era antes de sua chegada, sem ser afetado pelos ocupantes anteriores e esperando por outros no futuro; embora, se algumas queixas continuarem a ser feitas por grupos sucessivos de hóspedes, os serviços oferecidos possam vir a ser modificados para impedir que as queixas sejam novamente manifestadas no futuro.

Na era da modernidade líquida a hospitalidade à crítica da sociedade segue o padrão do acampamento. Quando Adorno e Horkheimer formularam a teoria crítica clássica, gerada pela experiência de outra modernidade, obcecada pela ordem, e assim informada e orientada pelo *telos* da emancipação, era muito diferente o modelo em que se inscrevia, com bom fundamento empírico, a ideia de crítica: o modelo de uma casa compartilhada, com suas normas institucionalizadas e regras habituais, atribuição de deveres e desempenho supervisionado. Embora lide bem com a crítica à forma de hospitalidade do acampamento em relação aos donos dos trailers, nossa sociedade definitivamente *não* aceita bem a crítica como a que os fundadores da escola crítica supunham e à qual endereçaram sua teoria. Em termos diferentes, mas correspondentes, poderíamos dizer que uma "crítica ao estilo do consumidor" veio substituir sua predecessora, a "crítica ao estilo do produtor".

Contrariamente a uma moda difundida, essa mudança não pode ser explicada meramente por referência à mudança na disposição do público, à diminuição do apetite pela reforma social, do interesse pelo bem comum e pelas imagens da boa sociedade, à decadência da popularidade do engajamento político, ou à alta dos sentimentos hedonísticos e do "eu primeiro" – ainda que tais fenômenos sem dúvida se destaquem entre as marcas do nosso tempo. As causas da mudança vão mais fundo; estão enraizadas na profunda transformação do espaço público e, de modo mais geral, no modo como a sociedade moderna opera e se perpetua.

O tipo de modernidade que era o alvo, mas também o quadro cognitivo, da teoria crítica clássica, numa análise retrospectiva, parece muito diferente daquele que enquadra a vida das gerações de hoje. Ela parece "pesada" (contra a "leve" modernidade contemporânea); melhor ainda, "sólida" (e não "fluida", "líquida" ou "liquefeita"); condensada (contra difusa ou "capilar"); e, finalmente, "sistêmica" (por oposição a "em forma de rede").

Essa modernidade pesada/sólida/condensada/sistêmica da "teoria crítica" era impregnada da tendência ao totalitarismo. A sociedade totalitária da homogeneidade compulsória, imposta e onipresente, estava constante e ameaçadoramente no horizonte

– como destino último, como uma bomba nunca inteiramente desarmada ou um fantasma nunca inteiramente exorcizado. Essa modernidade era inimiga jurada da contingência, da variedade, da ambiguidade, da instabilidade, da idiossincrasia, tendo declarado uma guerra santa a todas essas "anomalias"; e esperava-se que a liberdade e a autonomia individuais fossem as primeiras vítimas da cruzada. Entre os principais ícones dessa modernidade estavam a *fábrica fordista,* que reduzia as atividades humanas a movimentos simples, rotineiros e predeterminados, destinados a serem obediente e mecanicamente seguidos, sem envolver as faculdades mentais e excluindo toda espontaneidade e iniciativa individual; a *burocracia,* afim, pelo menos em suas tendências inatas, ao modelo ideal de Max Weber, em que as identidades e laços sociais eram pendurados no cabide da porta da entrada junto com os chapéus, guarda-chuvas e capotes, de tal forma que somente o comando e os estatutos poderiam dirigir, incontestados, as ações dos de dentro enquanto estivessem dentro; o *panóptico* com suas torres de controle e com os internos que nunca podiam contar com os eventuais lapsos de vigilância dos supervisores; o *Grande Irmão,* que nunca cochila, sempre atento, rápido e expedito em premiar os fiéis e punir os infiéis; e – finalmente – o *Konzlager* (mais tarde acompanhado no contrapanteão dos demônios modernos pelo Gulag), lugar onde os limites da maleabilidade humana eram testados em laboratório e onde aqueles que suposta ou realmente não eram maleáveis o suficiente eram condenados a morrer de exaustão ou mandados às câmaras de gás ou aos crematórios.

Mais uma vez, em retrospecto, podemos dizer que a teoria crítica pretendia desarmar e neutralizar, e de preferência eliminar de uma vez, a tendência totalitária de uma sociedade que se supunha sobrecarregada de inclinações totalitárias intrínseca e permanentemente. O principal objetivo da teoria crítica era a defesa da autonomia, da liberdade de escolha e da autoafirmação humanas, do direito de ser e permanecer diferente. Como nos antigos melodramas de Hollywood, que supunham que o momento em que os amantes se encontravam novamente e pronunciavam os votos do casamento assinalava o fim do drama e o começo do bem-aventurado "viveram felizes para sempre", a teoria crítica, no início, via a libertação do indivíduo da garra de ferro da rotina ou sua fuga da caixa de aço da sociedade afligida por um insaciável apetite totalitário, homogeneizante e uniformizante como o último ponto da emancipação e o fim do sofrimento humano – o momento da "missão cumprida". A crítica devia servir a esse propósito; não precisava procurar além disso, nem além do momento de alcançá-lo – nem tinha tempo para tanto.

Na época em que foi escrito, o *1984* de George Orwell era o mais completo – e canônico – inventário dos medos e apreensões que assombravam a modernidade em seu estágio sólido. Projetados sobre os diagnósticos dos problemas e das causas dos sofrimentos contemporâneos, esses medos desenham o horizonte dos programas emancipatórios do período. Chegado o 1984 real, a visão de Orwell foi prontamente lembrada, trazida novamente ao debate público, como era de se esperar, e, uma vez mais (talvez a última), amplamente considerada. A maioria dos escritores, como também era de se esperar, afiou suas penas para separar a verdade da inverdade das profecias de Orwell, testadas pelo lapso de tempo que o próprio Orwell previra para que suas palavras se concretizassem. Não surpreende, no entanto, que em nossos tempos – quando mesmo a imortalidade dos marcos e monumentos da história cultural da humanidade está sujeita à reciclagem contínua e precisa ser periodicamente trazida de volta à atenção em comemorações ou pela excitação que precede e acompanha as exibições retrospectivas (apenas para desaparecer da vista e do pensamento tão logo as exibições terminem ou apareça outro aniversário para consumir o espaço da imprensa e o tempo da TV) – a encenação do "evento Orwell" não tenha sido muito diferente do tratamento dado intermitentemente a coisas como Tutancâmon, o ouro inca, Vermeer, Picasso ou Monet.

Mesmo assim, a brevidade da celebração de 1984, a tepidez e o rápido esfriamento do interesse que produziu e a velocidade com que a obra-prima de Orwell novamente afundou no esquecimento uma vez cessada a excitação criada pela mídia nos fazem parar para pensar. Afinal, esse livro serviu durante muitas décadas (e até algumas décadas atrás) como o catálogo mais competente dos medos, pressentimentos e pesadelos públicos; então, por que não mais que um interesse passageiro em sua breve ressurreição? A única explicação razoável é que as pessoas que discutiram o livro em 1984 não se sentiram estimuladas e ficaram quase indiferentes ao assunto que tinham sido encarregadas de discutir e ponderar, porque não mais reconheciam na distopia de Orwell suas próprias aflições e agonias, ou os pesadelos de seus semelhantes. O livro voltou à atenção pública apenas fugazmente, e ganhou uma posição mais ou menos entre a *Historia naturalis* de Plínio o Velho e as profecias de Nostradamus.

Não é mau definir épocas históricas pelo tipo de "demônios íntimos" que as assombram e atormentam. Durante muito tempo, a distopia de Orwell, juntamente com o sinistro potencial do projeto iluminista revelado por Adorno e Horkheimer, o panóptico de Bentham/Foucault ou sintomas recorrentes de retomada da maré totalitária, foi identificada com a ideia de "modernidade". Não é surpreendente, pois, que, quando os velhos medos foram afastados do palco e novos medos, muito diferentes dos horrores da iminente *Gleichschaltung* e da perda da liberdade, surgiram no primeiro plano e no debate público, diversos observadores tenham rapidamente proclamado o "fim da modernidade" (ou mesmo, mais ousadamente, o fim da própria história, argumentando que ela tinha atingido seu *telos* ao tornar a liberdade, pelo menos o tipo de liberdade exemplificado pelo mercado livre e pela escolha do consumidor, imune a quaisquer ameaças). E no entanto (créditos para Mark Twain) a notícia do falecimento da modernidade, mesmo os rumores sobre seu canto de cisne, era grosseiramente exagerado: sua profusão não faz os obituários menos prematuros. Parece que o tipo de sociedade diagnosticada e levada a juízo pelos fundadores da teoria crítica (ou pela distopia de Orwell) era apenas uma das formas que a versátil e variável sociedade moderna assumia. Seu desaparecimento não anuncia o fim da modernidade. Nem é o arauto do fim da miséria humana. Menos ainda assinala o fim da crítica como tarefa e vocação intelectual. E em nenhuma hipótese torna essa crítica dispensável.

A sociedade que entra no século XXI não é menos "moderna" que a que entrou no século XX; o máximo que se pode dizer é que ela é moderna de um modo diferente. O que a faz tão moderna como era mais ou menos há um século é o que distingue a modernidade de todas as outras formas históricas do convívio humano: a compulsiva e obsessiva, contínua, irrefreável e sempre incompleta *modernização;* a opressiva e inerradicável, insaciável sede de destruição criativa (ou de criatividade destrutiva, se for o caso: de "limpar o lugar" em nome de um "novo e aperfeiçoado" projeto; de "desmantelar", "cortar", "defasar", "reunir" ou "reduzir", tudo isso em nome da maior capacidade de fazer o mesmo no futuro – em nome da produtividade ou da competitividade).

Como assinalava Lessing há muito tempo, no limiar da era moderna fomos emancipados da crença no ato da criação, da revelação e da condenação eterna. Com essas crenças fora do caminho, nós, humanos, nos encontramos "por nossa própria conta" – o que significa que, desde então, não conhecemos mais limites ao aperfeiçoamento além das limitações de nossos próprios dons herdados ou adquiridos, de nossos recursos, coragem, vontade e determinação. E o que o homem faz o homem pode desfazer. Ser moderno passou a significar, como significa hoje em dia, ser incapaz de parar e ainda menos capaz de ficar parado. Movemo-nos e continuaremos a nos mover não tanto pelo "adiamento da satisfação", como sugeriu Max Weber, mas por causa da *impossibilidade* de atingir a satisfação: o horizonte da satisfação, a linha de chegada do esforço e o momento da autocongratulação tranquila movem-se rápido demais. A consumação está sempre no futuro, e os objetivos perdem sua atração e potencial de satisfação no momento de sua realização, se não antes. Ser moderno significa estar sempre à frente de si mesmo, num Estado de constante transgressão (nos termos de Nietzsche, não podemos ser *Mensch* sem ser, ou pelo menos lutar para ser, *Übermensch);* também significa ter uma identidade que só pode existir como projeto não realizado. A esse respeito, não há muito que distinga nossa condição da de nossos avós.

Duas características, no entanto, fazem nossa situação – nossa forma de modernidade – nova e diferente.

A primeira é o colapso gradual e o rápido declínio da antiga ilusão moderna: da crença de que há um fim do caminho em que andamos, um *telos* alcançável da mudança histórica, um Estado de perfeição a ser atingido amanhã, no próximo ano ou no próximo milênio, algum tipo de sociedade boa, de sociedade justa e sem conflitos em todos ou alguns de seus aspectos postulados: do firme equilíbrio entre oferta e procura e a satisfação de todas as necessidades; da ordem perfeita, em que tudo é colocado no lugar certo, nada que esteja deslocado persiste e nenhum lugar é posto em dúvida; das coisas humanas que se tornam totalmente transparentes porque se sabe tudo o que deve ser sabido; do completo domínio sobre o futuro – tão completo que põe fim a toda contingência, disputa, ambivalência e consequências imprevistas das iniciativas humanas.

A segunda mudança é a desregulamentação e a privatização das tarefas e deveres modernizantes. O que costumava ser considerado uma tarefa para a razão humana, vista como dotação e propriedade coletiva da espécie humana, foi fragmentado ("individualizado"), atribuído às vísceras e energia individuais e deixado à administração dos indivíduos e seus recursos. Ainda que a ideia de aperfeiçoamento (ou de toda modernização adicional do *status quo)* pela ação legislativa da sociedade como um todo não tenha sido completamente abandonada, a ênfase (juntamente, o que é importante, com o peso da responsabilidade) se transladou decisivamente para a autoafirmação do indivíduo. Essa importante alteração se reflete na realocação do discurso ético/político do quadro da "sociedade justa" para o dos "direitos humanos", isto é, voltando o foco daquele discurso ao direito de os indivíduos permanecerem diferentes e de escolherem à vontade seus próprios modelos de felicidade e de modo de vida adequado.

As esperanças de aperfeiçoamento, em vez de convergir para grandes somas nos cofres do governo, procuram o troco nos bolsos dos contribuintes. Se a modernidade original era pesada no alto, a modernidade de hoje é leve no alto, tendo se livrado de seus deveres "emancipatórios", exceto o dever de ceder a questão da emancipação às camadas média e inferior, às quais foi relegada a maior parte do peso da modernização contínua. "Não mais a salvação pela sociedade", proclamou o apóstolo do novo espírito da empresa, Peter Drucker. "Não existe essa coisa de sociedade", declarou Margaret Thatcher, mais ostensivamente. Não olhe para trás, ou para cima; olhe para dentro de você mesmo, onde supostamente residem todas as ferramentas necessárias ao aperfeiçoamento da vida – sua astúcia, vontade e poder.

E não há mais "o Grande Irmão à espreita"; sua tarefa agora é observar as fileiras crescentes de Grandes Irmãos e Grandes Irmãs e observá-las atenta e avidamente, na esperança de encontrar algo de útil para você mesmo: um exemplo a imitar ou uma palavra de conselho sobre como lidar com seus problemas, que, como os deles, devem ser enfrentados individualmente e só podem ser enfrentados individualmente. Não mais grandes líderes para lhe dizer o que fazer e para aliviá-lo da responsabilidade pela consequência de seus atos; no mundo dos indivíduos há apenas outros indivíduos cujo exemplo seguir na condução das tarefas da própria vida, assumindo toda a responsabilidade pelas consequências de ter investido a confiança nesse e não em qualquer outro exemplo.

O indivíduo em combate com o cidadão

O título dado por Norbert Elias a seu último livro, publicado postumamente, *A sociedade dos indivíduos,* capta com perfeição a essência do problema que assombra a teoria social desde seu começo. Rompendo com uma tradição estabelecida desde Hobbes e forjada novamente por John Stuart Mill, Herbert Spencer e a ortodoxia liberal na *doxa* (o quadro não examinado de toda cognição adicional) de nosso século, Elias substituiu o "e" e o "versus" pelo "de" e, assim, deslocou o discurso do imaginário das duas forças, travadas numa batalha mortal mas infindável entre liberdade e dominação, para uma "concepção recíproca": a sociedade dando forma à individualidade de seus membros, e os indivíduos formando a sociedade a partir de suas ações na vida, enquanto seguem estratégias plausíveis e factíveis na rede socialmente tecida de suas dependências.

A apresentação dos membros como indivíduos é a marca registrada da sociedade moderna. Essa apresentação, porém, não foi uma peça de um ato: é uma atividade reencenada diariamente. A sociedade moderna existe em sua atividade incessante de "individualização", assim como as atividades dos indivíduos consistem na reformulação e renegociação diárias da rede de entrelaçamentos chamada "sociedade". Nenhum dos dois parceiros fica parado por muito tempo. E assim o significado da "individualização" muda, assumindo sempre novas formas – à medida que os resultados acumulados de sua história passada solapam as regras herdadas, estabelecem novos preceitos comportamentais e fazem surgir novos prêmios no jogo. A "individualização" agora significa uma coisa muito diferente do que significava há cem anos e do que implicava nos primeiros tempos da era moderna – os tempos da exaltada "emancipação" do homem da trama estreita da dependência, da vigilância e da imposição comunitárias.

"Jenseits von Klasse und Stand?", de Ulrich Beck, e poucos anos depois seu "Risikogesellschaft: auf dem Weg in eine andere

Moderne"[9] (juntamente com "Ein Stück eigenes Leben: Frauen im Individualisierung Prozess", de Elisabeth Beck-Gernsheim) abriram um novo capítulo em nossa compreensão do "processo de individualização". Esses trabalhos apresentaram o processo como uma história em curso e infindável, com seus distintos estágios – ainda que com um horizonte móvel e uma lógica errática de giros e curvas abruptos em lugar de um *telos* ou um destino predeterminado. Pode-se dizer que, assim como Elias historicizou a teoria de Sigmund Freud do "indivíduo civilizado" explorando a civilização como um evento na história (moderna), Beck historicizou a narrativa de Elias do nascimento do indivíduo ao reapresentar esse nascimento como um aspecto perpétuo da contínua, compulsiva e obsessiva *modernização*. Beck também estabeleceu o retrato da individualização liberta de suas roupagens transitórias, hoje mais obscurecedoras que clarificadoras da compreensão (antes e acima de tudo, liberta de suas visões do desenvolvimento linear, uma progressão assinalada ao longo dos eixos da emancipação, da crescente autonomia e da liberdade de autoafirmação), expondo assim para exame a variedade de tendências à individualização e seus produtos, e permitindo uma melhor compreensão das características distintivas de seu estágio presente.

Resumidamente, a "individualização" consiste em transformar a "identidade" humana de um "dado" em uma "tarefa" e encarregar os atores da responsabilidade de realizar essa tarefa e das consequências (assim como dos efeitos colaterais) de sua realização. Em outras palavras, consiste no estabelecimento de uma autonomia *de jure* (independentemente de a autonomia *de facto* também ter sido estabelecida).

Os seres humanos não mais "nascem" em suas identidades. Como disse Jean-Paul Sartre em frase célebre: não basta ter nascido burguês – é preciso viver a vida como burguês. (Notese que o mesmo não precisaria ser nem poderia ser dito sobre príncipes, cavaleiros ou servos da era pré-moderna; nem poderia ser dito de modo tão resoluto dos ricos nem dos pobres de berço dos tempos modernos.) Precisar *tornar-se* o que já se *é* é a característica da vida moderna – e só da vida moderna (não da "individualização moderna", a expressão sendo evidentemente pleonástica; falar da individualização e da modernidade é falar de uma e da mesma condição social). A modernidade substitui a determinação heterônoma da posição social pela autodeterminação compulsiva e obrigatória. Isso vale para a "individualização" por toda a era moderna – para todos os períodos e todos os setores da sociedade. No entanto, dentro daquela condição compartilhada há variações significativas, que distinguem gerações sucessivas e também as várias categorias de atores que compartilham o mesmo cenário histórico.

A antiga modernidade "desacomodava" a fim de "reacomodar". Enquanto a desacomodação era o destino socialmente sancionado, a reacomodação era tarefa posta diante dos indivíduos. Uma vez rompidas as rígidas molduras dos estamentos, a tarefa de "autoidentificação" posta diante de homens e mulheres do princípio da era moderna se resumia ao desafio de viver "de acordo" (não ficar atrás dos outros), de conformar-se ativamente aos emergentes tipos sociais de classe e modelos de conduta, de imitar, seguir o padrão, "aculturar-se", não sair da linha nem se desviar da norma. Os "estamentos" enquanto lugares a que se pertencia por hereditariedade vieram a ser substituídos pelas "classes" como objetivo de pertencimento fabricado. Enquanto os estamentos eram uma questão de atribuição, o pertencimento às classes era em grande medida uma realização; diferentemente dos estamentos, o pertencimento às classes devia ser buscado, e continuamente renovado, reconfirmado e testado na conduta diária.

Retrospectivamente, pode-se dizer que a divisão em classes (ou em gêneros) foi um resultado secundário do acesso desigual aos recursos necessários para tornar a autoafirmação eficaz. As classes diferiam na gama de identidades disponíveis e na facilidade de escolher entre elas e adotá-las. As pessoas com menos recursos e, portanto, com menos escolha, tinham que compensar suas fraquezas individuais pela "força do número" – cerrando fileiras e partindo para a ação coletiva. Como assinalou Claus Offe, a ação *coletiva,* orientada pela classe, era tão natural e corriqueira para os que estavam nos níveis mais baixos da escala social quanto a perseguição *individual* de seus objetivos de vida o era para seus patrões.

As privações se somavam, por assim dizer; e, uma vez somadas, congelavam-se em "interesses comuns" e eram vistas como tratáveis apenas com um remédio coletivo. O "coletivismo" foi a primeira opção de estratégia para aqueles situados na ponta receptora da individualização mas incapazes de se autoafirmar enquanto indivíduos se limitados a seus próprios recursos individuais, claramente inadequados. A orientação de classe dos mais bem-aquinhoados era, por outro lado, parcial e, em certo sentido, derivativa; assumia o primeiro plano principalmente quando a distribuição desigual dos recursos era desafiada e contestada. Qualquer que fosse o caso, porém, os indivíduos da modernidade "clássica", deixados "desacomodados" pela decomposição da ordem estamental, dispunham de seus novos poderes e autonomia na busca frenética da "reacomodação".

E não faltavam "camas" à espera e prontas para acomodá-los. A classe – embora formada e negociável, e não herdada, como eram os estamentos – tendia a prender seus membros tão firme e fortemente quanto o estamento hereditário pré-moderno. Classe e gênero projetavam-se pesadamente sobre a gama de escolhas do indivíduo; escapar a esses limites não era muito mais fácil do que contestar o lugar ocupado na "cadeia divina do ser" pré-moderna. Para todos os efeitos, a classe e o gênero eram "fatos da natureza", e a tarefa reservada à autoafirmação da maioria dos indivíduos era "adaptar-se" ao nicho alocado, comportando-se como os demais ocupantes.

Isso é precisamente o que distingue a "individualização" de outrora da forma que veio a tomar na *Risikogesellschaft,* em tempos de "modernidade reflexiva" ou "segunda modernidade" (nas

Emancipação

diferentes formas como Ulrich Beck se refere à era contemporânea). Não são fornecidos "lugares" para a "reacomodação", e os lugares que podem ser postulados e perseguidos mostram-se frágeis e frequentemente desaparecem antes que o trabalho de "reacomodação" seja completado. O que há são "cadeiras musicais" de vários tamanhos e estilos, assim como em números e posições cambiantes, que fazem com que as pessoas estejam constantemente em movimento, e não prometem nem a "realização", nem o descanso, nem a satisfação de "chegar", de alcançar o destino final, quando se pode desarmar-se, relaxar e deixar de se preocupar. Não há perspectiva de "reacomodação" no final do caminho tomado pelos indivíduos (agora cronicamente) desacomodados.

Não se engane: agora, como antes – tanto no estágio leve e fluido da modernidade quanto no sólido e pesado –, a individualização é uma fatalidade, não uma escolha. Na terra da liberdade individual de escolher, a opção de escapar à individualização e de se recusar a participar do jogo da individualização está decididamente fora da jogada. A autocontenção e a autossuficiência do indivíduo podem ser outra ilusão: que homens e mulheres não tenham nada a que culpar por suas frustrações e problemas não precisa agora significar, não mais que no passado, que possam se proteger contra a frustração utilizando suas próprias estratégias, ou que escapem de seus problemas puxando-se, como o Barão de Munchausen, pelas próprias botas. E, no entanto, se ficam doentes, supõe-se que foi porque não foram suficientemente decididos e industriosos para seguir seus tratamentos; se ficam desempregados, foi porque não aprenderam a passar por uma entrevista, ou porque não se esforçaram o suficiente para encontrar trabalho ou porque são, pura e simplesmente, avessos ao trabalho; se não estão seguros sobre as perspectivas de carreira e se agoniam sobre o futuro, é porque não são suficientemente bons em fazer amigos e influenciar pessoas e deixaram de aprender e dominar, como deveriam, as artes da autoexpressão e da impressão que causam. Isto é, em todo caso, o que lhes é dito hoje, e aquilo em que passaram a acreditar, de modo que agora se comportam como se essa fosse a verdade. Como Beck adequada e pungentemente diz, "a maneira como se vive torna-se uma *solução biográfica das contradições sistêmicas*".[10] Riscos e contradições continuam a ser socialmente produzidos; são apenas o dever e a necessidade de enfrentá-los que estão sendo individualizados.

Para resumir: o abismo entre a individualidade como fatalidade e a individualidade como capacidade realista e prática de autoafirmação está aumentando. (Melhor ser afastado da "individualidade por atribuição", como "individuação": o termo escolhido por Beck para distinguir o indivíduo autossustentado e autoimpulsionado daquele que não tem escolha senão a de agir, ainda que contrafactualmente, como se a individualização tivesse sido alcançada). Saltar sobre esse abismo *não é* – isso é crucial – parte dessa capacidade.

A capacidade autoassertiva de homens e mulheres individualizados deixa a desejar, como regra, em relação ao que a genuína autoconstituição requereria. Como observou Leo Strauss, o outro lado da liberdade ilimitada é a insignificância da escolha, cada lado condicionando o outro: por que cuidar de proibir o que será, de qualquer modo, de pouca consequência? Um observador cínico diria que a liberdade chega quando não faz mais diferença. Há um desagradável ar de impotência no temperado caldo da liberdade preparado no caldeirão da individualização; essa impotência é sentida como ainda mais odiosa, frustrante e perturbadora em vista do aumento de poder que se esperava que a liberdade trouxesse.

Quem sabe não seria um remédio manter-se, como no passado, ombro a ombro e marchar unidos? Quem sabe se, caso os poderes individuais, tão frágeis e impotentes isoladamente, fossem condensados em posições e ações coletivas, poderíamos realizar em conjunto o que ninguém poderia realizar sozinho? Quem sabe... O problema é, porém, que essa convergência e condensação das queixas individuais em interesses compartilhados, e depois em ação conjunta, é uma tarefa assustadora, dado que as aflições mais comuns dos "indivíduos por fatalidade" nos dias de hoje são *não aditivas,* não podem ser "somadas" numa "causa comum". Podem ser postas lado a lado, mas não se fundirão. Pode-se dizer que desde o começo são moldadas de tal maneira que lhes faltam interfaces para combinar-se com os problemas das demais pessoas.

Os problemas podem ser *semelhantes* (e os cada vez mais populares programas de entrevistas insistem em demonstrar sua semelhança, enquanto martelam a mensagem de que sua semelhança mais importante consiste em que são enfrentados por conta própria pelos que os sofrem), mas não formam uma "totalidade que é maior que a soma de suas partes"; não adquirem qualquer qualidade nova, nem se tornam mais fáceis de manejar por serem enfrentados, confrontados e trabalhados em conjunto. A única vantagem que a companhia de outros sofredores pode trazer é garantir a cada um deles que enfrentar os problemas solitariamente é o que todos fazem diariamente – e portanto renovar e encorajar a fatigada decisão de continuar a fazer o mesmo. Talvez possa-se também aprender da experiência de outras pessoas a como sobreviver à nova rodada de "redução de tamanho" *(downsizing);* como lidar com crianças que pensam que são adolescentes e adolescentes que se recusam a se tornar adultos; como pôr a gordura e outros "corpos estranhos" indesejáveis "para fora do sistema"; como livrar-se de um vício que não dá mais prazer ou de parceiros que não são mais satisfatórios. Mas o que aprendemos antes de mais nada da companhia de outros é que o único auxílio que ela pode prestar é como sobreviver em nossa solidão irremível, e que a vida de todo mundo é cheia de riscos que devem ser enfrentados solitariamente.

E assim há também outro obstáculo: como de Tocqueville há muito suspeitava, libertar as pessoas pode torná-las *indiferentes.* O indivíduo é o pior inimigo do cidadão, sugeriu ele. O "cidadão" é uma pessoa que tende a buscar seu próprio bem-estar através do bem-estar da cidade – enquanto o indivíduo tende a ser morno, cético ou prudente em relação à "causa comum", ao "bem comum", à "boa sociedade" ou à "sociedade justa". Qual é o sentido de "interesses comuns" senão permitir que cada indivíduo satisfaça seus próprios interesses? O que quer que os indivíduos façam quando se unem, e por mais benefícios que seu trabalho conjunto possa trazer, eles o perceberão como limitação à sua liberdade de buscar o que quer que lhes pareça adequado separadamente, e não ajudarão. As únicas duas coisas úteis que se espera e se deseja do "poder público" são que ele observe os "direitos humanos", isto é, que permita que cada um siga seu próprio caminho, e que permita que todos o façam "em paz" – protegendo a segurança de seus corpos e posses, trancando criminosos reais ou potenciais nas prisões e mantendo as ruas livres de assaltantes, pervertidos, pedintes e todo tipo de estranhos constrangedores e maus.

Com seu humor habitual e inimitável, Woody Allen aponta as modas e manias dos "indivíduos por decreto" ao folhear os anúncios de imaginários cursos de verão do tipo que os norte-americanos adorariam frequentar. O curso de teoria econômica inclui o item "Inflação e depressão – como vestir-se para cada ocasião"; o curso de ética envolve "O imperativo categórico – e seis maneiras de fazê-lo funcionar a seu favor", enquanto o prospecto de astronomia informa que "o Sol, que é feito de gás, pode explodir a qualquer momento, mandando nosso planeta inteiro pelos ares; os estudantes são instruídos sobre o que o cidadão médio pode fazer em tal caso".

Em suma: o outro lado da individualização parece ser a corrosão e a lenta desintegração da cidadania. Joël Roman, coeditor de *Ésprit,* assinala em seu livro recente *(La démocratie des individus,* 1998) que "a vigilância é degradada à guarda dos bens, enquanto o interesse geral não é mais que um sindicato de egoísmos, que envolve emoções coletivas e o medo do vizinho". Roman concita os leitores a buscarem uma "renovada capacidade de decidir em conjunto" – hoje notável por sua inexistência.

Se o indivíduo é o pior inimigo do cidadão, e se a individualização anuncia problemas para a cidadania e para a política fundada na cidadania, é porque os cuidados e preocupações dos indivíduos enquanto indivíduos enchem o espaço público até o topo, afirmando-se como seus únicos ocupantes legítimos e expulsando tudo mais do discurso público. O "público" é colonizado pelo "privado"; o "interesse público" é reduzido à curiosidade sobre as vidas privadas de figuras públicas e a arte da vida pública é reduzida à exposição pública das questões privadas e a confissões de sentimentos privados (quanto mais íntimos, melhor). As "questões públicas" que resistem a essa redução tornam-se quase incompreensíveis.

As perspectivas de que os atores individualizados sejam "reacomodados" no corpo republicano dos cidadãos são nebulosas. O que os leva a aventurar-se no palco público não é tanto a busca de causas comuns e de meios de negociar o sentido do bem comum e dos princípios da vida em comum quanto a necessidade desesperada de "fazer parte da rede". Compartilhar intimidades, como Richard Sennett insiste, tende a ser o método preferido, e talvez o único que resta, de "construção da comunidade". Essa técnica de construção só pode criar "comunidades" tão frágeis e transitórias como emoções esparsas e fugidias, saltando erraticamente de um objetivo a outro na busca sempre inconclusiva de um porto seguro: comunidades de temores, ansiedades e ódios compartilhados – mas em cada caso comunidades "cabide", reuniões momentâneas em que muitos indivíduos solitários penduram seus solitários medos individuais. Como diz Ulrich Beck (no ensaio "Sobre a mortalidade da sociedade industrial"),

> O que emerge no lugar das normas sociais evanescentes é o ego nu, atemorizado e agressivo à procura de amor e de ajuda. Na procura de si mesmo e de uma sociabilidade afetuosa, ele facilmente se perde na selva do eu ... Alguém que tateia na bruma de seu próprio eu não é mais capaz de perceber que esse isolamento, esse "confinamento solitário do ego", é uma sentença de massa.[11]

A individualização chegou para ficar; toda elaboração sobre os meios de enfrentar seu impacto sobre o modo como levamos nossas vidas deve partir do reconhecimento desse fato. A individualização traz para um número sempre crescente de pessoas uma liberdade sem precedentes de experimentar – mas *(timeo danaos et dona ferentes...)* traz junto a tarefa também sem precedentes de enfrentar as consequências. O abismo que se abre entre o direito à autoafirmação e a capacidade de controlar as situações sociais que podem tornar essa autoafirmação algo factível ou irrealista parece ser a principal contradição da modernidade fluida – contradição que, por tentativa e erro, reflexão crítica e experimentação corajosa, precisamos aprender a manejar coletivamente.

O compromisso da teoria crítica na sociedade dos indivíduos

O impulso modernizante, em qualquer de suas formas, significa a crítica compulsiva da realidade. A privatização do impulso significa a compulsiva *auto*crítica nascida da desafeição perpétua: ser um indivíduo *de jure* significa não ter ninguém a quem culpar pela própria miséria, significa não procurar as causas das próprias derrotas senão na própria indolência e preguiça, e não procurar outro remédio senão tentar com mais e mais determinação.

Viver diariamente com o risco da autorreprovação e do autodesprezo não é fácil. Com os olhos postos em seu próprio desempenho – e portanto desviados do espaço social onde as contradições da existência individual são coletivamente produzidas –, os homens e mulheres são naturalmente tentados a reduzir a complexidade de sua situação a fim de tornarem as causas do sofrimento inteligíveis e, assim, tratáveis. Não que considerem as "soluções biográficas" onerosas e embaraçosas; simplesmente não há "soluções biográficas para contradições sistêmicas" eficazes, e assim a escassez de soluções possíveis à disposição precisa ser compensada por soluções imaginárias. No entanto – imaginárias ou genuínas –, todas as "soluções", para parecerem razoáveis e viáveis, devem ser acompanhadas pela "individualização" das tarefas e responsabilidades. Há, então, demanda por cabides individuais onde os indivíduos atemorizados possam pendurar coletiva, ainda que brevemente, seus temores individuais. Nosso tempo é propício aos bodes expiatórios – sejam eles políticos que fazem de suas vidas privadas uma confusão, criminosos que se esgueiram nas ruas e nos bairros perigosos ou "estrangeiros entre nós". O nosso é um tempo de cadeados, cercas de arame farpado, ronda dos bairros e vigilantes; e também de jornalistas de tabloides "investigativos" que pescam conspirações para povoar de fantasmas o espaço público funestamente vazio de atores, conspirações suficientemente ferozes para liberar boa parte dos medos e ódios reprimidos em nome de novas causas plausíveis para o "pânico moral".

Repito: há um grande e crescente abismo entre a condição de indivíduos *de jure* e suas chances de se tornar indivíduos *de facto* – isto é, de ganhar controle sobre seus destinos e tomar as decisões que em verdade desejam. É desse abismo que emanam os eflúvios mais venenosos que contaminam as vidas dos indivíduos contemporâneos. Esse abismo não pode ser transposto apenas por esforços individuais: não pelos meios e recursos disponíveis dentro da política-vida autoadministrada. Transpor o abismo é a tarefa da Política com P maiúsculo. Pode-se supor que o abismo em questão emergiu e cresceu precisamente por causa do esvaziamento do espaço público, e particularmente da ágora, aquele lugar intermediário, público/privado, onde a política-vida encontra a Política com P maiúsculo, onde os problemas privados são traduzidos para a linguagem das questões públicas e soluções públicas para os problemas privados são buscadas, negociadas e acordadas.

A mesa foi virada, por assim dizer: a tarefa da teoria crítica foi invertida. Essa tarefa costumava ser a defesa da autonomia privada contra as tropas avançadas da "esfera pública", soçobrando sob o domínio opressivo do Estado onipotente e impessoal e de seus muitos tentáculos burocráticos ou réplicas em escala menor. Hoje a tarefa é defender o evanescente domínio público, ou, antes, reequipar e repovoar o espaço público que se esvazia rapidamente devido à deserção de ambos os lados: a retirada do "cidadão interessado" e a fuga do poder real para um território que, por tudo que as instituições democráticas existentes são capazes de realizar, só pode ser descrito como um "espaço cósmico".

Não é mais verdade que o "público" tente colonizar o "privado". O que se dá é o contrário: é o privado que coloniza o espaço público, espremendo e expulsando o que quer que não possa ser expresso inteiramente, sem deixar resíduos, no vernáculo dos cuidados, angústias e iniciativas privadas. Repetidamente informado de que é o senhor de seu próprio destino, o indivíduo não tem razão de atribuir "relevância tópica" (o termo é de Alfred Schütz) ao que quer que resista a ser engolfado no eu e trabalhado com os recursos do eu; mas ter essa razão e agir sobre ela é precisamente a marca registrada do cidadão.

Para o indivíduo, o espaço público não é muito mais que uma tela gigante em que as aflições privadas são projetadas sem cessar, sem deixarem de ser privadas ou adquirirem novas qualidades coletivas no processo da ampliação: o espaço público é onde se faz a confissão dos segredos e intimidades privadas. Os indivíduos retornam de suas excursões diárias ao espaço "público" reforçados em sua individualidade *de jure* e tranquilizados de que o modo solitário como levam sua vida é o mesmo de todos os outros "indivíduos como eles", enquanto – também como eles – dão seus próprios tropeços e sofrem suas (talvez transitórias) derrotas no processo.

Quanto ao poder, ele navega para longe da rua e do mercado, das assembleias e dos parlamentos, dos governos locais e nacionais, para além do alcance do controle dos cidadãos, para a extraterritorialidade das redes eletrônicas. Os princípios estratégicos favoritos dos poderes existentes hoje em dia são *fuga*, *evitação* e *descompromisso,* e sua condição ideal é a invisibilidade. Tentativas de prever seus movimentos e as consequências não previstas de seus movimentos (sem falar dos esforços para deter ou impedir os mais indesejáveis entre eles) têm uma eficácia prática semelhante à da "Liga para Impedir Mudanças Meteorológicas".

E assim o espaço público está cada vez mais vazio de questões públicas. Ele deixa de desempenhar sua antiga função de lugar de encontro e diálogo sobre problemas privados e questões públicas. Na ponta da corda que sofre as pressões individualizantes, os indivíduos estão sendo, gradual mas consistentemente, despidos da armadura protetora da cidadania e expropriados de suas capacidades e interesses de cidadãos. Nessas circunstâncias, a perspectiva de que o indivíduo *de jure* venha a se tornar algum dia indivíduo *de facto* (aquele que controla os recursos indispensáveis à genuína autodeterminação) parece cada vez mais remota.

O indivíduo *de jure* não pode se tornar indivíduo *de facto* sem antes tornar-se *cidadão*. Não há indivíduos autônomos sem uma sociedade autônoma, e a autonomia da sociedade requer uma autoconstituição deliberada e perpétua, algo que só pode ser uma realização compartilhada de seus membros.

"Sociedade" sempre manteve uma relação ambígua com a autonomia individual: era simultaneamente sua inimiga e condição *sine qua non*. Mas as proporções de ameaças e oportunidades no que forçosamente continuará sendo uma relação ambivalente mudaram radicalmente no curso da história moderna. Embora as razões para examiná-la de perto possam não ter desaparecido, a sociedade é hoje antes de tudo a condição de que os indivíduos precisam muito, e que lhes faz falta – em sua luta vã e frustrante para transformar seu status *de jure* em genuína autonomia e capacidade de autoafirmação.

Esta é, nos termos mais amplos, a situação que hoje se coloca para a teoria crítica – e, em termos mais gerais, para a crítica social. Ela se reduz a unir novamente o que a combinação da individualização formal e o divórcio entre o poder e a política partiram em pedaços. Em outras palavras, redesenhar e repovoar a hoje quase vazia ágora – o lugar de encontro, debate e negociação entre o indivíduo e o bem comum, privado e público. Se o velho objetivo da teoria crítica – a emancipação humana – tem qualquer significado hoje, ele é o de reconectar as duas faces do abismo que se abriu entre a realidade do indivíduo *de jure* e as perspectivas do indivíduo *de facto*. E indivíduos que reaprenderam capacidades esquecidas e reapropriaram ferramentas perdidas da cidadania são os únicos construtores à altura da tarefa de erigir essa ponte em particular.

A teoria crítica revisitada

A necessidade de pensar é o que nos faz pensar, disse Adorno.[12] Sua *Dialética negativa*, essa longa e tortuosa exploração dos modos de ser humano num mundo inóspito à humanidade, acaba com essa frase contundente, mas em última análise vazia: ao fim de centenas de páginas, nada foi explicado, nenhum mistério revelado, nenhuma segurança alcançada. O segredo de ser humano permanece tão impenetrável como no começo da jornada. Pensar nos faz humanos, mas é por sermos humanos que pensamos. O pensar não pode ser explicado; mas não precisa de explicação. O pensar não precisa ser justificado; mas não poderia ser justificado, ainda que tentássemos.

Essa situação não é, Adorno nos dirá muitas e muitas vezes, nem um sinal de fraqueza do pensamento, nem marca da vergonha de quem pensa. Talvez seja o contrário. Na pena de Adorno, a triste necessidade se transforma em privilégio. Quanto *menos* um pensamento puder ser explicado em termos familiares, que façam sentido para os homens e mulheres imersos em sua busca diária da sobrevivência, tanto mais próximo fica dos padrões da humanidade; quanto *menos* puder ser justificado em termos de ganhos e usos tangíveis ou das etiquetas de preço afixadas a ele no supermercado ou na bolsa de valores, tanto maior seu valor humanizante. São a busca ativa do valor de mercado e a urgência do consumo imediato que ameaçam o genuíno valor do pensamento. "Nenhum pensamento é imune", escreve Adorno,

> à comunicação, e fazê-la no lugar errado e num acordo equivocado é o suficiente para solapar sua verdade. ... Pois o isolamento intelectual inviolável é agora a única maneira de mostrar algum grau de solidariedade. ... O observador distante está tão envolvido quanto o participante ativo; a única vantagem do primeiro é a visão desse envolvimento e a liberdade infinitesimal que reside no conhecimento enquanto tal.[13]

Ficará claro que a visão é o começo da liberdade se lembrarmos que "para um sujeito que age ingenuamente ... seu próprio condicionamento é não transparente"[14] e que a não transparência do condicionamento é garantia de ingenuidade perpétua. Assim como o pensamento não precisa de nada senão de si mesmo para perpetuar-se, também a ingenuidade é autossuficiente; enquanto não for perturbada pela visão, manterá intacto seu próprio condicionamento.

"Não perturbado": em verdade, a chegada da visão quase nunca é bem-vinda para aqueles que se acostumaram a viver sem ela como doce perspectiva da liberdade. A inocência da ingenuidade faz com que até mesmo a condição mais turbulenta e traiçoeira pareça familiar e, portanto, segura, e qualquer visão de seus precários andaimes é um prodígio de falta de confiança, dúvida e insegurança que poucos receberiam esperançosamente. Parece que, para Adorno, essa ampla rejeição da visão é positiva, embora não anuncie um caminho fácil. A falta de liberdade do ingênuo é a liberdade da pessoa que pensa. Ela torna o "isolamento inviolável" mais fácil. "Aquele que põe à venda algo que ninguém quer comprar representa, mesmo contra sua vontade, a liberdade em relação à troca."[15] Há apenas um passo que leva dessa ideia a outra: a do exílio como condição arquetípica da liberdade em relação à troca. Os produtos que o exílio oferece são tais que ninguém teria qualquer inclinação de comprálos. "Todo intelectual emigrado está, sem exceção, mutilado", escreveu Adorno em seu próprio exílio nos Estados Unidos. "Ele vive num ambiente que permanecerá incompreensível." Não surpreende que ele esteja protegido contra o risco de produzir qualquer coisa de valor no mercado local. Portanto, "se na Europa o gesto esotérico era frequentemente apenas um pretexto para o mais cego autointeresse, o conceito de austeridade parece, no exílio, o mais aceitável dos salva-vidas".[16] O exílio é para o pensador o que o lar é para o ingênuo; é no exílio que o distanciamento, modo de vida habitual da pessoa que pensa, adquire valor de sobrevivência.

Ao lerem a edição dos Upanishads de Deussen, Adorno e Horkheimer comentam amargamente que os sistemas teóricos e práticos dessas pessoas que buscam da união entre a verdade, a beleza e a justiça, esses "estranhos à história", "não são muito rigorosos e centrados; distinguem-se dos sistemas acabados por um elemento de anarquia. Atribuem maior importância à ideia e ao indivíduo que à administração e ao coletivo. Portanto, despertam ódio".[17] Para que as ideias tenham sucesso, para que atinjam a imaginação dos habitantes da caverna, o elegante ritual védico deverá superar as vagas meditações dos Upanishads; os frios e bem-comportados estoicos deverão substituir os impetuosos e arrogantes cínicos; e o absolutamente prático São Paulo deverá substituir o estranhamente pouco prático São João Batista. A grande questão, porém, é se o poder emancipatório dessas ideias pode sobreviver a seu sucesso mundano. A resposta de Adorno a tal questão recende a melancolia: "A história das antigas religiões e escolas, como a dos partidos e revoluções modernas, nos ensina que o preço da sobrevivência é o envolvimento prático, a transformação das ideias em dominação".[18]

Nesta última frase, o principal dilema estratégico que assombrava o fundador e mais notório escritor da "escola crítica" original encontra sua mais vívida expressão: quem quer que pense e se aflija está condenado a navegar entre o Sila do pensamento limpo mas impotente e o Caribdis da tentativa eficaz mas poluída pela dominação. *Tertium non datur.* Nem a aposta na prática nem a recusa a ela constituem boa solução. A primeira tende, inevitavelmente, a transformar-se em dominação – com todo seu séquito de horrores: novas limitações à liberdade, a pragmática utilitária dos efeitos tendo precedência sobre os princípios éticos das razões e a diluição e subsequente distorção das ambições da liberdade. A segunda pode talvez satisfazer o desejo narcisístico da pureza intocada, mas manteria o pensamento ineficaz e, no limite, estéril: a filosofia, como Ludwig Witgenstein observou com tristeza, deixaria tudo como era; o pensamento nascido da revolta contra a inumanidade da condição humana faria pouco ou nada para tornar mais humana essa condição. O dilema entre *vita contemplativa* e *vita activa* se resume a uma escolha entre duas perspectivas igualmente pouco atraentes. Quanto mais os valores preservados no pensamento forem protegidos da poluição, menos significativos serão para a vida daqueles a quem devem servir. Quanto maiores seus efeitos nessa vida, menos essa vida reformada fará lembrar os valores que induziram e inspiraram a reforma.

O tormento de Adorno tem uma longa história, chegando à questão de Platão sobre a sabedoria e a possibilidade do "retorno à caverna". Essa questão surgiu a partir da invocação de Platão aos filósofos para que abandonassem a caverna escura do quotidiano e – em nome da pureza do pensamento – recusassem qualquer intercâmbio com os habitantes da caverna enquanto durasse sua jornada no iluminado mundo exterior das ideias claras e lúcidas. O problema era se, na volta, os filósofos quereriam compartilhar os troféus da jornada com os de dentro da caverna e – caso o quisessem – se os outros os ouviriam e lhes dariam crédito. Fiel às ideias de seu tempo, Platão esperava que o provável desencontro na comunicação resultasse na morte dos portadores das notícias...

A versão de Adorno do problema de Platão tomou forma no mundo pós-iluminista, quando queimar hereges e dar cicuta aos arautos de uma vida mais nobre estavam definitivamente fora de moda. Nesse novo mundo, os habitantes da caverna, reencarnados como *Bürger*, não exibiam mais o entusiasmo pela verdade e pelos valores mais altos dos originais de Platão; esperava-se que opusessem firme e feroz resistência a uma mensagem fadada a perturbar a tranquilidade de sua rotina diária. Fiel às novas ideias, porém, o resultado da ruptura na comunicação aparecia de forma diferente. A união entre conhecimento e poder, mera fantasia nos tempos de Platão, tornou-se um postulado rotineiro e quase axiomático da filosofia e uma afirmação comum e diariamente repetida da política. De algo pelo quê se poderia morrer, a verdade tornou-se algo que oferecia boas razões pelas quais se poderia matar. (Foi um pouco das duas coisas todo o tempo, mas as proporções na mistura mudaram drasticamente.) Era portanto natural e razoável esperar, nos tempos de Adorno, que os rejeitados apóstolos das boas notícias recorressem à força sempre que pudessem; e buscassem a dominação para quebrar a resistência e compelir, impelir ou subornar seus opositores a seguir a rota que relutavam a encetar. Ao velho dilema – como encontrar as palavras adequadas aos ouvidos não iniciados sem comprometer a essência da mensagem; como expressar a verdade numa forma fácil de compreender e suficientemente atraente para que sua compreensão pudesse ser desejada sem deturpar ou diluir seu conteúdo –, a esse dilema veio somar-se uma nova dificuldade, particularmente dura e angustiante no caso de uma mensagem com ambições emancipadoras e libertadoras: como evitar, ou ao menos limitar, o impacto corruptor do poder e da dominação, vistos agora como principal veículo portador da mensagem aos recalcitrantes e indiferentes? As duas angústias se entrelaçam, às vezes se fundem – como na áspera, ainda que inconclusiva, disputa entre Leo Strauss e Alexandre Kojève.

"A filosofia", insiste Strauss, é a busca da "ordem eterna e imutável na qual a história acontece e que permanece inalterada pela história". O que é eterno e imutável é também universal; embora a aceitação universal dessa ordem eterna e imutável possa ser atingida somente com base no conhecimento genuíno ou na sabedoria – não através da reconciliação ou do acordo entre opiniões.

> O acordo fundado na opinião não pode nunca se tornar um acordo universal. Toda fé que pretende a universalidade, isto é, a aceitação universal, necessariamente provoca uma contrafé com a mesma pretensão. A difusão entre os não iniciados do conhecimento genuíno adquirido pelos sábios não serviria para nada, pois pela difusão ou diluição o conhecimento inevitavelmente se transforma em opinião, preconceito ou mera crença.

Tanto para Strauss quanto para Kojève, essa diferença entre o saber e a "mera crença", bem como a dificuldade de comunicação entre elas, apontava imediata e automaticamente para a questão do poder e da política. Os dois polemistas viam a incompatibilidade entre os dois tipos de conhecimento como a questão da direção, da coerção e do engajamento político dos "portadores do saber", como o problema da relação entre a filosofia e o Estado, considerado o lugar e foco por excelência da política. O problema se reduz a uma escolha entre o envolvimento político e o radical distanciamento da prática política, e ao cálculo cuidadoso dos ganhos, riscos e prejuízos potenciais de cada uma dessas posições.

Dado que a ordem eterna, a questão com que os filósofos verdadeiramente se ocupam, não é "afetada pela história", de que maneira o comércio pode, com os administradores da história, os poderes do momento, auxiliar a causa da filosofia? Para Strauss, tratava-se de uma questão retórica, pois "não há como" seria a única resposta razoável e autoevidente. A verdade da filosofia pode, de fato, não ser afetada pela história, respondia Kojève, mas daí não decorre que se possa evitar a história: o objetivo dessa verdade é entrar na história para reformá-la – e assim a tarefa prática do comércio com os detentores do poder, os guardiões que vigiam essa entrada e controlam o tráfego, permanece como parte integrante e vital dos afazeres da filosofia. A história é a realização da filosofia; a verdade da filosofia encontra seu teste e confirmação últimos em sua aceitação e reconhecimento, tornando-se, nas palavras dos filósofos, a carne da *polis*. O reconhecimento é o *telos* e verificação última da filosofia; e assim o objeto da ação dos filósofos não são apenas os próprios filósofos, seu pensamento, o "fazer interno" do filosofar, mas o mundo enquanto tal, e, por fim, a harmonia entre os dois, ou, antes, o refazer o mundo à imagem da verdade cujos guardiões são os filósofos. "Não ter intercâmbio" com a política não é, portanto, uma resposta; cheira a traição não só ao "mundo que aí está", mas também à própria filosofia.

Não há como evitar o problema da "ponte política" para o mundo. E como essa ponte não pode senão ser controlada pelos servidores do Estado, a questão de como usá-los para suavizar a passagem da filosofia ao mundo não desaparecerá e terá de ser enfrentada. E tampouco há como evitar o fato duro de que – pelo menos no começo, enquanto a distância entre a verdade da filosofia e a realidade do mundo não for preenchida – o Estado seja tirânico. A tirania (Kojève é inflexível quanto à possibilidade de essa forma de governo ser definida em termos *moralmente neutros*) ocorre quando

> uma fração dos cidadãos (pouco importa que sejam minoria ou maioria) impõe a todos os outros cidadãos suas ideias e ações, que são guiadas por uma autoridade que essa fração reconhece espontaneamente, mas que não conseguiu fazer que os outros reconheçam; e quando essa fração as impõe aos outros sem "chegar a acordo" com eles, sem tentar chegar a algum "compromisso" com eles e sem considerar suas ideias e desejos (determinados por outra autoridade, que esses outros reconhecem espontaneamente).

Como é essa desconsideração das ideias e desejos dos "outros" que faz a tirania tirânica, a tarefa consiste em romper a corrente cismogenética (como diria Gregory Bateson) da negligência arrogante, de um lado, e do dissenso mudo, de outro, e encontrar algum terreno em que ambos possam se encontrar para uma conversação frutífera. Esse terreno (e aqui Kojève e Strauss concordam) só pode ser oferecido pela verdade da filosofia, que se ocupa – necessariamente – das coisas eternas e válidas absoluta e universalmente. (Todos os outros terrenos, oferecidos pelas "meras crenças", só poderão servir como campos de batalha, e nunca como salas de conferência.) Kojève acreditava que isso é possível, mas Strauss não: "Não acredito na possibilidade de uma conversação entre Sócrates e o *povo.*" Quem quer que se envolva em tal conversação não é um filósofo, mas "algum tipo de retórico" preocupado não tanto em construir o caminho pelo qual a verdade pode chegar ao povo quanto em obter a obediência ao que quer que os poderes precisem ou desejem estabelecer. Os filósofos pouco podem fazer além de aconselhar os retóricos, e a probabilidade de seu sucesso está fadada a ser mínima. As chances de a filosofia e a sociedade virem a se reconciliar e a se tornar uma só são mínimas.[19]

Strauss e Kojève concordavam que o elo entre os valores universais e a realidade da vida social historicamente constituída é a política; escrevendo de dentro da modernidade pesada, tinham como ponto pacífico que a política se imbrica nas ações do Estado. E assim se seguia sem maiores discussões que o problema diante dos filósofos era o de uma simples escolha entre "pegar ou largar": seja utilizando esse elo, a despeito de todos os riscos que uma tentativa de utilizá-lo deve necessariamente envolver, seja (em nome da pureza de pensamento) mantendo-se longe dele e cuidando da distância em relação ao poder e seus detentores. A escolha se dava, em outras palavras, entre a verdade fadada à impotência e a potência fadada a ser infiel à verdade.

A modernidade pesada era, afinal, a época de moldar a realidade como na arquitetura ou na jardinagem; a realidade adequada aos veredictos da razão deveria ser "construída" sob estrito controle de qualidade e conforme rígidas regras de procedimento, e mais que tudo *projetada* antes da construção. Era uma época de pranchetas e projetos – não tanto para mapear o território social como para erguer tal território até o nível de lucidez e lógica de que só os mapas são capazes. Era uma época que pretendia impor a razão à realidade por decreto, remanejar as estruturas de modo a estimular o comportamento racional e a elevar os custos de todo comportamento contrário à razão tão alto que os impedisse. Em razão do decreto, negligenciar os legisladores e as agências coercitivas não era, obviamente, uma opção. A questão da relação com o Estado, fosse cooperativa ou contestadora, era seu dilema de formação; de fato, uma questão de vida ou morte.

A crítica da política-vida

Como o Estado não mais promete ou deseja agir como plenipotenciário da razão e mestre de obras da sociedade racional; como as pranchetas nos escritórios da boa sociedade estão em processo de ser eliminadas; e como a variada multidão de conselheiros, intérpretes e assessores assume cada vez mais as tarefas previamente reservadas aos legisladores, não é de surpreender que os críticos que desejavam ser instrumentais na atividade de emancipação lamentem sua privação. Não apenas o suposto veículo – e, simultaneamente, o alvo da luta pela libertação – está se esfacelando; o dilema central, constitutivo, da teoria crítica, o próprio eixo em torno do qual girava o discurso crítico, dificilmente sobreviverá ao desaparecimento do veículo. O discurso crítico, como muitos podem sentir, está a ponto de ficar sem objeto. E muitos podem agarrar-se – e de fato o fazem – desesperadamente à estratégia ortodoxa da crítica apenas para confirmar, inadvertidamente, que o discurso carece, de fato, de um objeto tangível, à medida que os diagnósticos são cada vez mais desligados das realidades correntes e as propostas são cada vez mais nebulosas; muitos insistem em travar velhas batalhas em que ganham competência e preferem isso a uma mudança do campo de batalha familiar e confiável para um novo território ainda não inteiramente explorado, de muitas maneiras uma *terra incognita.*

As perspectivas para uma teoria crítica (para não falar da demanda por ela) não estão, porém, amarradas às formas de vida hoje em recuo da mesma maneira que a autoconsciência dos críticos está amarrada às formas, habilidades e programas desenvolvidos no curso do enfrentamento com elas. Foi só o sentido atribuído à emancipação sob condições passadas e não mais presentes que ficou obsoleto – não a tarefa da emancipação em si. Outra coisa está agora em jogo. Há uma nova agenda pública de emancipação ainda à espera de ser ocupada pela teoria crítica. Essa nova agenda pública, ainda à espera de sua política pública crítica, está emergindo junto com a versão "liquefeita" da condição humana moderna – e em particular na esteira da "individualização" das tarefas da vida que derivam dessa condição.

Essa nova agenda surge do hiato previamente discutido entre a individualidade *de jure* e *de facto,* ou entre a "liberdade negativa" legalmente imposta e a ausente – ou, pelo menos, longe de universalmente disponível – "liberdade positiva", isto é, a genuína potência da autoafirmação. A nova condição não é muito diferente daquela que, segundo a Bíblia, levou à rebelião dos israelitas e ao êxodo do Egito. "O faraó ordenou aos inspetores e seus capatazes que deixassem de suprir o povo com a palha utilizada para fazer tijolos ... 'Que eles vão e colham sua própria palha, mas cuidem para que atinjam a mesma quota de tijolos de antes.'" Quando os capatazes argumentaram que não se pode fazer tijolos eficientemente a menos que a palha seja devidamente fornecida e acusaram o faraó de ordenar o impossível, ele inverteu a responsabilidade pelo fracasso: "Vocês são preguiçosos, vocês são preguiçosos." Hoje não há faraós dando ordens aos capatazes para que açoitem os displicentes. (Até o açoite se tornou um trabalho "faça-você-mesmo" e foi substituído pela autoflagelação.) Mas a tarefa de providenciar a palha foi igualmente abandonada pelas autoridades do momento, que dizem aos produtores de tijolos que só sua preguiça os impede de fazer o trabalho adequadamente – e acima de tudo que o façam para sua própria satisfação.

O trabalho de que os homens estão encarregados hoje é muito semelhante ao que era desde o começo dos tempos modernos: a autoconstituir a vida individual e tecer e manter as redes de laços com outros indivíduos em processo de autoconstituição. Esse trabalho nunca foi questionado pela teoria crítica. O que estes teóricos criticavam era a sinceridade e rapidez com que os indivíduos eram libertados para realizar o trabalho que lhes tinha sido atribuído. A teoria crítica acusava de duplicidade ou ineficiência aqueles que deveriam ter providenciado as condições adequadas para a autoafirmação: havia limitações demais à liberdade de escolha e havia a tendência totalitária intrínseca ao modo como a sociedade moderna fora estruturada e conduzida – tendência essa que ameaçava abolir a liberdade de uma vez, substituindo a liberdade de escolha pela tediosa homogeneidade, imposta ou sub-repticiamente introduzida.

O destino do agente livre está cheio de antinomias difíceis de avaliar e ainda mais difíceis de resolver. Consideremos, por exemplo, a contradição das identidades autoconstituídas que devem ser suficientemente sólidas para serem reconhecidas como tais e ao mesmo tempo flexíveis o suficiente para não impedir a liberdade de movimentos futuros em circunstâncias constantemente cambiantes e voláteis. Ou a precariedade das parcerias humanas, agora sobrecarregadas de expectativas maiores que nunca, mas mal-institucionalizadas (se institucionalizadas), e portanto menos resistentes à carga adicional. Ou o triste compromisso da responsabilidade repossuída, perigosamente à deriva entre as rochas da indiferença e da coerção. Ou a fragilidade de toda ação comum, que tem como apoio apenas o entusiasmo e a dedicação dos atores, mas que precisa de algo

Emancipação

mais durável para manter sua integridade durante o tempo que leva para alcançar seus propósitos. Ou a notória dificuldade de generalizar as experiências, vividas como inteiramente pessoais e subjetivas, em problemas que possam ser inscritos na agenda pública e tornar-se questões de política pública. Esses são apenas alguns exemplos, que oferecem uma visão justa do tipo de desafio diante dos críticos que desejam reconectar sua disciplina à agenda da política pública.

Com boas razões os críticos suspeitavam de que, na versão iluminista do "déspota esclarecido", tal como incorporada nas práticas políticas da modernidade, o que conta é o resultado – a sociedade racionalmente estruturada e dirigida; suspeitavam de que as vontades, desejos e propósitos individuais, a *vis formandi* e a *libido formandi* individuais, a propensão poiética a criar novas significações independentes de funções, usos e propósitos, não eram mais que recursos, ou mesmo obstáculos no caminho. Contra essa prática, ou sua suposta tendência, os críticos formularam a visão de uma sociedade que se rebela contra essa perspectiva, de uma sociedade em que precisamente essas vontades, desejos e propósitos, e sua satisfação, são o que conta e deve ser honrado – visão de uma sociedade que, por isso, milita contra todos os esquemas de perfeição impostos aos desejos (ou que os desconsideram) dos homens e mulheres que são incluídos sob seu nome genérico. A única "totalidade" reconhecida e aceitável pela maioria dos filósofos da escola crítica era a que poderia emergir das ações de indivíduos criativos e livres para escolher.

Havia um traço anarquista em toda a teorização crítica: todo poder era suspeito, via-se o inimigo apenas no lado do poder, e o mesmo inimigo era acusado de todos os retrocessos e frustrações sofridas pela liberdade (inclusive pela falta de valor das tropas que deveriam enfrentar valentemente suas guerras de libertação, como no caso do debate da "cultura de massas"). Esperava-se que o perigo viesse e os golpes fossem desferidos do lado "público", sempre pronto a invadir e colonizar o "privado", o "subjetivo", o "individual". Muito menos atenção – quase nenhuma – foi dada aos perigos que se ocultavam no estreitamento e esvaziamento do espaço público e à possibilidade da invasão inversa: a colonização da esfera pública pela privada. E no entanto essa eventualidade subestimada e subdiscutida se tornou hoje o principal obstáculo à emancipação, que em seu estágio presente só pode ser descrita como a tarefa de transformar a autonomia individual *de jure* numa autonomia *de facto*.

O poder político implica uma liberdade individual *incompleta,* mas sua retirada ou desaparecimento prenuncia a *impotência prática* da liberdade legalmente vitoriosa. A história da emancipação moderna desloca-se de um confronto com o primeiro perigo para um confronto com o segundo. Para utilizar os termos de Isaiah Berlin, pode-se dizer que, depois da luta vitoriosa pela "liberdade negativa", as alavancas necessárias para transformá-la numa "liberdade positiva" – isto é, a liberdade para estabelecer a gama de opções e a agenda para a escolha entre elas – quebraram. O poder político perdeu muito de sua terrível e ameaçadora potência opressiva – mas também perdeu boa parte de sua potência capacitadora. A guerra pela emancipação não acabou. Mas, para progredir, deve agora ressuscitar o que na maior parte de sua história lutou por destruir e afastar do caminho. *A verdadeira libertação requer hoje mais, e não menos, da "esfera pública" e do "poder público".* Agora é a esfera pública que precisa desesperadamente de defesa contra o invasor privado – ainda que, paradoxalmente, não para reduzir, mas para viabilizar a liberdade individual.

Como sempre, o trabalho do pensamento crítico é trazer à luz os muitos obstáculos que se amontoam no caminho da emancipação. Dada a natureza das tarefas de hoje, os principais obstáculos que devem ser examinados urgentemente estão ligados às crescentes dificuldades de traduzir os problemas privados em questões públicas, de condensar problemas intrinsecamente privados em interesses públicos que são maiores que a soma de seus ingredientes individuais, de recoletivizar as utopias privatizadas da "política-vida" de tal modo que possam assumir novamente a forma das visões da sociedade "boa" e "justa". Quando a política pública abandona suas funções e a "política-vida" assume, os problemas enfrentados pelos indivíduos *de jure* em seus esforços para se tornarem indivíduos *de facto* passam a ser não aditivos e não cumulativos, destituindo assim a esfera pública de toda substância que não seja a do lugar em que as aflições individuais são confessadas e expostas publicamente. Do mesmo modo, a individualização parece ser uma via de mão única, e também parece destruir, ao avançar, todas as ferramentas que poderiam ser usadas para implementar seus objetivos de outrora.

Essa tarefa coloca a teoria crítica cara a cara com um novo destinatário. O espectro do Grande Irmão deixou de perambular pelos sótãos e porões do mundo quando o déspota esclarecido deixou de habitar as salas de estar e recepção. Em suas novas versões, moderno-líquidas e drasticamente encolhidas, ambos encontram abrigo no domínio diminuto, em miniatura, da política-vida pessoal; é lá que as ameaças e oportunidades da autonomia individual – essa autonomia que não se pode realizar exceto na sociedade autônoma – devem ser procuradas e localizadas. A busca de uma vida em comum alternativa deve começar pelo exame das alternativas de política-vida.

· 2 ·

Individualidade

> Agora, *aqui,* veja, é preciso correr o máximo que
> você puder para permanecer no mesmo lugar. Se
> quiser ir a algum outro lugar, deve correr pelo
> menos duas vezes mais depressa do que isso!
>
> LEWIS CARROL

É difícil lembrar, e ainda mais difícil compreender, que há não
mais de 50 anos a disputa sobre a essência dos prognósticos
populares, sobre o que se deveria temer e sobre os tipos de horrores que o futuro estava fadado a trazer se não fosse parado
a tempo se travava entre o *Admirável Mundo Novo* de Aldous
Huxley e o *1984* de George Orwell.

A disputa certamente era legítima e honesta, pois os mundos tão vividamente retratados pelos dois visionários distópicos
eram tão diferentes quanto água e vinho. O de Orwell era um
mundo de miséria e destituição, de escassez e necessidade; o de
Huxley era uma terra de opulência e devassidão, de abundância
e saciedade. Como era de se esperar, os habitantes do mundo de
Orwell eram tristes e assustados; os de Huxley, despreocupados
e alegres. Havia muitas outras diferenças não menos notáveis: os
dois mundos se opunham em quase todos os detalhes.

No entanto, havia alguma coisa que unia as duas visões.
(Sem isso, as duas distopias não dialogariam, e muito menos
se oporiam.) O que elas compartilhavam era o pressentimento
de um *mundo estritamente controlado;* da liberdade individual
não apenas reduzida a nada ou quase nada, mas agudamente

rejeitada por pessoas treinadas a obedecer a ordens e seguir rotinas estabelecidas; de uma pequena elite que manejava todos os cordões – de tal modo que o resto da humanidade poderia passar toda sua vida movendo-se como marionetes; de um mundo dividido entre administradores e administrados, projetistas e seguidores de projetos – os primeiros guardando os projetos grudados ao peito e os outros nem querendo nem sendo capazes de espiar os desenhos para captar seu sentido; de um mundo que fazia de qualquer alternativa algo inimaginável.

O fato de o futuro trazer menos liberdade, mais controle, vigilância e opressão não estava em discussão. Orwell e Huxley não discordavam quanto ao destino do mundo; eles apenas viam de modo diferente o caminho que nos levaria até lá se continuássemos suficientemente ignorantes, obtusos, plácidos ou indolentes para permitir que as coisas seguissem sua rota natural.

Em carta de 1769 a Sir Horace Mann, Horace Walpole escrevia que "o mundo é uma comédia para os que pensam, e uma tragédia para os que sentem". Mas os sentidos de "cômico" e "trágico" mudam ao longo do tempo, e quando Orwell e Huxley esboçaram os contornos do trágico futuro, ambos sentiram que a tragédia do mundo era seu ostensivo e incontrolável progresso rumo à separação entre os cada vez mais poderosos e remotos controladores e o resto, cada vez mais destituído de poder e controlado. A visão de pesadelo que assombrava os dois escritores era a de homens e mulheres que não mais controlavam suas próprias vidas. De modo semelhante a pensadores de outros tempos, Platão e Aristóteles, que não eram capazes de imaginar uma sociedade boa ou má sem escravos, Huxley e Orwell não podiam conceber uma sociedade, fosse ela feliz ou infeliz, sem administradores, projetistas e supervisores que em conjunto escreviam o roteiro que outros deveriam seguir, ordenavam o desempenho, punham as falas na boca dos atores e demitiam ou encarceravam quem quer que improvisasse seus próprios textos. Não podiam imaginar um mundo sem torres e mesas de controle. Os medos de seu tempo, tanto quanto suas esperanças e sonhos, giravam em torno de Repartições de Comando Supremo.

Capitalismo – pesado e leve

Nigel Thrift teria talvez classificado as histórias de Orwell e Huxley como "discurso de Joshua" e não como "discurso do Gênesis".[1] (Discursos, diz Thrift, são "metalinguagens que ensinam as pessoas a viver como pessoas".) "Enquanto no discurso de Joshua a ordem é a regra e a desordem, uma exceção, no discurso do Gênesis a desordem é a regra e a ordem, uma exceção." No discurso de Joshua, o mundo (aqui Thrift cita Kenneth Jowitt) é "centralmente organizado, rigidamente delimitado e histericamente preocupado com fronteiras impenetráveis".

"Ordem", permitam-me explicar, significa monotonia, regularidade, repetição e previsibilidade; dizemos que uma situação está "em ordem" se e somente se alguns eventos têm maior probabilidade de acontecer do que suas alternativas, enquanto outros eventos são altamente improváveis ou estão inteiramente fora de questão. Isso significa que em algum lugar alguém (um Ser Supremo pessoal ou impessoal) deve interferir nas probabilidades, manipulá-las e viciar os dados, garantindo que os eventos não ocorram aleatoriamente.

O mundo ordeiro do discurso de Joshua é um mundo rigidamente controlado. Tudo nesse mundo serve a algum propósito, mesmo que não seja claro (por enquanto, para alguns, mas para sempre, para a maioria) qual é esse propósito. Esse mundo não tem espaço para o que não tiver uso ou propósito. O não uso, além disso, seria reconhecido nesse mundo como propósito legítimo. Para ser reconhecido, deve servir à manutenção e perpetuação do todo ordenado. É a própria ordem, e somente ela, que não requer legitimação; ela é, por assim dizer, "seu próprio propósito". Ela simplesmente *é*, e não adianta desejar que não fosse: isso é tudo o que precisamos ou podemos saber sobre ela. Talvez exista porque Deus a fez existir em Seu ato de Criação Divina; ou porque criaturas humanas, mas à imagem de Deus, a fizeram existir em seu trabalho continuado de projetar, construir e administrar. Em nossos tempos modernos, com Deus em prolongado afastamento, a tarefa de projetar e servir à ordem cabe aos seres humanos.

Como Karl Marx descobriu, as ideias das classes dominantes tendem a ser as ideias dominantes (proposição que, com nossa nova compreensão da linguagem e de seu funcionamento, poderíamos considerar pleonástica). Por pelo menos 200 anos foram os administradores das empresas capitalistas que dominaram o mundo – isto é, separaram o factível do implausível, o racional do irracional, o sensato do insano, e de outras formas ainda determinaram e circunscreveram a gama de alternativas dentro das quais confinar as trajetórias da vida humana. Era, portanto, sua visão do mundo, em conjunto com o próprio mundo, formado e reformado à imagem dessa visão, que alimentava e dava substância ao discurso dominante.

Até recentemente era o discurso de Joshua; agora, e cada vez mais, é o discurso do Gênesis. Mas ao contrário do que Thrift dá a entender, o encontro de hoje, dentro do mesmo discurso, de empresas e academia, dos que fazem e os que interpretam o mundo, não é novidade; nem uma qualidade restrita ao novo capitalismo ("mole", como o chama Thrift) ávido de conhecimento. Por alguns séculos, a academia não teve outro mundo para envolver em suas tramas conceituais, sobre o qual refletir, para descrever e interpretar, que não aquele sedimentado pela visão e prática capitalistas. Durante esse período, empresas e academia estavam em permanente contato, mesmo que – por sua incapacidade de conversar entre si – tenham dado a impressão de manter distância. E o lugar de encontro tem sido sempre, como hoje, indicado e fornecido pela primeira.

O mundo que sustentava o discurso de Joshua e lhe dava credibilidade era o mundo fordista. (O termo "fordismo" foi utilizado pela primeira vez há muito tempo por Antonio Gramsci e Henri de Man, mas, fiel aos hábitos da coruja de Minerva de Hegel, foi redescoberto e trazido ao primeiro plano e ao uso comum apenas quando o sol que brilhava sobre as práticas fordistas começou a se pôr.) Na descrição retrospectiva de Alain Lipietz, o fordismo foi, em seu apogeu, um modelo de industrialização, de acumulação e de *regulação:*

> [uma] combinação de formas de ajuste das expectativas e do comportamento contraditório dos agentes individuais aos princípios coletivos do regime de acumulação ...
>
> O paradigma industrial incluía o princípio tailorista da racionalização, juntamente com a constante mecanização. Essa "racionalização" baseava-se na separação dos aspectos intelectual e manual do trabalho ... o conhecimento social sistematizado a partir de cima e incorporado ao maquinário pelos projetistas. Quando Taylor e os engenheiros tailoristas introduziram esses princípios no começo do século XX, seu objetivo explícito era forçar o controle da administração sobre os trabalhadores.[2]

Mas o modelo fordista era mais que isso, um local epistemológico de construção sobre o qual se erigia toda uma visão de mundo e a partir da qual ele se sobrepunha majestaticamente à totalidade da experiência vivida. O modo como os seres humanos entendem o mundo tende a ser sempre *praxeomórfico:* é sempre determinado pelo know-how do dia, pelo que as pessoas podem fazer e pelo modo como usualmente o fazem. A fábrica fordista – com a meticulosa separação entre projeto e execução, iniciativa e atendimento a comandos, liberdade e obediência, invenção e determinação, com o estreito entrelaçamento dos opostos dentro de cada uma das oposições binárias e a suave transmissão de comando do primeiro elemento de cada par ao segundo – foi sem dúvida a maior realização até hoje da engenharia social orientada pela ordem. Não surpreende que tenha estabelecido o quadro metafórico de referência (mesmo que a referência não fosse citada) para todos os que tentavam compreender como a realidade humana opera em todos os seus níveis – tanto o societal-global quanto o da vida individual. Sua presença dissimulada ou aberta é fácil de detectar em visões aparentemente tão distantes como o "sistema social" parsoniano, que se autorreproduz e é dirigido pelo "conjunto central de valores", e o "projeto de vida" sartreano, que serve como projeto-guia para o esforço de construção da identidade do eu.

De fato, parecia não existir alternativa à fábrica fordista, nem algum obstáculo sério a impedir a expansão do modelo fordista até os mais recônditos recessos e fissuras da sociedade. O debate entre Orwell e Huxley, assim como o confronto entre socialismo e capitalismo, foi, a esse respeito, não mais que uma desavença em família. O comunismo, afinal, desejava apenas livrar o modelo fordista de suas poluições presentes (não imperfeições) – do maligno caos gerado pelo mercado que se interpunha no caminho da última e total derrota dos acidentes e da contingência e que assim limitava o planejamento racional. Nas palavras de Lênin, a visão do socialismo seria efetivada se os comunistas conseguissem "combinar o poder soviético e a organização soviética da administração com o último progresso do capitalismo",[3] com a "organização soviética da administração" significando, para Lênin, permitir que o "último progresso do capitalismo" (isto é, como ele insistia em repetir, a "organização científica do trabalho") transbordasse de dentro dos muros da fábrica para penetrar e saturar a vida social como um todo.

O fordismo era a autoconsciência da sociedade moderna em sua fase "pesada", "volumosa", ou "imóvel" e "enraizada", "sólida". Nesse estágio de sua história conjunta, capital, administração e trabalho estavam, para o bem e para o mal, condenados a ficar juntos por muito tempo, talvez para sempre – amarrados pela combinação de fábricas enormes, maquinaria pesada e força de trabalho maciça. Para sobreviver, e principalmente para agir de modo eficiente, tinham que "cavar", desenhar fronteiras e marcá-las com trincheiras e arame farpado, ao mesmo tempo em que faziam a fortaleza suficientemente grande para abrigar todo o necessário para resistir a um cerco prolongado, talvez sem perspectivas. O capitalismo pesado era obcecado por volume e tamanho, e, por isso, também por fronteiras, fazendo-as firmes e impenetráveis. O gênio de Henry Ford foi descobrir o modo de manter os defensores de sua fortaleza industrial dentro dos muros – para guardá-los da tentação de desertar ou mudar de lado. Como disse o economista da Sorbonne Daniel Cohen:

> Henry Ford decidiu um dia "dobrar" os salários de seus trabalhadores. A razão (publicamente) declarada, a célebre frase "quero que meus trabalhadores sejam pagos suficientemente bem para comprar meus carros" foi, obviamente, uma brincadeira. As compras dos trabalhadores eram uma fração ínfima de suas vendas, mas os salários pesavam muito mais em seus custos ... A verdadeira razão para o aumento dos salários foi a formidável rotatividade de força de trabalho que a Ford enfrentava. Ele decidiu dar o aumento espetacular aos trabalhadores para fixá-los à linha ...[4]

A corrente invisível que prendia os trabalhadores a seus lugares e impedia sua mobilidade era, nas palavras de Cohen, "o coração do fordismo". O rompimento dessa corrente foi também o divisor de águas decisivo na experiência de vida, e se associa à decadência e extinção aceleradas do modelo fordista. "Quem começa uma carreira na Microsoft", observa Cohen, "não sabe onde ela vai terminar. Começar na Ford ou na Renault implicava, ao contrário, a quase certeza de que a carreira seguiria seu curso no mesmo lugar."

Em seu estágio pesado, o capital estava tão fixado ao solo quanto os trabalhadores que empregava. Hoje o capital viaja leve – apenas com a bagagem de mão, que inclui nada mais que pasta, telefone celular e computador portátil. Pode saltar em quase qualquer ponto do caminho, e não precisa demorar-se em nenhum lugar além do tempo que durar sua satisfação. O trabalho, porém, permanece tão imobilizado quanto no passado – mas o lugar em que ele imaginava estar fixado de uma vez por todas perdeu sua solidez de outrora; buscando rochas, as âncoras encontram areias movediças. Alguns dos habitantes do mundo estão em movimento; para os demais, é o mundo que se recusa a ficar parado. O discurso de Joshua soa vazio quando o mundo, que uma vez teve legislador, árbitro e corte de apelação reunidos em uma só entidade, parece cada vez mais com um dos jogadores, escondendo as cartas, preparando armadilhas e aguardando sua vez de blefar.

Os passageiros do navio "Capitalismo Pesado" confiavam (nem sempre sabiamente) em que os seletos membros da tripulação com direito a chegar à ponte de comando conduziriam o navio a seu destino. Os passageiros podiam devotar toda sua atenção a aprender e seguir as regras a eles destinadas e exibidas ostensivamente em todas as passagens. Se reclamavam (ou às vezes se amotinavam), era contra o capitão, que não levava o navio a porto com a suficiente rapidez, ou por negligenciar excepcionalmente o conforto dos passageiros. Já os passageiros do avião "Capitalismo Leve" descobrem horrorizados que a cabine do piloto está vazia e que não há meio de extrair da "caixa preta" chamada piloto automático qualquer informação sobre para onde vai o avião, onde aterrizará, quem escolherá o aeroporto e sobre se existem regras que permitam que os passageiros contribuam para a segurança da chegada.

Tenho carro, posso viajar

Podemos dizer que o rumo dos eventos no mundo do capitalismo provou ser o exato oposto do que Max Weber previa quando escolheu a burocracia como protótipo da sociedade por vir e a retratou como a forma por excelência da ação racional. Extrapolando sua visão do futuro a partir da experiência contemporânea do capitalismo pesado (o homem que cunhou a expressão "gaiola de ferro" não podia estar ciente de que o "peso" era um mero atributo temporário do capitalismo e que outras modalidades da ordem capitalista eram concebíveis e estavam em gestação), Weber previu o triunfo iminente da "racionalidade instrumental": com o destino da história humana dado como sabido, e a questão dos fins da ação humana acertada e não mais aberta à contestação, as pessoas passariam a se ocupar mais, talvez exclusivamente, da questão dos meios – o futuro seria, por assim dizer, obcecado com os meios. Toda racionalização adicional, em si mesma uma conclusão antecipada, consistiria em afiar, ajustar e aperfeiçoar os meios. Sabendo que a capacidade racional dos seres humanos tende a ser solapada constantemente por propensões afetivas e outras inclinações igualmente irracionais, poder-se-ia suspeitar de que a disputa sobre os fins dificilmente chegaria a um final; mas essa disputa seria no futuro expulsa da corrente principal, impulsionada pela inexorável racionalização – e deixada para os profetas e pregadores à margem dos superiores (e decisivos) afazeres da vida.

Weber também se referiu a outro tipo de ação orientada, a que chamou de racional por referência a *valores;* mas aí se referia à procura de valores "enquanto tais" e "independente da perspectiva de sucesso exterior". Também deixou claro que os valores em que pensava eram de tipo ético, estético ou religioso – isto é, pertencentes à categoria que o capitalismo moderno degradou e declarou praticamente dispensável e irrelevante, quando não prejudicial, para a conduta racional que promovia.[5] Podemos apenas especular que a necessidade de adicionar a racionalidade por referência a valores a seu inventário dos tipos de ação ocorreu a Weber tardiamente, sob o impacto da revolução bolchevique, que parecia refutar a conclusão de que a questão dos objetivos tinha sido resolvida de uma vez por todas, e implicava, ao contrário, que ainda poderia surgir uma situação em que algumas pessoas se manteriam fiéis a seus ideais, por mais remota e ínfima que fosse a chance de realizá-los e por mais exorbitante que fosse o custo da tentativa – e assim se desviariam da única preocupação legítima, a saber, o cálculo dos meios apropriados à obtenção de determinados fins.

Quaisquer que sejam as aplicações do conceito da racionalidade referida a valores no esquema weberiano da história, esse conceito é inútil se quisermos captar a essência do momento histórico presente. O capitalismo leve de hoje não é "racional por referência a valores" no sentido de Weber, ainda que se afaste do tipo ideal da ordem racional-instrumental. O capitalismo leve parece estar a anos-luz de distância da racionalidade referida a valores no estilo weberiano; se alguma vez na história os valores foram abraçados "em termos absolutos", isso certamente não é o que acontece hoje. O que realmente aconteceu no curso da passagem do capitalismo pesado para o leve foi o desbaratamento dos invisíveis "politburos" capazes de "absolutizar" os valores, das cortes supremas destinadas a pronunciar veredictos sem apelação sobre os objetivos dignos de perseguição (as instituições indispensáveis e centrais para o discurso de Joshua).

Na falta de uma Suprema Repartição (ou melhor, na presença de muitas repartições competindo pela supremacia, nenhuma delas com grandes chances de vencer), a questão dos objetivos está novamente posta e destinada a tornar-se causa de muita hesitação e de agonia sem fim, a solapar a confiança e a gerar a sensação enervante de incerteza e, portanto, também um Estado de ansiedade perpétua. Nas palavras de Gerhard Schulze, este é um novo tipo de incerteza: "não saber os fins, em lugar da incerteza tradicional de não saber os meios".[6] Não é mais o caso de tentar, sem ter o conhecimento completo, calcular os meios (os já disponíveis e os tidos como necessários e zelosamente buscados) em relação a determinado fim. O que está em pauta é a questão de considerar e decidir, em face de todos os riscos conhecidos ou meramente adivinhados, quais dos muitos flutuantes e sedutores fins "ao alcance" (isto é, que podem ser razoavelmente perseguidos) devem ter prioridade – dada a quantidade de meios disponíveis e levando em consideração as ínfimas chances de sua utilidade duradoura.

Nas novas circunstâncias, o mais provável é que a maior parte da vida humana e a maioria das vidas humanas consuma-se na agonia quanto à escolha de objetivos, e não na procura dos meios para os fins, que não exigem tanta reflexão. Ao contrário de seu antecessor, o capitalismo leve tende a ser *obcecado por valores*. O pequeno anúncio apócrifo na coluna de "empregos procurados" – "tenho carro, posso viajar" – pode servir de epítome às novas problemáticas da vida, ao lado da questão atribuída aos chefes dos institutos e laboratórios técnicos e científicos de hoje: "Achamos a solução. Vamos agora procurar o problema." A pergunta "o que posso fazer?" passou a dominar a ação, minimizando e excluindo a questão "como fazer da melhor maneira possível aquilo que tenho que não posso deixar de fazer?"

Como as Supremas Repartições que cuidavam da regularidade do mundo e guardavam os limites entre o certo e o errado não estão mais à vista, o mundo se torna uma coleção infinita de possibilidades: um contêiner cheio até a boca com uma quantidade incontável de oportunidades a serem exploradas ou já perdidas. Há mais – muitíssimo mais – possibilidades do que qualquer vida individual, por mais longa, aventurosa e industriosa que seja, pode tentar explorar, e muito menos adotar. É a infinidade das oportunidades que preenche o espaço deixado vazio pelo desaparecimento da Suprema Repartição.

Não surpreende que não mais se escrevam distopias nestes tempos: o mundo pós-fordista, "moderno fluido", dos indivíduos que escolhem em liberdade, não mais se ocupa do sinistro *Grande* Irmão, que puniria os que saíssem da linha. Neste mundo, no entanto, tampouco há espaço para o benigno e cuidadoso Irmão *Mais Velho* em quem se podia confiar e buscar apoio para decidir que coisas eram dignas de ser feitas ou possuídas e com quem se podia contar para proteger o irmão mais novo dos valentões que se punham em seu caminho; e assim as utopias da boa sociedade também deixaram de ser escritas. Tudo, por assim dizer, corre agora por conta do indivíduo. Cabe ao indivíduo descobrir o que é capaz de fazer, esticar essa capacidade ao máximo e escolher os fins a que essa capacidade poderia melhor servir – isto é, com a máxima satisfação concebível. Compete ao indivíduo "amansar o inesperado para que se torne um entretenimento".[7]

Viver num mundo cheio de oportunidades – cada uma mais apetitosa e atraente que a anterior, cada uma "compensando a anterior, e preparando o terreno para a mudança para a seguinte"[8] – é uma experiência divertida. Nesse mundo, poucas coisas são predeterminadas, e menos ainda irrevogáveis. Poucas derrotas são definitivas, pouquíssimos contratempos, irreversíveis; mas nenhuma vitória é tampouco final. Para que as possibilidades continuem infinitas, nenhuma deve ser capaz de petrificar-se em realidade para sempre. Melhor que permaneçam líquidas e fluidas e tenham "data de validade", caso contrário poderiam excluir as oportunidades remanescentes e abortar o embrião da próxima aventura. Como dizem Zbyszko Melosik e Tomasz Szkudlarek em seu interessante estudo de problemas da identidade,[9] viver em meio a chances aparentemente infinitas (ou pelo menos em meio a maior número de chances do que seria razoável experimentar) tem o gosto doce da "liberdade de tornar-se qualquer um". Porém essa doçura tem uma cica amarga porque, enquanto o "tornar-se" sugere que nada está acabado e temos tudo pela frente, a condição de "ser alguém", que o tornar-se deve assegurar, anuncia o apito final do árbitro, indicando o fim do jogo: "Você não está mais livre quando chega o final; você não é você, mesmo que tenha se tornado alguém." Estar inacabado, incompleto e sub determinado é um estado cheio de riscos e ansiedade, mas seu contrário também não traz um prazer pleno, pois fecha antecipadamente o que a liberdade precisa manter aberto.

A consciência de que o jogo continua, de que muito vai ainda acontecer, e o inventário das maravilhas que a vida pode oferecer são muito agradáveis e satisfatórios. A suspeita de que nada do que já foi testado e apropriado é duradouro e garantido contra a decadência é, porém, a proverbial mosca na sopa. As perdas equivalem aos ganhos. A vida está fadada a navegar entre os dois, e nenhum marinheiro pode alardear ter encontrado um itinerário seguro e sem riscos.

O mundo cheio de possibilidades é como uma mesa de bufê com tantos pratos deliciosos que nem o mais dedicado comensal poderia esperar provar de todos. Os comensais são *consumidores,* e a mais custosa e irritante das tarefas que se pode pôr diante de um consumidor é a necessidade de estabelecer prioridades: a necessidade de dispensar algumas opções inexploradas e abandoná-las. A infelicidade dos consumidores deriva do excesso e não da falta de escolha. "Será que utilizei os meios à minha disposição da melhor maneira possível?" é a pergunta que mais assombra e causa insônia ao consumidor. Como disse Marina Bianchi num trabalho coletivo de economistas que tinham em mente os vendedores de bens de consumo,

> no caso do consumidor, a função objetiva … está vazia …
>
> Os fins coerentemente se equivalem aos meios, mas os próprios fins não são escolhidos racionalmente …
>
> Hipoteticamente, os consumidores, mas não as firmas, não podem nunca errar, ou ser pegos errando.[10]

Mas se não se pode errar, também não se pode saber se se está certo. Se não há movimentos errados, não há nada que permita distinguir um movimento como melhor, e assim nada que permita reconhecer o movimento certo entre as várias alternativas – nem antes nem depois de fazer o movimento. É uma bênção mista que o perigo do erro não esteja nas cartas – uma alegria duvidosa, certamente, dado que seu preço é a incerteza perpétua e um desejo que provavelmente nunca será saciado. É uma boa notícia, uma promessa de permanecer no ramo, para os vendedores, mas para os compradores é a certeza de que continuarão aflitos.

Pare de me dizer; mostre-me!

O capitalismo pesado, no estilo fordista, era o mundo dos que ditavam as leis, dos projetistas de rotinas e dos supervisores; o mundo de homens e mulheres dirigidos por outros, buscando fins determinados por outros, do modo determinado por outros. Por essa razão era também o mundo das autoridades: de líderes que sabiam mais e de professores que ensinavam a proceder melhor.

O capitalismo leve, amigável com o consumidor, não aboliu as autoridades que ditam leis, nem as tornou dispensáveis. Apenas deu lugar e permitiu que coexistissem autoridades em número tão grande que nenhuma poderia se manter por muito tempo e menos ainda atingir a posição de exclusividade. Ao contrário do erro, a verdade é só uma, e pode ser reconhecida como verdade (isto é, com o direito de declarar erradas todas as alternativas a ela mesma) justamente por ser única. Parando para pensar, "numerosas autoridades" é uma contradição em termos. Quando as autoridades são muitas, tendem a cancelar-se mutuamente, e a única autoridade efetiva na área é a que pode escolher entre elas. É por cortesia de quem escolhe que a autoridade se torna uma autoridade. As autoridades não mais ordenam; elas se tornam agradáveis a quem escolhe; tentam e seduzem.

O "líder" foi um produto não intencional, e um complemento necessário, do mundo que tinha por objetivo a "boa sociedade", ou a sociedade "certa e apropriada", e procurava manter as alternativas impróprias a distância. O mundo da "modernidade líquida" não faz nem uma coisa nem outra. A infame frase de efeito de Margaret Thatcher "não existe essa coisa de sociedade" é ao mesmo tempo uma reflexão perspicaz sobre a mudança no caráter do capitalismo, uma declaração de intenções e uma profecia autocumprida: em seus rastros veio o desmantelamento das redes normativas e protetoras, que ajudavam o mundo em seu percurso de tornar-se carne. "Não sociedade" significa não ter nem utopia nem distopia: como Peter Drucker, o guru do capitalismo leve, disse, "não mais salvação pela sociedade" – sugerindo (ainda que por omissão e não por afirmação) que, por implicação, a responsabilidade pela danação não pode ficar com a sociedade; a redenção e a condenação são produzidas pelo indivíduo e somente por ele – o resultado do que o agente livre fez livremente de sua vida.

Não faltam, obviamente, pessoas que afirmam "estar por dentro", e muitas delas têm legiões de seguidores prontos a lhes fazer coro. Tais pessoas "por dentro", mesmo aquelas cujo conhecimento não foi posto publicamente em dúvida, não são, no entanto, *líderes;* elas são, no máximo, *conselheiros* – e uma diferença crucial entre líderes e conselheiros é que os primeiros devem ser seguidos e os segundos precisam ser contratados e podem ser demitidos. Os líderes demandam e esperam disciplina; os conselheiros podem, na melhor das hipóteses, contar com a boa vontade do outro de ouvir e prestar atenção. E devem primeiro conquistar essa vontade bajulando os possíveis ouvintes. Outra diferença crucial entre líderes e conselheiros é que os primeiros agem como intermediários entre o bem individual e o "bem de todos", ou (como diria C. Wright Mills) entre as preocupações privadas e as questões públicas. Os conselheiros, ao contrário, cuidam de nunca pisar fora da área fechada do privado. Doenças são individuais, assim como a terapia; as preocupações são privadas, assim como os meios de lutar para resolvê-las. Os conselhos que os conselheiros oferecem se referem à *política-vida,* não à Política com P maiúsculo; eles se referem ao que as pessoas aconselhadas podem fazer elas mesmas e para si próprias, cada uma para si – não ao que podem realizar em conjunto para cada uma delas, se unirem forças.

Em um dos maiores sucessos entre os popularíssimos livros de autoajuda (vendeu mais de cinco milhões de cópias desde sua publicação em 1987), Melody Beattie adverte/aconselha seus leitores: "A maneira mais garantida de enlouquecer é envolver-se com os assuntos de outras pessoas, e a maneira mais rápida de tornar-se são e feliz é cuidar dos próprios." O livro deve seu sucesso instantâneo ao título sugestivo (*Codependent no More*), que resume seu conteúdo: tentar resolver os problemas de outras pessoas nos torna dependentes, e a dependência oferece reféns ao destino – ou, mais precisamente, a coisas que não dominamos e a pessoas que não controlamos; portanto, cuidemos de nossos problemas, e apenas de nossos problemas, com a consciência limpa. Há pouco a ganhar fazendo o trabalho de outros, e isso desviaria nossa atenção do trabalho que ninguém pode fazer senão nós mesmos. Tal mensagem soa agradável – como uma confirmação, uma absolvição e uma luz verde necessária – a todos os que, sós, são forçados a seguir, a favor ou contra seu próprio juízo, e não sem dor na consciência, a exortação de Samuel Butler: "No fim, o prazer é melhor guia que o direito ou o dever."

"Nós" é o pronome pessoal usado com mais frequência pelos líderes. Já os conselheiros têm pouco que fazer com ele: "nós" não é mais que um agregado de "eus", e o agregado, ao contrário do "grupo" de Émile Durkheim, não é maior que a soma de suas partes. Ao fim da sessão de aconselhamento, as pessoas aconselhadas estão tão sós quanto antes. Isso quando sua solidão não foi reforçada: quando sua impressão de que seriam abandonadas à sua própria sorte não foi corroborada e transformada em uma quase certeza. Qualquer que fosse o conteúdo do aconselhamento, este se referia a coisas que a pessoa aconselhada deveria fazer por si mesma, aceitando inteira responsabilidade por fazê-las de maneira apropriada, e não culpando a ninguém pelas consequências desagradáveis que só poderiam ser atribuídas a seu próprio erro ou negligência.

O melhor conselheiro é o que está ciente do fato de que aqueles que receberão os conselhos querem uma lição-objeto. Desde que a natureza dos problemas seja tal que eles possam ser enfrentados pelos indivíduos por conta própria e por esforços individuais, o que as pessoas em busca de conselho precisam (ou acreditam precisar) é um *exemplo* de como outros homens e mulheres, diante de problemas semelhantes, se desincumbem deles. E elas precisam do exemplo por razões ainda mais essenciais: o número dos que se sentem "infelizes" é maior que o dos que conseguem indicar e identificar as causas de sua infelicidade. O sentimento de "estar infeliz" é muitas vezes difuso e solto; seus contornos são apagados, suas raízes, espalhadas; precisa tornar-se "tangível" – moldado e nomeado, a fim de tornar o igualmente vago desejo de felicidade uma tarefa específica. Olhando para a experiência de outras pessoas, tendo uma ideia de suas dificuldades e atribulações, esperamos descobrir e localizar os problemas que causaram nossa própria infelicidade, dar-lhes um nome e, portanto, saber para onde olhar para encontrar meios de resistir a eles ou resolvê-los.

Explicando a fenomenal popularidade do *Jane Fonda's Workout Book* (1981) e a técnica de autodisciplina que esse livro pôs à disposição de milhões de mulheres norte-americanas, Hilary Radner observa que

> a instrutora se oferece como um exemplo ... mais do que como uma autoridade...
>
> A mulher que se exercita possui seu próprio corpo pela identificação com uma imagem que não é a sua própria mas a dos corpos que lhe são oferecidos como exemplo.

Jane Fonda é bastante explícita sobre a essência do que oferece e bastante direta sobre o tipo de exemplo que seus leitores devem seguir: "Gosto muito de pensar que meu corpo é produto de mim mesma, é meu sangue e entranhas. É minha responsabilidade."[11] A mensagem de Fonda para toda mulher é que trate seu corpo como sua propriedade (*meu* sangue, *minhas* entranhas), seu próprio produto e, acima de tudo, sua própria *responsabilidade*. Para sustentar e reforçar o *amour de soi* pós-moderno, ela invoca (ao lado da tendência de consumidora de autoidentificar-se pela propriedade) a memória do muito prépós-moderno – em verdade mais pré-moderno do que moderno – instinto de artesanato: o produto de meu trabalho é tão bom quanto (e não melhor que) a habilidade, atenção e cuidado que ponho em sua produção. Quaisquer que sejam os resultados, não tenho ninguém mais a quem possa elogiar (ou culpar, se for o caso). O lado inverso da mensagem também não é ambíguo, ainda que não soletrado com a mesma clareza: você *deve* a seu corpo cuidado, e se negligenciar esse dever, você deve sentir-se culpada e envergonhada. Imperfeições de *seu* corpo são *sua* culpa e vergonha. Mas a redenção do pecado está ao alcance das mãos da pecadora, e só de suas mãos.

Repito com Hilary Radner: ao dizer tudo isso, Jane Fonda não age como autoridade (como quem formula a lei, estabelece a norma, prega ou ensina). Ela se "oferece como exemplo". Sou famosa e amada; sou um objeto de desejo e admiração. Por quê? Qualquer que seja a razão, existe porque eu a fiz existir. Olhem meu corpo: é esguio, flexível, tem boa forma – perenemente jovem. Você certamente gostaria de ter – de ser – um corpo como o meu. Meu corpo é meu trabalho; se você se exercitar como eu, você poderá tê-lo. Se você sonha em "ser como Jane Fonda", lembre-se que fui eu, Jane Fonda, que fiz de mim a Jane Fonda desses sonhos.

Ser rica e famosa ajuda, é claro; confere peso à mensagem. Embora Jane Fonda se esforce para se pôr como exemplo, e não autoridade, seria tolo negar que, sendo quem é, seu exemplo traz "naturalmente" uma autoridade que outros exemplos teriam que trabalhar muito para obter. Jane Fonda é de certa maneira um caso excepcional: ela herdou a condição de "estar sob os refletores" e atraiu ainda mais refletores sobre suas atividades muito antes de decidir fazer de seu corpo um exemplo. Em geral, porém, não podemos estar certos da direção em que funciona a relação causal entre a disposição de seguir um exemplo e a autoridade da pessoa que serve como exemplo. Como observou Daniel J. Boorstin – com graça, mas não de brincadeira (em *The Image*, 1961) –, uma celebridade é uma pessoa conhecida por ser muito conhecida, e um best-seller é um livro que vende bem porque está vendendo bem. A autoridade amplia o número de seguidores, mas, no mundo de fins incertos e cronicamente subdeterminados, é o número de seguidores que faz – que *é* – a autoridade.

Qualquer que seja o caso, no par exemplo-autoridade a parte do exemplo é a mais importante e mais solicitada. As celebridades com autoridade suficiente para fazer com que o que dizem seja digno de atenção mesmo antes que o digam são muito poucas para estrelar os inumeráveis programas de entrevistas da TV (e raramente aparecem nos mais populares deles, como o de Oprah e o de Trisha), mas isso não impede que esses programas sejam uma compulsão diária para milhões de homens e mulheres ávidos por aconselhamento. A autoridade da pessoa que compartilha sua história de vida pode fazer com que os espectadores observem o exemplo com atenção e aumenta os índices de audiência. Mas a falta de autoridade de quem conta sua vida, o fato de ela não ser uma celebridade, sua anonimidade, pode fazer com que o exemplo seja mais fácil de seguir e assim ter um potencial adicional próprio. As não celebridades, os homens e mulheres "comuns", "como você e eu", que aparecem na telinha apenas por um momento passageiro (não mais do que o necessário para contar a história e receber o aplauso merecido, assim como alguma crítica por esconder partes picantes ou gastar tempo demais com as partes desinteressantes) são tão desvalidas e infelizes quanto os espectadores, sofrendo o mesmo tipo de golpes e buscando desesperadamente uma saída honrosa e um caminho promissor para uma vida mais feliz. E assim, o que elas fizeram eu também posso fazer; talvez até melhor. Posso aprender alguma coisa *útil* tanto com suas vitórias quanto com suas derrotas.

Seria arrogante, além de equivocado, condenar ou ridicularizar o vício dos programas de entrevistas como efeito da eterna avidez humana pela fofoca e da "curiosidade barata". Num mundo repleto de meios, mas notoriamente pouco claro sobre os fins, as lições retiradas dos programas de entrevistas respondem a uma demanda genuína e têm valor pragmático inegável, pois já sabemos que depende de nós mesmos fazer (e continuar a fazer) o melhor possível de nossas vidas; e como também sabemos que quaisquer recursos requeridos por tal empreendimento só podem ser procurados e encontrados entre nossas próprias habilidades, coragem e determinação, é vital saber como agem outras pessoas diante de desafios semelhantes. Podem ter descoberto estratagemas admiráveis que não percebemos; podem ter explorado partes da questão a que não demos atenção ou em que não nos aprofundamos o suficiente.

Essa não é, porém, a única vantagem. Como dito acima, nomear o problema é em si uma tarefa assustadora, e sem esse nome para o sentimento de inquietação ou infelicidade não há esperança de cura. No entanto, embora o sofrimento seja pessoal e privado, uma "linguagem privada" é uma incongruência. O que quer que seja nomeado, inclusive os sentimentos mais secretos, pessoais e íntimos, só o é propriamente se os nomes escolhidos forem de domínio público, se pertencerem a uma linguagem compartilhada e pública e forem compreendidos pelas pessoas que se comunicam nessa linguagem. Os programas de entrevistas são lições públicas de uma linguagem ainda-não-nascida-mas-prestes-a-nascer. Fornecem as palavras que poderão ser utilizadas para "nomear o problema" – para expressar, em modos publicamente legíveis, o que até agora era inefável e assim permaneceria sem tais palavras.

Esse é, em si, um ganho da maior importância – mas há ainda outros. Nos programas de entrevistas, palavras e frases que se referem a experiências consideradas íntimas e, portanto, inadequadas como tema de conversa são pronunciadas em público – para aprovação, divertimento e aplauso universais. Pela mesma razão, os programas de entrevistas *legitimam* o discurso público sobre questões privadas. Tornam o indizível dizível, o vergonhoso, decente, e transformam o feio segredo em questão de orgulho. Até certo ponto são rituais de exorcismo – e muito eficazes. Graças aos programas de entrevistas, posso falar de agora em diante abertamente sobre coisas que eu pensava (equivocadamente, agora vejo) infames e infamantes e, portanto, destinadas a permanecer secretas e a serem sofridas em silêncio. Como minha confissão não é mais secreta, ganho mais que o conforto da absolvição: não preciso mais me sentir envergonhado ou temeroso de ser desprezado, condenado por impudência ou relegado ao ostracismo. Essas são, afinal, as coisas de que as pessoas falam compungidas na presença de milhões de espectadores. Seus problemas privados, e assim também meus próprios problemas, tão parecidos aos deles, são *adequados para discussão pública*. Não que se tornem *questões públicas;* entram na discussão precisamente em sua condição de *questões privadas* e, por mais que sejam discutidas, como os leopardos, também não mudam suas pintas. Ao contrário, são reafirmadas como privadas e emergirão da exposição pública reforçadas em seu caráter privado. Afinal, todos os que falaram concordaram que, na medida em que foram experimentadas e vividas privadamente, é assim que essas coisas devem ser confrontadas e resolvidas.

Muitos pensadores influentes (sendo Jürgen Habermas o mais importante deles) advertem sobre a possibilidade de que a "esfera privada" seja invadida, conquistada e colonizada pela "pública". Voltando à memória recente da era que inspirou as distopias como as de Huxley ou de Orwell, pode-se compreender tal temor. As premonições parecem, no entanto, surgir da leitura do que acontece diante de nossos olhos com as lentes erradas. De fato, a tendência oposta à advertência é a que parece estar se operando – a colonização da esfera pública por questões anteriormente classificadas como privadas e inadequadas à exposição pública.

O que está ocorrendo não é simplesmente outra renegociação da fronteira notoriamente móvel entre o privado e o público. O que parece estar em jogo é uma redefinição da esfera pública como um palco em que dramas privados são encenados, publicamente expostos e publicamente assistidos. A definição corrente de "interesse público", promovida pela mídia e amplamente aceita por quase todos os setores da sociedade, é o dever de encenar tais dramas em público e o direito do público de assistir à encenação. As condições sociais que fazem com que tal desenvolvimento não seja surpreendente e pareça mesmo "natural" devem ficar evidentes à luz do argumento precedente; mas as consequências desse desenvolvimento ainda não foram inteiramente exploradas. Podem ter maior alcance do que em geral se aceita.

A consequência que pode ser considerada mais interessante é o desaparecimento da "política como a conhecemos" – da Política com P maiúsculo, a atividade encarregada de traduzir problemas privados em questões públicas (e vice-versa). É o esforço dessa tradução que hoje está se detendo. Os problemas privados não se tornam questões públicas pelo fato de serem ventilados em público; mesmo sob o olhar público não deixam de ser privados, e o que parece resultar de sua transferência para a cena pública é a expulsão de todos os outros problemas "não privados" da agenda pública. O que cada vez mais é percebido como "questões públicas" são os *problemas privados de figuras públicas.* A tradicional questão da política democrática – quão útil ou prejudicial para o bem-estar de seus súditos/eleitores é o modo como as figuras públicas exercitam seus deveres públicos – foi pelo ralo, sinalizando para que o interesse público na boa sociedade, na justiça pública ou na responsabilidade coletiva pelo bem-estar individual a siga no caminho do esquecimento.

Atingido por uma série de "escândalos" (isto é, exposição pública de frouxidão moral nas vidas privadas de figuras públicas), Tony Blair (no *Guardian* de 11.1.1999) se queixava de que "a política se reduziu a uma coluna de mexericos" e conclamava a audiência a enfrentar a alternativa: "Ou teremos a pauta de notícias dominada pelo escândalo, pelo mexerico e pela trivialidade, ou pelas coisas que realmente importam."[12] Tais palavras não podem senão surpreender, vindo, como vêm, de um político que consulta diariamente "grupos focais" na esperança de ser regularmente informado sobre os sentimentos da base e "as coisas que realmente importam" na *opinião* de seus eleitores, e cujo modo de manejar as coisas que realmente importam para as *condições* em que seus eleitores vivem é ela mesma um fator importante no tipo de vida responsável pela "redução da política a uma coluna de mexericos" que ele lamenta.

As condições de vida em questão levam os homens e mulheres a buscar exemplos, e não líderes. Levam-nos a esperar que as pessoas sob os refletores – todas e qualquer uma delas – mostrem como "as coisas que importam" (agora confinadas a suas próprias quatro paredes e aí trancadas) são feitas. Afinal, eles ouvem diariamente que o que está errado em suas vidas provêm de seus próprios erros, foi sua própria culpa e deve ser consertado com suas próprias ferramentas e por seus próprios esforços. Não é, portanto, por acaso que supõem que a maior utilidade (talvez a única) das pessoas que alegam "estar por dentro" é mostrar-lhes como manejar as ferramentas e fazer o esforço. Ouviram repetidamente dessas "pessoas por dentro" que ninguém mais faria o que eles mesmos deveriam fazer, cada um por si. Por que, então, alguém ficaria intrigado se o que atrai a atenção e provoca o interesse de tantos homens e mulheres é o que os políticos (e outras celebridades) fazem em privado? Ninguém entre os "grandes e poderosos", nem mesmo a "opinião pública" ofendida, propôs o impeachment de Bill Clinton por ter abolido a previdência enquanto "questão federal" – e, portanto, em termos práticos, anulado a promessa coletiva e o dever de proteger os indivíduos contra os movimentos do destino, notórios por seu hábito desagradável de administrar individualmente seus golpes.

No espetáculo colorido das celebridades da telinha e das manchetes, os homens e mulheres de Estado não ocupam uma posição privilegiada. Não importa muito qual a razão da "notoriedade" que, segundo Boorstin, faz com que uma celebridade seja uma celebridade. Um lugar sob os refletores é um modo de ser por si mesmo, que estrelas do cinema, jogadores de futebol e ministros de governo compartilham em igual medida. Um dos requisitos que se aplica a todos é que se espera – "eles têm o dever público" – que confessem "para consumo público" e ponham suas vidas privadas à disposição, e que não reclamem se outros o fizerem por eles. Uma vez expostas, essas vidas privadas podem se mostrar pouco esclarecedoras ou decididamente pouco atraentes: nem todos os segredos privados contêm lições que outras pessoas poderiam considerar úteis. Os desapontamentos, por mais numerosos que sejam, dificilmente mudarão os hábitos confessionais ou dissiparão o apetite pelas confissões; afinal – repito – o modo como as pessoas individuais definem individualmente seus problemas individuais e os enfrentam com habilidades e recursos individuais é a única "questão pública" remanescente e o único objeto de "interesse público". E enquanto isso for assim, espectadores e ouvintes treinados para confiar em seu próprio julgamento e esforço na busca de esclarecimento e orientação continuarão a olhar para as vidas privadas de outros "como eles" com o mesmo zelo e esperança com que poderiam ter olhado para as lições, homilias e sermões de visionários e pregadores quando acreditavam que as misérias privadas só poderiam ser aliviadas ou curadas "reunindo as cabeças", "cerrando fileiras" e "em ordem unida".

A compulsão transformada em vício

Procurar exemplos, conselho e orientação é um vício: quanto mais se procura, mais se precisa e mais se sofre quando privado de novas doses da droga procurada. Como meio de aplacar a sede, todos os vícios são autodestrutivos; destroem a possibilidade de se chegar à satisfação.

Exemplos e receitas são atraentes enquanto não testados. Mas dificilmente algum deles cumpre o que promete – virtualmente, cada um fica aquém da realização que dizia trazer. Mesmo que algum deles mostrasse funcionar do modo esperado, a satisfação não duraria muito, pois no mundo dos consumidores as possibilidades são infinitas, e o volume de objetivos sedutores à disposição nunca poderá ser exaurido. As receitas para a boa vida e os utensílios que a elas servem têm "data de validade", mas muitos cairão em desuso bem antes dessa data, apequenados, desvalorizados e destituídos de fascínio pela competição de ofertas "novas e aperfeiçoadas". Na corrida dos consumidores, a linha de chegada sempre se move mais veloz que o mais veloz dos corredores; mas a maioria dos corredores na pista tem músculos muito flácidos e pulmões muito pequenos para correr velozmente. E assim, como na Maratona de Londres, pode-se admirar e elogiar os vencedores, mas o que verdadeiramente conta é permanecer na corrida até o fim. Pelo menos a Maratona de Londres tem um fim, mas a outra corrida – para alcançar a promessa fugidia e sempre distante de uma vida sem problemas –, uma vez iniciada, nunca termina: comecei, mas posso *não* terminar.

Então é a continuação da corrida, a satisfatória consciência de permanecer na corrida, que se torna o verdadeiro vício – e não algum prêmio à espera dos poucos que cruzam a linha de chegada. Nenhum dos prêmios é suficientemente satisfatório para destituir os outros prêmios de seu poder de atração, e há tantos outros prêmios que acenam e fascinam porque (por enquanto, sempre por enquanto, desesperadamente por enquanto) ainda não foram tentados. O desejo se torna seu próprio propósito, e o único propósito não contestado e inquestionável. O papel de todos os outros propósitos, seguidos apenas para serem abandonados na próxima rodada e esquecidos na seguinte, é o de manter os corredores correndo – como "marcadores de passo", corredores contratados pelos empresários das corridas para correr poucas rodadas apenas, mas na máxima velocidade que puderem, e então retirar-se tendo puxado os outros corredores para o nível de quebra de recordes, ou como os foguetes auxiliares que, tendo levado a espaçonave à velocidade necessária, são ejetados para o espaço e se desintegram. Num mundo em que a gama de fins é ampla demais para o conforto e sempre mais ampla que a dos meios disponíveis é ao volume e eficácia dos meios que se deve atender com mais cuidado. Permanecer na corrida é o mais importante dos meios, de fato o meta-meio: o meio de manter viva a confiança em outros meios e a demanda por outros meios.

O arquétipo dessa corrida particular em que cada membro de uma sociedade de consumo está correndo (tudo numa sociedade de consumo é uma questão de escolha, exceto a compulsão da escolha – a compulsão que evolui até se tornar um vício e assim não é mais percebida como compulsão) é a atividade de comprar. Estamos na corrida enquanto andamos pelas lojas, e não são só as lojas ou supermercados ou lojas de departamentos ou aos "templos do consumo" de George Ritzer que visitamos. Se "comprar" significa esquadrinhar as possibilidades, examinar, tocar, sentir, manusear os bens à mostra, comparando seus custos com o conteúdo da carteira ou com o crédito restante nos cartões de crédito, pondo alguns itens no carrinho e outros de volta às prateleiras – então vamos às compras tanto nas lojas quanto fora delas; vamos às compras na rua e em casa, no trabalho e no lazer, acordados e em sonhos. O que quer que façamos e qualquer que seja o nome que atribuamos à nossa atividade, é como ir às compras, uma atividade feita nos padrões de ir às compras. O código em que nossa "política de vida" está escrito deriva da pragmática do comprar.

Não se compra apenas comida, sapatos, automóveis ou itens de mobiliário. A busca ávida e sem fim por novos exemplos aperfeiçoados e por receitas de vida é também uma variedade do comprar, e uma variedade da máxima importância, seguramente, à luz das lições gêmeas de que nossa felicidade depende apenas de nossa competência pessoal mas que somos (como diz Michael Parenti[13]) pessoalmente incompetentes, ou não tão competentes como deveríamos, e poderíamos, ser se nos esforçássemos mais. Há muitas áreas em que precisamos ser mais competentes, e cada uma delas requer uma "compra". "Vamos às compras" pelas habilidades necessárias a nosso sustento e pelos meios de convencer nossos possíveis empregadores de que as temos; pelo tipo de imagem que gostaríamos de vestir e por modos de fazer com que os outros acreditem que somos o que vestimos; por maneiras de fazer novos amigos que queremos e de nos desfazer dos que não mais queremos; pelos modos de atrair atenção e de nos escondermos do escrutínio; pelos meios de extrair mais satisfação do amor e pelos meios de evitar nossa "dependência" do parceiro amado ou amante; pelos modos de obter o amor do amado e o modo menos custoso de acabar com uma união quando o amor desapareceu e a relação deixou de agradar; pelo melhor meio de poupar dinheiro para um futuro incerto e o modo mais conveniente de gastar dinheiro antes de ganhá-lo; pelos recursos para fazer mais rápido o que temos que fazer e por coisas para fazer a fim de encher o tempo então disponível; pelas comidas mais deliciosas e pela dieta mais eficaz para eliminar as consequências de comê-las; pelos mais poderosos sistemas de som e as melhores pílulas contra a dor de cabeça. A lista de compras não tem fim. Porém por mais longa que seja a lista, a opção de não ir às compras não figura nela. E a competência mais necessária em nosso mundo de fins ostensivamente infinitos é a de quem vai às compras hábil e infatigavelmente.

O consumismo de hoje, porém, não diz mais respeito à satisfação das necessidades – nem mesmo as mais sublimes, distantes (alguns diriam, não muito corretamente, "artificiais", "inventadas", "derivativas") necessidades de identificação ou a autossegurança quanto à "adequação". Já foi dito que o *spiritus movens* da atividade consumista não é mais o conjunto mensurável de necessidades articuladas, mas o *desejo* – entidade muito mais volátil e efêmera, evasiva e caprichosa, e essencialmente não referencial que as "necessidades", um motivo autogerado e autopropelido que não precisa de outra justificação ou "causa". A despeito de suas sucessivas e sempre pouco duráveis reificações, o desejo tem a si mesmo como objeto constante, e por essa razão está fadado a permanecer insaciável qualquer que seja a altura atingida pela pilha dos outros objetos (físicos ou psíquicos) que marcam seu passado.

E no entanto, por óbvias que sejam suas vantagens sobre as necessidades, muito menos maleáveis e mais lentas, o desejo põe mais limites à prontidão dos consumidores para ir às compras do que os fornecedores de bens de consumo consideram palatável ou até suportável. Afinal, toma tempo, esforço e considerável gasto despertar o desejo, levá-lo à temperatura requerida e canalizá-lo na direção certa. Os consumidores guiados pelo desejo devem ser "produzidos", sempre novos e a alto custo. De fato, a própria produção de consumidores devora uma fração intoleravelmente grande dos custos totais de produção – fração que a competição tende a ampliar ainda mais.

Mas (felizmente para os produtores e comercializadores de bens de consumo) o consumismo em sua forma atual não está, como sugere Harvie Ferguson, "fundado sobre a regulação (estimulação) do desejo, mas sobre a liberação de fantasias desejosas". A noção de desejo, observa Ferguson,

> liga o consumo à autoexpressão, e a noções de gosto e discriminação. O indivíduo expressa a si mesmo através de suas posses. Mas, para a sociedade capitalista avançada, comprometida com a expansão continuada da produção, esse é um quadro psicológico muito limitado, que, em última análise, dá lugar a uma "economia" psíquica muito diferente. O querer substitui o desejo como força motivadora do consumo.[14]

A história do consumismo é a história da quebra e descarte de sucessivos obstáculos "sólidos" que limitam o voo livre da fantasia e reduzem o "princípio do prazer" ao tamanho ditado pelo "princípio da realidade". A "necessidade", considerada pelos economistas do século XIX como a própria epítome da "solidez" – inflexível, permanentemente circunscrita e finita – foi descartada e substituída durante algum tempo pelo desejo, que era muito mais "fluido" e expansível que a necessidade por causa de suas relações meio ilícitas com sonhos plásticos e volúveis sobre a autenticidade de um "eu íntimo" à espera de expressão. Agora é a vez de descartar o desejo. Ele sobreviveu à sua utilidade: tendo trazido o vício do consumidor a seu Estado presente, não pode mais ditar o ritmo. Um estimulante mais poderoso, e, acima de tudo, mais versátil é necessário para manter a demanda do consumidor no nível da oferta. O "querer" é o substituto tão necessário; ele completa a libertação do princípio do prazer, limpando e dispondo dos últimos resíduos dos impedimentos do "princípio de realidade": a substância naturalmente gasosa foi finalmente liberada do contêiner. Citando Ferguson uma vez mais:

> Enquanto a facilitação do desejo se fundava na comparação, vaidade, inveja e a "necessidade" de autoaprovação, nada está por baixo do imediatismo do querer. A compra é casual, inesperada e espontânea. Ela tem uma qualidade de sonho tanto ao expressar quanto ao realizar um querer, que, como todos os quereres, é insincero e infantil.[15]

O corpo do consumidor

Como afirmei em *Life in Fragments* (Polity Press, 1996), a sociedade pós-moderna envolve seus membros primariamente em sua condição de consumidores, e não de produtores. A diferença é fundamental.

A vida organizada em torno do papel de produtor tende a ser normativamente regulada. Há um mínimo de que se precisa a fim de manter-se vivo e ser capaz de fazer o que quer que o papel de produtor possa requerer, mas também um máximo com que se pode sonhar, desejar e perseguir, contando com a aprovação social das ambições, sem medo de ser desprezado, rejeitado e posto na linha. O que passar acima desse limite é luxo, e desejar o luxo é pecado. O principal cuidado, portanto, é com a *conformidade:* manter-se seguramente entre a linha inferior e o limite superior – manter-se no mesmo nível (tão alto ou baixo, conforme o caso) do vizinho.

A vida organizada em torno do consumo, por outro lado, deve se bastar sem normas: ela é orientada pela sedução, por desejos sempre crescentes e quereres voláteis – não mais por regulação normativa. Nenhum vizinho em particular oferece um ponto de referência para uma vida de sucesso; uma sociedade de consumidores se baseia na comparação universal – e o céu é o único limite. A ideia de "luxo" não faz muito sentido, pois a ideia é fazer dos luxos de hoje as necessidades de amanhã, e reduzir a distância entre o "hoje" e o "amanhã" ao mínimo – tirar a espera da vontade. Como não há normas para transformar certos desejos em necessidades e para deslegitimar outros desejos como "falsas necessidades", não há teste para que se possa medir o padrão de "conformidade". O principal cuidado diz respeito, então, à *adequação* – a estar "sempre pronto"; a ter a capacidade de aproveitar a oportunidade quando ela se apresentar; a desenvolver novos desejos feitos sob medida para as novas, nunca vistas e inesperadas seduções; e a não permitir que as necessidades estabelecidas tornem as novas sensações dispensáveis ou restrinjam nossa capacidade de absorvê-las e experimentá-las.

Se a sociedade dos produtores coloca a saúde como o padrão que seus membros devem atingir, a sociedade dos consumidores acena aos seus com o ideal da *aptidão (fitness)*. Os dois termos – saúde e aptidão – são frequentemente tomados como coextensivos e usados como sinônimos; afinal, ambos se referem a cuidados com o corpo, ao estado que se quer que o corpo alcance e ao regime que se deve seguir para realizar essa vontade. Tratar esses termos como sinônimos é, porém, um erro – e não meramente pelos fatos conhecidos de que nem todos os regimes de aptidão "são bons para a saúde" e de que o que ajuda a manter a saúde não necessariamente leva à aptidão. Saúde e aptidão pertencem a dois discursos muito diferentes e apelam a preocupações muito diferentes.

A saúde, como todos os conceitos normativos da sociedade dos produtores, demarca e protege os limites entre "norma" e "anormalidade". "Saúde" é o estado próprio e desejável do corpo e do espírito humanos – um estado que (pelo menos em princípio) pode ser mais ou menos exatamente descrito e também precisamente medido. Refere-se a uma condição corporal e psíquica que permite a satisfação das demandas do papel socialmente designado e atribuído – e essas demandas tendem a ser constantes e firmes. "Ser saudável" significa na maioria dos casos "ser empregável": ser capaz de um bom desempenho na fábrica, de "carregar o fardo" com que o trabalho pode rotineiramente onerar a resistência física e psíquica do empregado.

O estado de "aptidão", ao contrário, é tudo menos "sólido"; não pode, por sua natureza, ser fixado e circunscrito com qualquer precisão. Ainda que muitas vezes tomado como resposta à pergunta "como você está se sentindo?" (se estou "apto", provavelmente responderei "ótimo"), seu verdadeiro teste fica para sempre no futuro: "estar apto" significa ter um corpo flexível, absorvente e ajustável, pronto para viver sensações ainda não testadas e impossíveis de descrever de antemão. Se a saúde é uma condição "nem mais nem menos", a aptidão está sempre aberta do lado do "mais": não se refere a qualquer padrão particular de capacidade corporal, mas a seu (preferivelmente ilimitado) potencial de expansão. "Aptidão" significa estar pronto a enfrentar o não usual, o não rotineiro, o extraordinário – e acima de tudo o novo e o surpreendente. Quase se poderia dizer que, se a saúde diz respeito a "seguir as normas", a aptidão diz respeito a quebrar todas as normas e superar todos os padrões.

Chegar a um padrão interpessoal seria de qualquer forma demais, pois uma comparação objetiva de graus de aptidão individuais não é possível. A aptidão, por contraste com a saúde, diz respeito a uma *experiência subjetiva* (no sentido de experiência "vivida", "sentida" – e não a um Estado ou evento que possa ser observado de fora, e verbalizado e comunicado). Como todos os estados subjetivos, a experiência de "estar apto" é notoriamente difícil de articular de modo adequado à comunicação interpessoal, e menos ainda à comparação interpessoal. A satisfação e o prazer são sensações que não podem ser postas em termos abstratos: precisam ser "subjetivamente experimentadas" – vividas. Nunca saberemos com certeza se nossas sensações são tão profundas e excitantes, tão prazerosas em suma, como as do próximo. A busca da "aptidão" é como garimpar em busca de uma pedra preciosa que não podemos descrever até encontrar; não temos, porém, meios de decidir que encontramos a pedra, mas temos todas as razões para suspeitar de que não a encontramos. A vida organizada em torno da busca da aptidão promete uma série de escaramuças vitoriosas, mas nunca o triunfo definitivo.

Ao contrário do cuidado com a saúde, a busca da aptidão não tem, portanto, um fim natural. Os objetivos podem ser estabelecidos apenas para a presente etapa do esforço sem fim – e a satisfação de alcançar um objetivo é apenas momentânea. Na longa busca pela aptidão não há tempo para descanso, e toda celebração de sucessos momentâneos não passa de um intervalo antes de outra rodada de trabalho duro. Uma coisa que os que buscam a "aptidão" sabem com certeza é que ainda não estão suficientemente aptos, e que devem continuar tentando. A busca da aptidão é um estado de autoexame minucioso, autorrecriminação e autodepreciação permanentes, e assim também de ansiedade contínua.

A saúde, circunscrita por seus padrões (quantificável e mensurável, como a temperatura do corpo ou a pressão sanguínea) e armada de uma clara distinção entre "norma" e "anormalidade", deveria estar, a princípio, livre dessa ansiedade insaciável. Também a princípio, deveria ser claro o que deve ser feito a fim de alcançar um estado saudável e protegê-lo, em que condições podemos declarar que uma pessoa goza de "boa saúde", ou em que ponto do tratamento podemos declarar que o estado de saúde foi restaurado e nada mais precisa ser feito. A princípio sim...

Na verdade, porém, o status de todas as normas, inclusive a norma da saúde, foi severamente abalado e se tornou frágil, numa sociedade de infinitas e indefinidas possibilidades. O que ontem era considerado normal e, portanto, satisfatório, pode hoje ser considerado preocupante, ou mesmo patológico, requerendo um remédio. Primeiro, estados do corpo sempre renovados tornam-se razões legítimas para intervenção médica – e as terapias disponíveis também não ficam estáticas. Segundo, a ideia de "doença", outrora claramente circunscrita, torna-se cada vez mais confusa e nebulosa. Em vez de ser percebida como um evento excepcional com um começo e um fim, tende a ser vista como permanente companhia da saúde, seu "outro lado" e ameaça sempre presente: clama por vigilância incessante e precisa ser combatida e repelida dia e noite, sete dias por semana. O cuidado com a saúde torna-se uma guerra permanente contra a doença. E, finalmente, o significado de um "regime saudável de vida" não fica parado. Os conceitos de "dieta saudável" mudam em menos tempo do que duram as dietas recomendadas simultânea ou sucessivamente. O alimento que se pensava benéfico para a saúde ou inócuo é denunciado por seus efeitos prejudiciais a longo prazo antes que sua influência benigna tenha sido devidamente saboreada. Terapias e regimes preventivos voltados para algum tipo de enfermidade aparecem como patogênicos em outros aspectos; a intervenção médica é cada vez mais requerida pelas doenças "iatrogênicas" – enfermidades causadas por terapias passadas. Quase qualquer cura apresenta grandes riscos, e mais curas são necessárias para enfrentar as consequências de riscos assumidos no passado.

Por tudo isso, o cuidado com a saúde, contrariamente à sua natureza, torna-se estranhamente semelhante à busca da aptidão: contínuo, fadado à insatisfação permanente, incerto quanto à adequação de sua direção atual e gerando muita ansiedade.

Enquanto o cuidado com a saúde se torna cada vez mais semelhante à busca da aptidão, esta tenta imitar, quase sempre em vão, o que era a base da autoconfiança em relação aos cuidados com a saúde: a mensurabilidade do padrão de saúde, e consequentemente também do progresso terapêutico. Essa ambição explica, por exemplo, a notável popularidade do controle do peso entre os muitos "regimes de aptidão" disponíveis: os centímetros e gramas que desaparecem são dois dos poucos ganhos visíveis que podem realmente ser medidos com algum grau de precisão – como a temperatura do corpo no diagnóstico da saúde. A semelhança é uma ilusão: seria preciso imaginar um termômetro sem base em sua escala ou uma temperatura que melhoraria quanto mais a marca baixasse.

Na esteira dos ajustes recentes ao modelo da "aptidão", o cuidado com a saúde se expande a tal ponto que Ivan Illich recentemente sugeriu que "a própria busca da saúde tornou-se o fator patogênico mais importante". O diagnóstico não tem mais como objeto o indivíduo: seu verdadeiro objeto, em cada vez mais casos, é a distribuição das probabilidades, uma estimativa do que pode derivar da condição em que o paciente diagnosticado se encontra.

A saúde é cada vez mais identificada com a otimização dos riscos. Isso é, em todo caso, o que os habitantes da sociedade de consumo treinados a trabalhar por sua aptidão física esperam e desejam que seus médicos façam – e o que os irrita e os torna hostis aos médicos que não cumprem com esse papel. Num caso que gerou jurisprudência, um médico de Tübingen foi condenado por dizer à grávida que a probabilidade de a criança nascer com alguma má-formação não era "grande demais", em vez de citar a probabilidade exata.[16]

Comprar como ritual de exorcismo

Pode-se conjecturar que os temores que assolam o "dono do corpo" obcecado com níveis inalcançáveis de aptidão e com uma saúde cada vez menos definida e cada vez mais à imagem da aptidão provocariam cautela e circunspecção, moderação e austeridade – atitudes que destoam da lógica da sociedade de consumidores, para a qual podem ser desastrosas. Mas essa conclusão seria errônea. Exercitar os demônios interiores requer uma atitude positiva e muita ação – e não a retirada e o silêncio. Como quase toda ação numa sociedade de consumidores, esta custa caro; requer diversos mecanismos e ferramentas especiais que só o mercado de consumo pode fornecer. A atitude "meu corpo é uma fortaleza sitiada" não leva ao ascetismo, à abstinência ou à renúncia; significa consumir mais – porém consumir alimentos especiais, "saudáveis", comprados no comércio. Antes de ser retirada do mercado por seus efeitos prejudiciais, a droga mais popular entre as pessoas preocupadas com controle de peso era o *Xenilin,* anunciada pelo slogan "coma mais e pese menos". Segundo os cálculos de Barry Glassner, em um ano – 1987 – os norte-americanos preocupados com o corpo gastaram 74 bilhões de dólares em alimentos dietéticos, cinco bilhões em academias, 2,7 bilhões em vitaminas e 738 milhões em equipamentos de exercícios.[17]

Há, em suma, razões mais que suficientes para "ir às compras". Qualquer explicação da obsessão de comprar que se reduza a uma causa única está arriscada a ser um erro. As interpretações comuns do comprar compulsivo como manifestação da revolução pós-moderna dos valores, a tendência a representar o vício das compras como manifestação aberta de instintos materialistas e hedonistas adormecidos, ou como produto de uma "conspiração comercial" que é uma incitação artificial (e cheia de arte) à busca do prazer como propósito máximo da vida, capturam na melhor das hipóteses apenas parte da verdade. Outra parte, e necessário complemento de todas essas explicações, é que a compulsão-transformada-em-vício de comprar é uma luta morro acima contra a incerteza aguda e enervante e contra um sentimento de insegurança incômodo e estupidificante.

Como observou T.H. Marshall em outro contexto, quando muitas pessoas correm simultaneamente na mesma direção, é preciso perguntar duas coisas: *atrás* de quê e *do* quê estão correndo? Os consumidores podem estar correndo atrás de sensações – táteis, visuais ou olfativas – agradáveis, ou atrás de delícias do paladar prometidas pelos objetos coloridos e brilhantes expostos nas prateleiras dos supermercados, ou atrás das sensações mais profundas e reconfortantes prometidas por um conselheiro especializado. Mas estão também tentando escapar da agonia chamada insegurança. Querem estar, pelo menos uma vez, livres do medo do erro, da negligência ou da incompetência. Querem estar, pelo menos uma vez, seguros, confiantes; e a admirável virtude dos objetos que encontram quando vão às compras é que eles trazem consigo (ou parecem por algum tempo) a promessa de segurança.

Ainda que possa ser algo mais, o comprar compulsivo é também um ritual feito à luz do dia para exorcizar as horrendas aparições da incerteza e da insegurança que assombram as noites. É, de fato, um ritual *diário:* os exorcismos precisam ser repetidos diariamente, porque quase nada é posto nas prateleiras dos supermercados sem um carimbo como "melhor consumir antes de", e porque o tipo de certeza à venda nas lojas pouco adianta para cortar as raízes da insegurança, que foram o que levou o comprador a visitar as lojas. O que importa, porém, e permite que o jogo continue – não obstante a falta de perspectivas –, é a maravilhosa qualidade dos exorcismos: eles são eficazes e satisfatórios não tanto porque afugentam os fantasmas (o que raramente fazem), mas pelo próprio fato de serem realizados. Enquanto a arte de exorcizar estiver viva, os fantasmas não podem reivindicar a invencibilidade. E, na sociedade dos consumidores individualizados, tudo o que precisa ser feito precisa ser feito *à la* "faça-você-mesmo". O que mais, além das compras, preenche tão bem os pré-requisitos desse tipo de exorcismo?

Livre para comprar – ou assim parece

As pessoas de nosso tempo, observou Albert Camus, sofrem por não serem capazes de possuir o mundo de maneira suficientemente completa:

Exceto por vívidos momentos de realização, toda a realidade para eles é incompleta. Suas ações lhes escapam na forma de outras ações, retornam sob aparências inesperadas para julgá-los e desaparecem, como a água que Tântalo desejava beber, por algum orifício ainda não descoberto.

Isso é o que cada um de nós sabe por um olhar introspectivo: isso é o que nossas próprias biografias, quando examinadas em retrospecto, nos ensinam sobre o mundo em que vivemos. Mas não quando olhamos ao redor: quanto aos outros que conhecemos, e especialmente pessoas de que sabemos – "vistas a distância, [sua] existência parece ter uma coerência e uma unidade que na verdade não pode ter, mas que parece evidente ao espectador". Isso é uma ilusão de ótica. A distância (quer dizer, a pobreza de nosso conhecimento) borra os detalhes e apaga tudo o que não se encaixa na *Gestalt*. Ilusão ou não, tendemos a ver as vidas dos outros como obras de arte. E tendo-as visto assim, lutamos para fazer o mesmo: "Todo o mundo tenta fazer de sua vida uma obra de arte."[18]

Essa obra de arte que queremos moldar a partir do estofo quebradiço da vida chama-se "identidade". Quando falamos de identidade há, no fundo de nossas mentes, uma tênue imagem de harmonia, lógica, consistência: todas as coisas que parecem – para nosso desespero eterno – faltar tanto e tão abominavelmente ao fluxo de nossa experiência. A busca da identidade é a busca incessante de deter ou tornar mais lento o fluxo, de solidificar o fluido, de dar forma ao disforme. Lutamos para negar, ou pelo menos encobrir, a terrível fluidez logo abaixo do fino envoltório da forma; tentamos desviar os olhos de vistas que eles não podem penetrar ou absorver. Mas as identidades, que não tornam o fluxo mais lento e muito menos o detêm, são mais parecidas com crostas que vez por outra endurecem sobre a lava vulcânica e que se fundem e dissolvem novamente antes de ter tempo de esfriar e fixar-se. Então há necessidade de outra tentativa, e mais outra – e isso só é possível se nos aferrarmos desesperadamente a coisas sólidas e tangíveis e, portanto, que prometam ser duradouras, façam ou não parte de um conjunto, e deem ou não razões para que esperemos que permaneçam juntas depois que as juntamos. Nas palavras de Deleuze e Guattari, "o desejo constantemente une o fluxo contínuo e objetos parciais que são por natureza fragmentários e fragmentados".[19]

As identidades parecem fixas e sólidas apenas quando vistas de relance, de fora. A eventual solidez que podem ter quando contempladas de dentro da própria experiência biográfica parece frágil, vulnerável e constantemente dilacerada por forças que expõem sua fluidez e por contracorrentes que ameaçam fazê-la em pedaços e desmanchar qualquer forma que possa ter adquirido.

A identidade experimentada, vivida, só pode se manter unida com o adesivo da fantasia, talvez o sonhar acordado. Mas, dada a teimosa evidência da experiência biográfica, qualquer adesivo mais forte – uma substância com maior poder de fixação que a fantasia fácil de dissolver e limpar – pareceria uma perspectiva tão repugnante quanto a ausência do sonhar acordado. É precisamente por isso que a moda, como observou Efrat Tseëlon, é tão adequada: exatamente a coisa certa, nem mais fraca nem mais forte que as fantasias. A moda oferece "meios de explorar os limites sem compromisso com a ação, e ... sem sofrer as consequências". "Nos contos de fadas", lembra Tseëlon, "as roupas de sonho são a chave da verdadeira identidade da princesa, como a fada-madrinha sabe perfeitamente ao vestir Cinderela para o baile."[20]

Em vista da volatilidade e instabilidade intrínsecas de todas ou quase todas as identidades, é a capacidade de "ir às compras" no supermercado das identidades, o grau de liberdade genuína ou supostamente genuína de selecionar a própria identidade e de mantê-la enquanto desejado, que se torna o verdadeiro caminho para a realização das fantasias de identidade. Com essa capacidade, somos livres para fazer e desfazer identidades à vontade. Ou assim parece.

Numa sociedade de consumo, compartilhar a dependência de consumidor – a dependência *universal* das compras – é a condição *sine qua non* de toda liberdade *individual;* acima de tudo da liberdade de ser diferente, de "ter identidade". Num arroubo de sinceridade (ao mesmo tempo em que acena para os clientes sofisticados que sabem como é o jogo), um comercial de TV mostra uma multidão de mulheres com uma variedade de penteados e cores de cabelos, enquanto o narrador comenta: "Todas únicas; todas individuais; todas escolhem X" (X sendo a marca anunciada de condicionador). O utensílio produzido em massa é a ferramenta da variedade individual. A identidade – "única" e "individual" – só pode ser gravada na substância que todo o mundo compra e que só pode ser encontrada quando se compra. Ganha-se a independência rendendo-se. Quando no filme *Elizabeth* a rainha da Inglaterra decide "mudar sua personalidade", tornar-se a "filha de seu pai" e forçar os cortesãos a obedecerem a suas ordens, ela o faz mudando o penteado, cobrindo o rosto com grossa camada de pinturas artesanais e usando uma tiara também feita por artesãos.

À medida em que essa liberdade fundada na escolha de consumidor, especialmente a liberdade de autoidentificação pelo uso de objetos produzidos e comercializados em massa, é genuína ou putativa é uma questão aberta. Essa liberdade não funciona sem dispositivos e substâncias disponíveis no mercado. Dado isso, quão ampla é a gama de fantasias e experimentação dos felizes compradores?

Sua dependência não se limita ao ato da compra. Lembrese, por exemplo, o formidável poder que os meios de comunicação de massa exercem sobre a imaginação popular, coletiva e individual. Imagens poderosas, "mais reais que a realidade", em telas ubíquas estabelecem os padrões da realidade e de sua avaliação, e também a necessidade de tornar mais palatável a realidade "vivida". A vida desejada tende a ser a vida "vista na TV". A vida na telinha diminui e tira o charme da vida vivida: é a vida vivida que parece irreal, e continuará a parecer irreal enquanto não for remodelada na forma de imagens que possam aparecer na tela. (Para completar a realidade de nossa própria vida, precisamos passá-la para videotape – essa coisa confortavelmente apagável, sempre pronta para a substituição das velhas gravações pelas novas.) Como diz Christopher Lasch: "A vida moderna é tão completamente mediada por imagens eletrônicas que não podemos deixar de responder aos outros como se suas ações – e as nossas – estivessem sendo gravadas e transmitidas simultaneamente para uma audiência escondida, ou guardadas para serem assistidas mais tarde."[21]

Em livro posterior,[22] Lasch lembra a seus leitores que "o velho sentido da identidade se refere tanto a pessoas como a coisas. Ambas perderam sua solidez na sociedade moderna, sua definição e continuidade". A implicação é que, nesse universal "desmanchar dos sólidos", a iniciativa está com as coisas; e, como as coisas são os ornamentos simbólicos das identidades e as ferramentas dos esforços de identificação, as pessoas logo as seguem. Referindo-se ao famoso estudo de Emma Rothschild sobre a indústria automobilística, Lasch sugere que

> as inovações de Alfred Sloan no marketing – a mudança anual de modelos, o constante aperfeiçoamento do produto, o esforço de associá-lo ao status social, a deliberada estimulação de um apetite ilimitado pela mudança – constituíram uma contrapartida necessária à inovação de Henry Ford na produção ... Ambas tendiam a desencorajar a iniciativa e o pensamento independente e a fazer com que os indivíduos desconfiassem de seu próprio julgamento, mesmo em questões de gosto. Parecia que suas próprias preferências não tuteladas poderiam se atrasar em relação à moda e também precisavam ser periodicamente aperfeiçoadas.

Alfred Sloan era um pioneiro do que mais tarde se tornaria uma tendência universal. A produção de mercadorias como um todo substitui hoje "o mundo dos objetos duráveis" pelos "produtos perecíveis projetados para a obsolescência imediata".

110   Modernidade líquida

As consequências dessa substituição foram sagazmente descritas por Jeremy Seabrook:

> O capitalismo não entregou os bens às pessoas; as pessoas foram crescentemente entregues aos bens; o que quer dizer que o próprio caráter e sensibilidade das pessoas foi reelaborado, reformulado, de tal forma que elas se agrupam aproximadamente ... com as mercadorias, experiências e sensações ... cuja venda é o que dá forma e significado a suas vidas.[23]

Num mundo em que coisas deliberadamente instáveis são a matéria-prima das identidades, que são necessariamente instáveis, é preciso estar constantemente em alerta; mas acima de tudo é preciso manter a própria flexibilidade e a velocidade de reajuste em relação aos padrões cambiantes do mundo "lá fora". Como observou recentemente Thomas Mathiesen, a poderosa metáfora do Panóptico de Bentham e de Foucault não dá conta dos modos em que o poder opera. Mudamo-nos agora, sugere Mathiesen, de uma sociedade do estilo Panóptico para uma sociedade do estilo *sinóptico:* as mesas foram viradas e agora são muitos que observam poucos.[24] Os espetáculos tomam o lugar da supervisão sem perder o poder disciplinador do antecessor. A obediência aos padrões (uma maleável e estranhamente ajustável obediência a padrões eminentemente flexíveis, acrescento) tende a ser alcançada hoje em dia pela tentação e pela sedução e não mais pela coerção – e aparece sob o disfarce do livre-arbítrio, em vez de revelar-se como força externa.

Essas verdades devem ser reafirmadas mais e mais, pois o cadáver do "conceito romântico do eu", adivinhando uma profunda essência íntima que se esconde por trás das aparências externas e superficiais, hoje em dia tende a ser artificialmente reanimado pelos esforços conjuntos do que Paul Atkinson e David Silverman apropriadamente denominaram de "sociedade da entrevista" ("apoiada, em todos os seus aspectos, em entrevistas face a face para revelar o eu pessoal e privado do sujeito") e de grande parte da pesquisa social de hoje (que visa a "chegar à verdade subjetiva do eu" provocando e então dissecando as narrativas pessoais na esperança de nelas encontrar uma revelação da verdade íntima). Atkinson e Silverman contestam essa prática:

> Nas ciências sociais não revelamos eus coletando narrativas, mas criamos o eu pela narrativa do trabalho biográfico ...
> O desejo de revelação e revelações do desejo dão a aparência de autenticidade mesmo quando a própria possibilidade de autenticidade está em questão.[25]

A possibilidade em questão é, de fato, bastante questionável. Numerosos estudos mostram que as narrativas pessoais são meramente ensaios de retórica pública montados pelos meios públicos de comunicação para "representar verdades subjetivas". Mas a não autenticidade do eu supostamente autêntico está inteiramente disfarçada pelos espetáculos de sinceridade – os rituais públicos de perguntas pessoais e confissões públicas de que os programas de entrevistas são o exemplo mais preeminente, ainda que não o único. Ostensivamente, os espetáculos existem para dar vazão à agitação dos "eus íntimos" que lutam para se expor; de fato, são os veículos da versão da sociedade do consumo de uma "educação sentimental": expõem e carimbam com a aceitação pública o anseio por Estados emotivos e suas expressões com os quais serão tecidas as "identidades inteiramente pessoais".

Como disse recentemente Harvie Ferguson, com sua maneira inimitável,

> no mundo pós-moderno todas as distinções se tornam fluidas, os limites se dissolvem, e tudo pode muito bem parecer seu contrário; a ironia se torna a sensação perpétua de que as coisas poderiam ser um tanto diferentes, ainda que nunca fundamental ou radicalmente diferentes.

Em tal mundo, o cuidado com a identidade tende a adquirir um brilho inteiramente novo:

> A "idade da ironia" foi substituída pela "idade do glamour", em que a aparência é consagrada como única realidade ...
> A modernidade, assim, muda de um período do eu "autêntico" para um período do eu "irônico" e para uma cultura contemporânea do que poderia ser chamado de eu "associativo" – um "afrouxamento" contínuo dos laços entre a alma "interior" e a forma "exterior" da relação social ... As identidades são assim oscilações contínuas ...[26]

Isso é o que a condição presente parece quando posta sob o microscópio dos analistas culturais. O retrato da inautenticidade publicamente produzida pode ser verdadeiro; os argumentos que apoiam sua verdade são irresistíveis. Mas não é a verdade desse retrato que determina o impacto dos "espetáculos de sinceridade". O que importa é como se sente a necessidade planejada da construção e reconstrução da identidade, como ela é percebida "de dentro", como ela é "vivida". Seja genuíno ou putativo aos olhos do analista, o status frouxo, "associativo", da identidade, a oportunidade de "ir às compras", de escolher e descartar o "verdadeiro eu", de "estar em movimento", veio a significar liberdade na sociedade do consumo atual. A escolha do consumidor é hoje um valor em si mesma; a ação de escolher é mais importante que a coisa escolhida, e as situações são elogiadas ou censuradas, aproveitadas ou ressentidas, dependendo da gama de escolhas que exibem.

A vida de quem escolhe será sempre uma bênção mista, porém, mesmo se (ou talvez porque) a gama de escolhas for ampla e o volume das experiências possíveis parecer infinito. Essa vida está assolada pelos riscos: a incerteza está destinada a ser para sempre a desagradável mosca na sopa da livre escolha. Além disso (e a adição é importante) o equilíbrio entre a alegria e a tristeza do viciado depende de fatores outros que a mera gama de escolhas à disposição. Nem todas elas são realistas; e a proporção de escolhas realistas não é função do número de itens à disposição, mas do volume de recursos à disposição de quem escolhe.

Quando os recursos são abundantes pode-se sempre esperar, certo ou errado, estar "por cima" ou "à frente" das coisas, ser capaz de alcançar os alvos que se movem com rapidez; pode-se mesmo estar inclinado a subestimar os riscos e a insegurança e supor que a profusão de escolhas compensa de sobra o desconforto de viver no escuro, de nunca estar seguro sobre quando e onde termina a luta, se é que termina. É a própria corrida que entusiasma, e, por mais cansativa que seja, a pista é um lugar mais agradável que a linha de chegada. É a essa situação que se aplica o velho provérbio segundo o qual "viajar com esperança é melhor do que chegar". A chegada, o fim definitivo de toda escolha, parece muito mais tediosa e consideravelmente mais assustadora do que a perspectiva de que as escolhas de amanhã anulem as de hoje. Só o desejar é desejável – quase nunca sua satisfação.

Esperar-se-ia que o entusiasmo pela corrida diminuísse com a força dos músculos – que o amor pelo risco e a aventura se apagaria com a diminuição dos recursos e com a chance de escolher uma opção verdadeiramente desejável cada vez mais nebulosa. Essa expectativa está fadada a ser refutada, porém, porque os corredores são muitos e diferentes, mas a pista é a mesma para todos. Como diz Jeremy Seabrook,

> os pobres não vivem numa cultura separada da dos ricos. Eles devem viver no mesmo mundo que foi planejado em proveito daqueles que têm dinheiro. E sua pobreza é agravada pelo crescimento econômico, da mesma forma que é intensificada pela recessão e pelo não crescimento.[27]

Numa sociedade sinóptica de viciados em comprar/assistir, os pobres não podem desviar os olhos; não há mais para onde olhar. Quanto maior a liberdade na tela e quanto mais sedutoras as tentações que emanam das vitrines, e mais profundo o sentido da realidade empobrecida, tanto mais irresistível se torna o desejo de experimentar, ainda que por um momento fugaz, o êxtase da escolha. Quanto mais escolha parecem ter os ricos, tanto mais a vida sem escolha parece insuportável para todos.

Separados, compramos

Paradoxalmente, ainda que nada inesperadamente, o tipo de liberdade que a sociedade dos viciados em compras elevou ao posto máximo de valor – valor traduzido acima de tudo como a plenitude da escolha do consumidor e como a capacidade de tratar qualquer decisão na vida como uma escolha de consumidor – tem um efeito muito mais devastador nos espectadores relutantes do que naqueles a que ostensivamente se destina. O estilo de vida da elite com recursos, dos senhores da arte de escolher, sofre uma mudança fatal no curso de seu processamento eletrônico. Ela escorre pela hierarquia social, filtrada pelos canais do sinóptico eletrônico e por reduzidos volumes de recursos, como a caricatura de um mutante monstruoso. O produto final desse "escorrimento" está despido da maioria dos prazeres que o original prometia – em vez disso expondo seu potencial destrutivo.

A liberdade de tratar o conjunto da vida como uma festa de compras adiadas significa conceber o mundo como um depósito abarrotado de mercadorias. Dada a profusão de ofertas tentadoras, o potencial gerador de prazeres de qualquer mercadoria tende a se exaurir rapidamente. Felizmente para os consumidores *com recursos,* estes os garantem contra consequências desagradáveis como a mercantilização. Podem descartar as posses que não mais querem com a mesma facilidade com que podem adquirir as que desejam. Estão protegidos contra o rápido envelhecimento e contra a obsolescência planejada dos desejos e sua satisfação transitória.

Ter recursos implica a liberdade de escolher, mas também – e talvez mais importante – a liberdade em relação às consequências da escolha errada, e portanto a liberdade dos atributos menos atraentes da vida de escolhas. Por exemplo, "o sexo de plástico", "amores múltiplos" e "relações puras", os aspectos da mercantilização das parcerias humanas, foram retratados por Anthony Giddens como veículos de emancipação e garantia de uma nova felicidade que vem em sua esteira – a nova escala sem precedentes da autonomia individual e da liberdade de escolha. Se isso é verdade, e nada mais que a verdade, para a elite móvel dos ricos e poderosos é uma questão aberta. Mesmo no caso deles, só é possível aderir de coração à afirmativa de Giddens pensando no mais forte dos membros da parceria, que necessariamente inclui o mais fraco, não tão bem-dotado dos recursos necessários para seguir livremente seus desejos (para não mencionar as crianças – essas involuntárias mas duráveis consequências das parcerias, que raramente veem o rompimento de um casamento como manifestação de sua própria liberdade). Mudar de identidade pode ser uma questão privada, mas sempre inclui a ruptura de certos vínculos e o cancelamento de certas obrigações; os que estão do lado que sofre quase nunca são consultados, e menos ainda têm chance de exercitar sua liberdade de escolha.

E, no entanto, mesmo levando em consideração tais "efeitos secundários" de "relações puras", pode-se ainda dizer que no caso dos ricos e poderosos os arranjos costumeiros de divórcio e as pensões para as crianças ajudam a aliviar a insegurança intrínseca às parcerias até-que-acabem, e que qualquer que seja a insegurança remanescente ela não é um preço excessivo a pagar pela "redução dos prejuízos" e por evitar a necessidade do arrependimento eterno pelos pecados porventura cometidos. Mas não há dúvida de que, "escorrida" para os pobres e destituídos, a parceria nesse novo estilo com a fragilidade do contrato matrimonial e a "purificação" da união de todas as funções exceto a da "satisfação mútua" espalha muita tristeza, agonia e sofrimento e um volume crescente de vidas partidas, sem amor e sem perspectivas.

Em suma: a mobilidade e a flexibilidade da identificação que caracterizam a vida do "ir às compras" não são tanto veículos de *emancipação* quanto instrumentos de *redistribuição das liberdades*. São por isso bênçãos mistas – tanto tentadoras e desejadas quanto repulsivas e temidas, e despertam os sentimentos mais contraditórios. São valores altamente ambivalentes que tendem a gerar reações incoerentes e quase neuróticas. Como diz Yves Michaud, filósofo da Sorbonne, "com o excesso de oportunidades, crescem as ameaças de desestruturação, fragmentação e desarticulação".[28] A tarefa da autoidentificação tem efeitos colaterais altamente destrutivos; torna-se foco de conflitos e dispara energias mutuamente incompatíveis. Como a tarefa compartilhada por todos tem que ser realizada por cada um sob condições inteiramente diferentes, divide as situações humanas e induz à competição mais ríspida, em vez de unificar uma condição humana inclinada a gerar cooperação e solidariedade.

· 3 ·

Tempo/Espaço

George Hazeldon, arquiteto inglês estabelecido na África do Sul, tem um sonho: uma cidade diferente das cidades comuns, cheia de estrangeiros sinistros que se esgueiram de esquinas escuras, surgem de ruas esquálidas e brotam de distritos notoriamente perigosos. A cidade do sonho de Hazeldon é como uma versão atualizada, high-tech, da aldeia medieval que abriga detrás de seus grossos muros, torres, fossos e pontes levadiças uma aldeia protegida dos riscos e perigos do mundo. Uma cidade feita sob medida para indivíduos que querem administrar e monitorar seu estar juntos. Alguma coisa, como ele mesmo disse, parecida com o Monte Saint-Michel, simultaneamente um claustro e uma fortaleza inacessível e bem guardada.

Quem olha os projetos de Hazeldon concorda que a parte do "claustro" foi imaginada pelo desenhista à semelhança da Thélème de Rabelais, a cidade da alegria e do divertimento compulsórios, onde a felicidade é o único mandamento, e não se parece nada com o esconderijo dos ascetas voltados para os céus, que se autoimolam, são piedosos, oram e jejuam. A parte da "fortaleza", por outro lado, é original. Heritage Park, a cidade que Hazeldon está para construir em 500 acres de terra não muito longe da Cidade do Cabo, deve diferenciar-se das outras cidades por seu autocercamento: cercas elétricas de alta voltagem, vigilância eletrônica das vias de acesso, barreiras por todo o caminho e guardas fortemente armados.

Se você puder se dar ao luxo de comprar uma casa em Heritage Park, pode passar boa parte de sua vida afastado dos riscos e perigos da turbulenta, hostil e assustadora selva que começa logo que terminam os portões da cidade. Tudo o que uma vida agradável requer está lá: Heritage Park terá suas próprias lojas, igrejas, restaurantes, teatros, áreas de lazer, florestas, um parque central, lagos com salmões, playgrounds, pistas de corrida, campos de esportes e quadras de tênis – e área livre suficiente para se acrescentar o que quer que a moda de uma vida decente possa demandar no futuro. Hazeldon é bastante explícito quando esclarece as vantagens de Heritage Park sobre os lugares onde a maioria das pessoas vive hoje em dia:

> Hoje a primeira questão é a segurança. Queiramos ou não, é o que faz a diferença ... Quando eu cresci, em Londres, tínhamos uma comunidade. Você não fazia nada errado porque todos o conheciam e contariam para seu pai ou mãe ... Queremos recriar isso aqui, uma comunidade que não precisa se preocupar.[1]

Então é assim: ao preço de uma casa no Heritage Park você ganha acesso a uma *comunidade*. "Comunidade" é, hoje, a última relíquia das utopias da boa sociedade de outrora; é o que sobra dos sonhos de uma vida melhor, compartilhada com vizinhos melhores, todos seguindo melhores regras de convívio. Pois a utopia da harmonia reduziu-se, realisticamente, ao tamanho da vizinhança mais próxima. Por isso, a "comunidade" é um bom argumento de venda. Por isso também, nos prospectos distribuídos por George Hazeldon, o incorporador, a comunidade foi colocada como o complemento indispensável, embora ausente em outros projetos, dos bons restaurantes e pitorescas pistas de treinamento que outras cidades também oferecem.

Note-se, no entanto, qual é o sentido dessa reunião comunitária. A comunidade que Hazeldon lembra de seus anos de infância em Londres e quer recriar nas terras virgens da África do Sul é, antes e acima de tudo, senão apenas, um território vigiado de perto, onde aqueles que fazem algo que desagrada aos outros provocam seu ressentimento e são por isso prontamente punidos e postos na linha – enquanto os desocupados, vagabundos e outros intrusos que "não fazem parte" são impedidos de entrar ou, então, cercados e expulsos. A diferença entre o passado afetuosamente lembrado e sua réplica atualizada é que o que a comunidade das memórias da infância de Hazeldon obtinha usando os olhos, línguas e mãos, casualmente e sem muito pensar, no Heritage Park é confiado a câmeras de TV ocultas e dúzias de seguranças armados verificando senhas nos portões e discretamente (ou ostensivamente, se necessário) patrulhando as ruas.

Um grupo de psiquiatras do Victorian Institute of Forensic Mental Health, na Austrália, advertiu recentemente que "mais e mais pessoas estão denunciando falsamente terem sido vítimas de assaltantes, gastando credibilidade e dinheiro público" – dinheiro que, como dizem os autores do relato, "deveria ser canalizado para as verdadeiras vítimas".[2] Alguns dos "falsos denunciantes" investigados foram diagnosticados como vítimas de "severas desordens mentais", e "acreditavam estar sendo assaltados em seus delírios de que todos conspiravam contra eles".

Poderíamos comentar as observações dos psiquiatras dizendo que a crença na conspiração dos outros contra nós não é novidade; seguramente atormentou certos homens em todos os tempos e em todos os cantos do mundo. Nunca e em nenhum lugar faltaram pessoas prontas a encontrar uma lógica para sua infelicidade, frustrações e derrotas humilhantes atribuindo a culpa a intenções malévolas e mal-intencionados planos alheios. O que é novo é que são os *assaltantes* (juntamente com os vagabundos e outros desocupados, personagens estranhos ao lugar em que se movem) que levam agora a culpa, representando o

diabo, os íncubos, maus espíritos, duendes, mau-olhado, gno-
mos malvados, bruxas ou comunistas embaixo da cama. Se as
"falsas vítimas" podem "gastar a credibilidade pública" é porque
"assaltante" já se tornou um nome comum e popular para o medo
ambiente que assola nossos contemporâneos; e assim a presença
ubíqua dos assaltantes tornou-se crível e o temor de ser assaltado,
amplamente compartilhado. E, se pessoas *falsamente* obcecadas
pela ameaça de serem assaltadas podem "gastar o dinheiro público", é porque o dinheiro público já foi destinado de antemão, em
quantidades que crescem a cada ano, para o propósito de identificar e caçar os assaltantes, vagabundos e outras versões atualizadas daquele terror moderno, o *mobile vulgus* – os tipos inferiores
de pessoas em movimento, surgindo e se espalhando em lugares
onde só deveriam estar as pessoas certas – e porque a defesa das
ruas perigosas, como outrora o exorcismo das casas assombra-
das, é reconhecida como um objetivo digno de ser perseguido e
como a maneira apropriada de proteger as pessoas que precisam
de proteção contra os medos e perigos que as fazem sobressalta-
das, nervosas, tímidas e assustadas.

Citando *City of Quartz* (1990), de Mike Davis, Sharon Zukin
descreve a nova aparência dos espaços públicos de Los Ange-
les reformados pelas preocupações com a segurança dos seus
habitantes e de seus defensores eleitos ou nomeados: "Os heli-
cópteros zunem nos céus sobre os guetos, a polícia hostiliza os
jovens como possíveis membros de gangues, os proprietários
compram a defesa armada que podem ... ou têm coragem de
usar." Os anos 1960 e 1970 foram, diz Zukin, "um divisor de
águas na institucionalização dos medos urbanos".

> Os eleitores e as elites – uma ampla classe média nos Estados
> Unidos – poderiam ter enfrentado a escolha de apoiar a política
> governamental para eliminar a pobreza, administrar a competição
> étnica e integrar a todos em instituições públicas comuns. Escolhe-
> ram, em vez disso, comprar proteção, estimulando o crescimento
> da indústria da segurança privada.

O perigo mais tangível para o que chama de "cultura pública" está, para Zukin, na "política do medo cotidiano". O espectro arrepiante e apavorante das "ruas inseguras" mantém as pessoas longe dos espaços públicos e as afasta da busca da arte e das habilidades necessárias para compartilhar a vida pública.

> "Endurecer" contra o crime construindo mais prisões e impondo a pena de morte são as respostas mais corriqueiras à política do medo. "Prendam toda a população", ouvi um homem dizer no ônibus, reduzindo a solução a seu ridículo extremo. Outra resposta é a privatização e militarização do espaço público – fazendo das ruas, parques e mesmo lojas lugares mais seguros, mas menos livres...[3]

A comunidade definida por suas fronteiras vigiadas de perto e não mais por seu conteúdo; a "defesa da comunidade" traduzida como o emprego de guardiões armados para controlar a entrada; assaltante e vagabundo promovidos à posição de inimigo número um; compartimentação das áreas públicas em enclaves "defensáveis" com acesso seletivo; separação no lugar da vida em comum – essas são as principais dimensões da evolução corrente da vida urbana.

Quando estranhos se encontram

Na clássica definição de Richard Sennett, uma cidade é "um assentamento humano em que estranhos têm chance de se encontrar".[4] Isso significa que estranhos têm chance de se encontrar em sua condição de estranhos, saindo como estranhos do encontro casual que termina de maneira tão abrupta quanto começou. Os estranhos se encontram numa maneira adequada a estranhos; um encontro de estranhos é diferente de encontros de parentes, amigos ou conhecidos – parece, por comparação, um "*des*encontro". No encontro de estranhos não há uma retomada a partir do ponto em que o último encontro acabou, nem troca de informações sobre as tentativas, atribulações ou alegrias desse intervalo, nem lembranças compartilhadas: nada em que se apoiar ou que sirva de guia para o presente encontro. O encontro de estranhos é *um evento sem passado*. Frequentemente é também *um evento sem futuro* (o esperado é que não tenha futuro), uma história para "não ser continuada", uma oportunidade única a ser consumada enquanto dure e no ato, sem adiamento e sem deixar questões inacabadas para outra ocasião. Como a aranha cujo mundo inteiro está enfeixado na teia que ela tece a partir de seu próprio abdome, o único apoio com que estranhos que se encontram podem contar deverá ser tecido do fio fino e solto de sua aparência, palavras e gestos. No momento do encontro não há espaço para tentativa e erro, nem aprendizado a partir dos erros ou expectativa de outra oportunidade.

O que se segue é que a vida urbana requer um tipo de atividade muito especial e sofisticada, de fato um grupo de habilidades que Sennett listou sob a rubrica "civilidade", isto é

a atividade que protege as pessoas umas das outras, permitindo, contudo, que possam estar juntas. Usar uma máscara é a essência da civilidade. As máscaras permitem a sociabilidade pura, distante das circunstâncias do poder, do mal-estar e dos sentimentos privados das pessoas que as usam. A civilidade tem como objetivo proteger os outros de serem sobrecarregados com nosso peso.[5]

Segue-se esse objetivo, é claro, esperando reciprocidade. Proteger os outros contra a indevida sobrecarga refreando-se de interagir com eles só faz sentido se se espera generosidade semelhante dos outros. A civilidade, como a linguagem, não pode ser "privada". Antes de se tornar a arte individualmente aprendida e privadamente praticada, a civilidade deve ser uma característica da situação social. É o entorno urbano que deve ser "civil", a fim de que seus habitantes possam aprender as difíceis habilidades da civilidade.

O que significa, então, dizer que o meio urbano é "civil" e, assim, propício à prática individual da civilidade? Significa, antes e acima de tudo, a disponibilidade de espaços que as pessoas possam compartilhar como *personae públicas* – sem serem instigadas, pressionadas ou induzidas a tirar as máscaras e "deixar-se ir", "expressar-se", confessar seus sentimentos íntimos e exibir seus pensamentos, sonhos e angústias. Mas também significa uma cidade que se apresenta a seus residentes como um bem comum que não pode ser reduzido ao agregado de propósitos individuais e como uma tarefa compartilhada que não pode ser exaurida por um grande número de iniciativas individuais, como uma forma de vida com um vocabulário e lógica próprios e com sua própria agenda, que é (e está fadada a continuar sendo) maior e mais rica que a mais completa lista de cuidados e desejos individuais – de tal forma que "vestir uma máscara pública" é um ato de engajamento e participação, e não um ato de descompromisso e de retirada do "verdadeiro eu", deixando de lado o intercurso e o envolvimento público, manifestando o desejo de ser deixado só e continuar só.

Há muitos lugares nas cidades contemporâneas a que cabe o nome de "espaços públicos". São de muitos tipos e tamanhos, mas a maioria deles faz parte de uma de duas grandes categorias. Cada categoria se afasta do modelo ideal do espaço *civil* em duas direções opostas mas complementares.

A praça *La Défense,* em Paris, um enorme quadrilátero na margem direita do Sena, concebida, comissionada e construída por François Mitterrand (como monumento duradouro de sua presidência, em que o esplendor e grandeza do cargo foram cuidadosamente separados das fraquezas e falhas pessoais de seu ocupante), incorpora todos os traços da primeira das duas categorias do espaço público urbano, que não é, no entanto – enfaticamente não é –, "civil". O que chama a atenção do visitante de *La Défense* é antes e acima de tudo falta de hospitalidade da praça: tudo o que se vê inspira respeito e ao mesmo tempo desencoraja a permanência. Os edifícios fantásticos que circundam a praça enorme e vazia são para serem admirados, e não visitados; cobertos de cima a baixo de vidro refletivo, parecem não ter janelas ou portas que se abram na direção da praça; engenhosamente dão as costas à praça diante da qual se erguem. São imponentes e inacessíveis aos olhos – imponentes *porque* inacessíveis, estas duas qualidades que se complementam e reforçam mutuamente. Essas fortalezas/conventos hermeticamente fechadas estão na praça, mas não fazem parte dela – e induzem quem quer que esteja perdido na vastidão do espaço a seguir seu exemplo e sentimento. Nada alivia ou interrompe o uniforme e monótono vazio da praça. Não há bancos para descansar, nem árvores sob cuja sombra esconder-se do sol escaldante. (Há, é certo, um grupo de bancos geometricamente dispostos no lado mais afastado da praça; eles se situam numa plataforma um metro acima do chão da praça – uma plataforma como um palco, o que faria do ato de sentar-se e descansar um espetáculo para todos os outros passantes que, diferentemente dos sentados, *têm o que fazer* ali.) De tempos em tempos, com a regularidade dos horários do metrô, esses outros – filas de pedestres, como formigas apressadas – emergem de debaixo da terra, estiram-se sobre o pavimento de pedras que separa a saída do metrô de um dos brilhantes monstros que cercam (sitiam) a praça e desaparecem rapidamente da vista. E a praça fica novamente vazia – até a chegada do próximo trem.

A segunda categoria de espaço público mas não civil se destina a servir aos consumidores, ou melhor, a transformar o habitante da cidade em consumidor. Nas palavras de Liisa Uusitalo, "os consumidores frequentemente compartilham espaços físicos de consumo, como salas de concertos ou exibições, pontos turísticos, áreas de esportes, shopping centers e cafés, sem ter qualquer interação social real".[6] Esses lugares encorajam a ação e não a *interação*. Compartilhar o espaço físico com outros atores que realizam atividade similar dá importância à ação, carimba-a com a "aprovação do número" e assim corrobora seu sentido e a justifica sem necessidade de mais razões. Qualquer interação dos atores os afastaria das ações em que estão individualmente envolvidos e constituiria prejuízo, e não vantagem, para eles. Não acrescentaria nada aos prazeres de comprar e desviaria corpo e mente da tarefa.

A tarefa é o consumo, e o consumo é um passatempo absoluta e exclusivamente *individual,* uma série de sensações que só podem ser experimentadas – vividas – subjetivamente. As multidões que enchem os interiores dos "templos do consumo" de George Ritzer são ajuntamentos, não congregações; conjuntos, não esquadrões; agregados, não totalidades. Por mais cheios que possam estar, os lugares de consumo coletivo não têm nada de "coletivo". Para utilizar a memorável expressão de Althusser, quem quer que entre em tais espaços é "interpelado" enquanto indivíduo, chamado a suspender ou romper os laços e descartar as lealdades.

Os encontros, inevitáveis num espaço lotado, interferem com o propósito. Precisam ser breves e superficiais: não mais longos nem mais profundos do que o ator os deseja. O lugar é protegido contra aqueles que costumam quebrar essa regra – todo tipo de intrometidos, chatos e outros que poderiam interferir com o maravilhoso isolamento do consumidor ou comprador. O templo do consumo bem-supervisionado, apropriadamente vigiado e guardado é uma ilha de ordem, livre de mendigos, desocupados, assaltantes e traficantes – pelo menos é o que se espera e supõe. As pessoas não vão para esses templos para conversar ou socializar. Levam com elas qualquer companhia de que queiram gozar (ou tolerem), como os caracóis levam suas casas.

Lugares êmicos, lugares fágicos, não lugares, espaços vazios

O que quer que possa acontecer dentro do templo do consumo tem pouca ou nenhuma relação com o ritmo e teor da vida diária que flui "fora dos portões". Estar num shopping center se parece com "estar noutro lugar".[7] Idas aos lugares de consumo diferem dos carnavais de Bakhtin, que também envolvem a experiência de "ser transportado": idas às compras são principalmente viagens no espaço, e apenas secundariamente viagens no tempo.

O carnaval é a mesma cidade transformada, mais exatamente um intervalo de tempo durante o qual a cidade se transforma antes de cair de novo em sua rotina. Por um lapso de tempo estritamente definido, mas um tempo que retorna ciclicamente, o carnaval desvenda o "outro lado" da realidade diária, um lado constantemente ao alcance, mas normalmente oculto à vista e impossível de tocar. A lembrança da descoberta e a esperança de outros relances por vir não permitem que a consciência desse "outro lado" seja inteiramente suprimida.

Uma ida ao templo do consumo é uma questão inteiramente diferente. Entrar nessa viagem, mais do que testemunhar a transubstanciação do mundo familiar, é como ser transportado a um outro mundo. O templo do consumo (claramente distinto da "loja da esquina" de outrora) pode estar na cidade (se não construído, simbolicamente, fora dos limites da cidade, à beira de uma autoestrada), mas não faz parte dela; não é o mundo comum temporariamente transformado, mas um mundo "completamente outro". O que o faz "outro" não é a reversão, negação ou suspensão das regras que governam o cotidiano, como no caso do carnaval, mas a exibição do modo de ser que o cotidiano impede ou tenta em vão alcançar – e que poucas pessoas imaginam experimentar nos lugares que habitam normalmente.

A metáfora do "templo" de Ritzer é adequada; os espaços de compra/consumo são de fato templos para os peregrinos – e definitivamente não se destinam à celebração das missas negras anuais das festas carnavalescas nas paróquias. O carnaval mostra que a realidade não é tão dura quanto parece e que a cidade pode ser transformada; os templos do consumo não revelam nada da natureza da realidade cotidiana. O templo do consumo, como o "barco" de Michel Foucault, "é um pedaço flutuante do espaço, um lugar sem lugar, que existe por si mesmo, que está fechado em si mesmo e ao mesmo tempo se dá ao infinito do mar"[8]; pode realizar esse "dar-se ao infinito" porque se afasta do porto doméstico e se mantém a distância.

Esse "lugar sem lugar" autocercado, diferentemente de todos os lugares ocupados ou cruzados diariamente, é também um espaço *purificado*. Não que tenha sido limpo da variedade e da diferença, que constantemente ameaçam outros lugares com poluição e confusão e deixam a limpeza e a transparência fora do alcance dos que os usam; ao contrário, os lugares de compra/consumo devem muito de sua atração magnética à colorida e caleidoscópica variedade de sensações em oferta. Mas as diferenças dentro, ao contrário das diferenças fora, foram amansadas, higienizadas e garantidas contra ingredientes perigosos – e por isso não são ameaçadoras. Podem ser aproveitadas sem medo: excluído o risco da aventura, o que sobra é divertimento puro, sem mistura ou contaminação. Os lugares de compra/consumo oferecem o que nenhuma "realidade real" externa pode dar: o equilíbrio quase perfeito entre liberdade e segurança.

Dentro de seus templos, os compradores/consumidores podem encontrar, além disso, o que zelosamente e em vão procuram fora deles: o sentimento reconfortante de pertencer – a impressão de fazer parte de uma comunidade. Como sugere Sennett, a ausência de diferença, o sentimento de que "somos todos semelhantes", o suposto de que "não é preciso negociar pois temos a mesma intenção", é o significado mais profundo da ideia de "comunidade" e a causa última de sua atração, que cresce proporcionalmente à pluralidade e multivocalidade da vida. Podemos dizer que "comunidade" é uma versão compacta de estar junto, e de um tipo de estar junto que quase nunca ocorre na "vida real": um estar junto de pura semelhança, do tipo "nós que somos todos o mesmo"; um estar junto que por essa razão é não problemático e não exige esforço ou vigilância, e está na verdade predeterminado; um estar junto que não é uma tarefa, mas "o dado" e *dado* muito antes que o esforço de *fazê-lo*. Nas palavras de Sennett, imagens de solidariedade comunitária são forjadas para que os homens possam evitar lidar com outros homens ... Por um ato de vontade, uma mentira se quiserem, o mito da solidariedade comunitária deu a essas pessoas modernas a possibilidade de ser covardes e esconder-se dos outros ... A imagem da comunidade é purificada de tudo o que pode implicar um sentimento de diferença, ou conflito, a respeito de o que "nós" somos. Desse modo, o mito da solidariedade comunitária é um ritual de purificação.[9]

O obstáculo, porém, é que "o sentimento de uma identidade comum ... é uma fabricação da experiência". Se é assim, então quem projetou e quem supervisiona e dirige os templos do consumo são mestres da falsificação e da vigarice. Em suas mãos a impressão é tudo: não é necessário fazer mais perguntas – que, de qualquer forma, não seriam respondidas.

Dentro do templo, a imagem se torna realidade. As multidões que enchem os corredores dos shopping centers se aproximam tanto quanto é concebível do ideal imaginário de "comunidade" que não conhece a diferença (mais exatamente, diferença que conte, diferença que requeira confronto diante da alteridade do outro, negociação, clarificação e acordo quanto ao *modus vivendi*). Por essa razão, essa comunidade não envolve negociações, nem esforço pela empatia, compreensão e concessões. Todo o mundo entre as paredes dos shopping centers pode supor com segurança que aqueles com que trombará ou pelos quais passará nos corredores vieram com o mesmo propósito, foram seduzidos pelas mesmas atrações (reconhecendo-as, portanto, como atrações) e são guiados e movidos pelos mesmos motivos. "Estar dentro" produz uma verdadeira comunidade de crentes, unificados tanto pelos fins quanto pelos meios, tanto pelos valores que estimam quanto pela lógica de conduta que seguem. Assim, uma viagem aos "espaços do consumo" é uma viagem à tão almejada comunidade que, como a própria experiência de ir às compras, está permanentemente "alhures". Pelos poucos minutos ou horas que dura nosso "passeio", podemos encostar nos ombros de "outros como nós", fiéis do mesmo templo; outros cuja alteridade pode ser, pelo menos neste lugar, aqui e agora, deixada longe da vista, da mente e da consideração. Para todos os propósitos, o lugar é puro, tão puro quanto os lugares do culto religioso e a comunidade imaginada (ou postulada).

Claude Lévi-Strauss, o maior antropólogo cultural de nosso tempo, sugeriu em *Tristes trópicos* que apenas duas estratégias foram utilizadas na história humana quando a necessidade de enfrentar a alteridade dos outros surgiu: uma era a *antropoêmica,* a outra, a *antropofágica.*

A primeira estratégia consiste em "vomitar", cuspir os outros vistos como incuravelmente estranhos e alheios: impedir o contato físico, o diálogo, a interação social e todas as variedades de *commercium,* comensalidade e *connubium.* As variantes extremas da estratégia "êmica" são hoje, como sempre, o encarceramento, a deportação e o assassinato. As formas elevadas, "refinadas" (modernizadas) da estratégia "êmica" são a separação espacial, os guetos urbanos, o acesso seletivo a espaços e o impedimento seletivo a seu uso.

A segunda estratégia consiste numa *soi-disant* "desalienação" das substâncias alheias: "ingerir", "devorar" corpos e espíritos estranhos de modo a fazê-los, pelo metabolismo, idênticos aos corpos que os ingerem, e portanto não distinguíveis deles. Essa estratégia também assumiu ampla gama de formas: do canibalismo à assimilação forçada – cruzadas culturais, guerras declaradas contra costumes locais, contra calendários, cultos, dialetos e outros "preconceitos" e "superstições". Se a primeira estratégia visava ao exílio ou aniquilação dos "outros", a segunda visava à suspensão ou aniquilação de sua *alteridade.*

A ressonância entre a dicotomia das estratégias de Lévi-Strauss e as duas categorias de espaços "públicos-mas-não-civis" é impressionante, mas não surpreendente. A praça *La Défense* em Paris (juntamente com muitos outros "espaços interditórios" que, segundo Steven Flusty, ocupam lugar de destaque entre inovações urbanas correntes)[10] é um exemplo arquitetônico da estratégia "êmica", enquanto os "espaços de consumo" representam a "fágica". Ambas – cada uma à sua maneira – respondem ao mesmo desafio: a tarefa de enfrentar a chance de encontrar estranhos, característica constitutiva da vida urbana. Enfrentar essa possibilidade é uma tarefa que requer medidas "assistidas pelo poder" se os hábitos de civilidade estiverem ausentes ou forem pouco desenvolvidos e não profundamente enraizados. Os dois tipos de espaços urbanos "públicos-mas-não-civis" derivam da evidente falta de habilidades da civilidade; ambos lidam com as consequências potencialmente prejudiciais dessa falta não pela promoção do estudo e aquisição das habilidades que faltam, mas tornando sua posse irrelevante e desnecessária para a prática da arte do viver urbano.

É preciso acrescentar às duas respostas descritas uma terceira, cada vez mais comum. Ela é o que Georges Benko, seguindo Marc Augé, chama de "não lugares" (ou, alternativamente, segundo Garreau, "cidades-de-lugar-nenhum").[11] "Não lugares" partilham certas características com nossa primeira categoria de lugares ostensivamente públicos mas enfaticamente não civis: desencorajam a ideia de "estabelecer-se", tornando a colonização ou domesticação do espaço quase impossível. Ao contrário de *La Défense,* porém, espaço cujo único destino é ser atravessado e deixado para trás o mais rapidamente possível, ou dos espaços "interditórios" cuja principal função consiste em impedir o acesso e que são desenhados para serem circundados, e não atravessados, os não lugares aceitam a inevitabilidade de uma adiada passagem, às vezes muito longa, de estranhos, e fazem o que podem para que sua presença seja "meramente física" e socialmente pouco diferente, e preferivelmente indistinguível da ausência, para cancelar, nivelar ou zerar, esvaziar as idiossincráticas subjetividades de seus "passantes". Os residentes temporários dos não lugares são possivelmente diferentes, cada variedade com seus próprios hábitos e expectativas; e o truque é fazer com que isso seja irrelevante durante sua estada. Quaisquer que sejam suas outras diferenças, deverão seguir os mesmos padrões de conduta: e as pistas que disparam o padrão uniforme de conduta devem ser legíveis por todos eles, independente das línguas que prefiram ou que costumem utilizar em seus afazeres diários. O que quer que aconteça nesses "não lugares", todos devem *sentir-se* como se estivessem em casa, mas ninguém deve *se comportar* como se verdadeiramente em casa. Um não lugar "é um espaço destituído das expressões simbólicas de identidade, relações e história: exemplos incluem aeroportos, autoestradas, anônimos quartos de hotel, transporte público ... Jamais na história do mundo os não lugares ocuparam tanto espaço".

Os não lugares não requerem domínio da sofisticada e difícil arte da civilidade, uma vez que reduzem o comportamento em público a preceitos simples e fáceis de aprender. Por causa dessa simplificação, também não são escolas de civilidade. E, como hoje "ocupam tanto espaço", como colonizam fatias cada vez maiores do espaço público e as reformulam à sua semelhança, as ocasiões de aprendizado são cada vez mais escassas e ocorrem a intervalos cada vez maiores.

As diferenças podem ser expelidas, engolidas, mantidas à parte, e há lugares que se especializam em cada caso. Mas as diferenças também podem ser tornadas invisíveis, ou melhor, impedidas de serem percebidas. Esse é o caso dos "espaços vazios". Como propõem Jerzy Kociatkiewicz e Monika Kostera, que cunharam o termo, os espaços vazios são

> lugares a que não se atribui significado. Não precisam ser delimitados fisicamente por cercas ou barreiras. Não são lugares proibidos, mas espaços vazios, inacessíveis porque invisíveis.
>
> Se ... o fazer sentido é um ato de padronização, compreensão, superação da surpresa e criação de significado, nossa experiência dos espaços vazios não inclui o fazer sentido.[12]

Os espaços vazios são antes de mais nada vazios de *significado*. Não que sejam sem significado porque são vazios: é porque não têm significado, nem se acredita que possam tê-lo, que são vistos como vazios (melhor seria dizer não vistos). Nesses lugares que resistem ao significado, a questão de negociar diferenças nunca surge: não há com quem negociá-la. O modo como os espaços vazios lidam com a diferença é radical numa medida que outros tipos de lugares projetados para repelir ou atenuar o impacto de estranhos não podem acompanhar.

Os espaços vazios que Kociatkiewicz e Kostera listam são lugares não colonizados e lugares que nem os projetistas nem os gerentes dos usuários superficiais reservam para colonização. Eles são, podemos dizer, lugares que "sobram" depois da reestruturação de espaços realmente importantes: devem sua presença fantasmagórica à falta de superposição entre a elegância da estrutura e a confusão do mundo (qualquer mundo, inclusive o mundo desenhado propositalmente), notório por fugir a classificações cabais. Mas a família dos espaços vazios não se limita às sobras dos projetos arquitetônicos e às margens negligenciadas das visões do urbanista. Muitos espaços vazios são, de fato, não apenas resíduos inevitáveis, mas ingredientes necessários de outro processo: o de mapear o espaço partilhado por muitos usuários diferentes.

Numa de minhas viagens de conferências (a uma cidade populosa, grande e viva do sul da Europa), fui recebido no aeroporto por uma jovem professora, filha de um casal de profissionais ricos e de alta escolaridade. Ela se desculpou porque a ida para o hotel não seria fácil, e tomaria muito tempo, pois não havia como evitar as movimentadas avenidas para o centro da cidade, constantemente engarrafadas pelo tráfego pesado. De fato, levamos quase duas horas para chegar ao lugar. Minha guia ofereceu-se para conduzir-me ao aeroporto no dia da partida. Sabendo quão cansativo era dirigir na cidade, agradeci sua gentileza e boa vontade, mas disse que tomaria um táxi. O que fiz. Desta vez, a ida ao aeroporto tomou menos de dez minutos. Mas o motorista foi por fileiras de barracos pobres, decadentes e esquecidos, cheios de pessoas rudes e evidentemente desocupadas e crianças sujas vestindo farrapos. A ênfase de minha guia em que não havia como evitar o tráfego do centro da cidade não era mentira. Era sincera e adequada a seu mapa mental da cidade em que tinha nascido e onde sempre vivera. Esse mapa não registrava as ruas dos feios "distritos perigosos" pelas quais o táxi me levou. No mapa mental de minha guia, no lugar em que essas ruas deveriam ter sido projetadas havia, pura e simplesmente, um espaço vazio.

A cidade, como outras cidades, tem muitos habitantes, cada um com um mapa da cidade em sua cabeça. Cada mapa tem seus espaços vazios, ainda que em mapas diferentes eles se localizem em lugares diferentes. Os mapas que orientam os movimentos das várias categorias de habitantes não se superpõem, mas, para que qualquer mapa "faça sentido", algumas áreas da cidade devem permanecer sem sentido. Excluir tais lugares permite que o resto brilhe e se encha de significado.

O vazio do lugar está no olho de quem vê e nas pernas ou rodas de quem anda. Vazios são os lugares em que não se entra e onde se sentiria perdido e vulnerável, surpreendido e um tanto atemorizado pela presença de humanos.

Não fale com estranhos

A principal característica da civilidade é a capacidade de interagir com estranhos sem utilizar essa estranheza contra eles e sem pressioná-los a abandoná-la ou a renunciar a alguns dos traços que os fazem estranhos. A principal característica dos lugares "públicos mas não civis" – as quatro categorias listadas acima – é a *dispensabilidade dessa interação*. Se a proximidade física não puder ser evitada, ela pode pelo menos ser despida da ameaça de "estar juntos" que contém, com seu convite ao encontro significativo, ao diálogo e à interação. Se não se puder evitar o encontro com estranhos, pode-se pelo menos tentar evitar maior contato. Que os estranhos, como as crianças da era vitoriana, possam ser vistos mas não ouvidos, ou, se não se puder evitar ouvi-los, que ao menos não se escute o que dizem. A questão é fazer o que quer que digam irrelevante e sem consequências para o que pode e deve ser feito.

Todos esses expedientes não passam de meias-medidas: as soluções menos ruins ou os menos detestáveis e prejudiciais dos males. Lugares "públicos mas não civis" permitem que lavemos nossas mãos de qualquer intercâmbio com os estranhos à nossa volta e que evitemos o comércio arriscado, a comunicação difícil, a negociação enervante e as concessões irritantes. Não impedem, porém, o encontro com estranhos; ao contrário, supõem-no – foram criados por causa dessa suposição. São, por assim dizer, curas para uma doença já contraída – e não uma medicina preventiva que tornaria desnecessário o tratamento. E todos os tratamentos, como sabemos, podem ou não debelar a doença. Há poucos – se houver – métodos eficazes a toda prova. Como seria bom, portanto, tornar o tratamento desnecessário imunizando o organismo contra a doença. Donde livrar-se da companhia de estranhos parece uma perspectiva mais atraente e segura que as estratégias mais sofisticadas para neutralizar sua presença.

Essa pode parecer uma solução melhor, mas não está livre de seus próprios perigos. Mexer com o sistema imunológico é arriscado e pode mostrar-se patogênico. Ademais, tornar o organismo resistente a certas ameaças provavelmente o torna vulnerável a outras. Dificilmente qualquer interferência estará livre de horríveis efeitos colaterais: diversas intervenções médicas são conhecidas pelas doenças iatrogênicas que provocam – doenças que resultam da própria intervenção, que não são menos (se não mais) perigosas que a doença que se pretendia curar.

Como indica Richard Sennett,

> invocam-se mais a lei e a ordem quando as comunidades estão mais isoladas das outras pessoas na cidade …
>
> Durante as últimas duas décadas as cidades nos EUA cresceram de maneira que homogeneizou as áreas étnicas; não é por acaso,

então, que o medo do estranho também cresceu à medida que essas comunidades étnicas foram isoladas.[13]

A capacidade de conviver com a diferença, sem falar na capacidade de gostar dessa vida e beneficiar-se dela, não é fácil de adquirir e não se faz sozinha. Essa capacidade é uma arte que, como toda arte, requer estudo e exercício. A incapacidade de enfrentar a pluralidade de seres humanos e a ambivalência de todas as decisões classificatórias, ao contrário, se autoperpetuam e reforçam: quanto mais eficazes a tendência à homogeneidade e o esforço para eliminar a diferença, tanto mais difícil sentir-se à vontade em presença de estranhos, tanto mais ameaçadora a diferença e tanto mais intensa a ansiedade que ela gera. O projeto de esconder-se do impacto enervante da multivocalidade urbana nos abrigos da conformidade, monotonia e repetitividade comunitárias é um projeto que se autoalimenta, mas que está fadado à derrota. Essa poderia ser uma verdade trivial, não fosse o fato de que o ressentimento em relação à diferença também se autocorrobora: à medida que o impulso à uniformidade se intensifica, o mesmo acontece com o horror ao perigo representado pelos "estranhos no portão". O perigo representado pela companhia de estranhos é uma clássica profecia autocumprida. Torna-se cada vez mais fácil misturar a visão dos estranhos com os medos difusos da insegurança; o que no começo era uma mera suposição torna-se uma verdade comprovada, para acabar como algo evidente.

A perplexidade se torna um círculo vicioso. Como a arte de negociar interesses comuns e um destino compartilhado vem caindo em desuso, raramente é praticada, está meio esquecida ou nunca foi propriamente aprendida; como a ideia do "bem comum" é vista com suspeição, como ameaçadora, nebulosa ou confusa – a busca da segurança numa identidade comum e não em função de interesses compartilhados emerge como o modo mais sensato, eficaz e lucrativo de proceder; e as preocupações com a identidade e a defesa contra manchas nela tornam a ideia

136 Modernidade líquida

de interesses comuns, e mais ainda interesses comuns *negociados*, tanto mais incrível e fantasiosa, tornando ao mesmo tempo improvável o surgimento da capacidade e da vontade de sair em busca desses interesses comuns. Como resume Sharon Zukin: "Ninguém mais sabe falar com ninguém".

Zukin sugere que "a exaustão do ideal de um destino comum reforçou o apelo da cultura"; mas "no uso norte-americano comum, a cultura é, antes de tudo, a etnicidade", que, por sua vez é "um modo legítimo de escavar um nicho na sociedade".[14] Escavar um nicho, não há dúvida, implica acima de tudo separação *territorial,* o direito a um "espaço defensável" separado, espaço que precisa de defesa e é digno de defesa precisamente por ser separado – isto é, porque foi cercado de postos de fronteira que permitem a entrada apenas de pessoas "da mesma" identidade e impedem o acesso a quaisquer outros. Como o propósito da separação territorial é a homogeneidade do bairro, a "etnicidade" é mais adequada que qualquer outra "identidade" imaginada.

Ao contrário de outras identidades postuladas, a ideia de etnicidade é semanticamente carregada. Ela supõe axiomaticamente um casamento divino que nenhum esforço na terra pode desmanchar, uma espécie de laço predeterminado de unidade que precede toda negociação e eventuais acordos sobre direitos e obrigações. Em outras palavras, a homogeneidade que presumivelmente marca as entidades étnicas é *heterônoma:* não um artefato humano, e certamente não o produto da geração atual de humanos. Não surpreende, pois, que a etnicidade, mais que qualquer outra espécie de identidade postulada, seja a primeira escolha quando se trata de fugir do assustador espaço polifônico onde "ninguém sabe falar com ninguém" para o "nicho seguro" onde "todos são parecidos com todos" – e onde, assim, há pouco sobre o que falar e a fala é fácil. Tampouco surpreende que, sem muita consideração pela lógica, outras comunidades postuladas, enquanto reivindicam seus próprios "nichos na sociedade", queiram tirar sua lasquinha da etnicidade e inventem cuidado-

Tempo/Espaço

samente suas próprias raízes, tradições, história compartilhada e futuro comum – mas, antes e acima de tudo, sua cultura
separada e singular, que por causa de sua genuína ou putativa
singularidade merece ser considerada "um valor em si mesma".
Seria equivocado explicar o renascido comunitarismo de
nossos tempos como um soluço de instintos ou inclinações ainda não inteiramente erradicados que o progresso da modernização mais cedo ou mais tarde vai neutralizar ou diluir; seria
igualmente equivocado descartá-lo como uma falha da razão
momentânea – um lamentável mas inevitável caso de irracio-
nalidade, em flagrante contradição com as implicações de uma
"escolha pública" racionalmente fundada. Cada formação social
promove seu próprio tipo de racionalidade, investe seu próprio significado na ideia de uma estratégia racional de vida – e
pode-se argumentar em defesa da hipótese de que a corrente
metamorfose do comunitarismo é uma resposta *racional* à crise
genuína do "espaço público" – e portanto da política, essa atividade humana para a qual o espaço público é o terreno natural.

Com o domínio da política se estreitando aos limites das
confissões públicas, exibições públicas da intimidade e exame e
censura públicas de virtudes e vícios privados; com a questão da
credibilidade das pessoas expostas à vista pública substituindo
a consideração sobre qual é e deve ser o objeto da política; com
a visão de uma sociedade boa e justa praticamente ausente do
discurso político – não é de surpreender que (como já observava
Sennett há 20 anos)[15] as pessoas "se tornem espectadores passivos de uma personagem política que lhes oferece para consumo
suas intenções e sentimentos em lugar de seus atos". A questão
é, porém, que os espectadores não esperam, dos políticos e de
todos os outros na ribalta, mais que um bom espetáculo. E assim
o espetáculo da política, como outros espetáculos publicamente
encenados, se torna a mensagem monótona e incessantemente
martelada da prioridade da identidade sobre os interesses, ou a
lição pública contínua de que a identidade, e não os interesses, é
o que verdadeiramente importa, assim como o que verdadeira-

mente importa é quem se é e não o que se está fazendo. De cima a baixo, é a revelação do verdadeiro eu que se torna a essência das relações em público e da vida pública como tal; e é a identidade que se torna o estilhaço a que os náufragos em busca de socorro se agarram quando afundam os navios do interesse. E então, como sugere Sennett, "manter a comunidade torna-se um fim em si mesmo; o expurgo dos que não fazem parte torna-se assunto da comunidade". Não mais se precisa uma "justificação para a recusa à negociação, para o expurgo contínuo dos de fora".

Esforços para manter a distância o "outro", o diferente, o estranho e o estrangeiro, e a decisão de evitar a necessidade de comunicação, negociação e compromisso mútuo, não são a única resposta concebível à incerteza existencial enraizada na nova fragilidade ou fluidez dos laços sociais. Essa decisão certamente se adapta à nossa preocupação contemporânea obsessiva com poluição e purificação, à nossa tendência de identificar o perigo para a segurança corporal com a invasão de "corpos estranhos" e de identificar a segurança não ameaçada com a pureza. A atenção agudamente apreensiva às substâncias que entram no corpo pela boca e pelas narinas, e aos estranhos que se esgueiram sub-repticiamente pelas vizinhanças do corpo, acomodam-se lado a lado no mesmo quadro cognitivo. Ambas ativam um desejo de "expeli-los do sistema".

Esses desejos convergem, aliam-se e condensam-se na política da separação étnica, e particularmente na defesa contra a vinda dos "estrangeiros". Como diz Georges Benko,[16]

> há Outros que são mais Outros que os Outros, os estrangeiros. Excluir pessoas como estrangeiras porque não somos mais capazes de conceber o Outro indica uma patologia social.

Pode ser patologia, mas não uma patologia da mente que tenta em vão forçar um sentido para um mundo destituído de significado estável e confiável; é uma patologia do espaço público que resulta numa patologia da política: o esvaziamento e a decadência da arte do diálogo e da negociação, e a substituição do engajamento e mútuo comprometimento pelas técnicas do desvio e da evasão.

"Não fale com estranhos" – outrora uma advertência de pais zelosos a seus pobres filhos – tornou-se o preceito estratégico da normalidade adulta. Esse preceito reafirma como regra de prudência a realidade de uma vida em que os estranhos são pessoas com quem nos recusamos a falar. Os governos impotentes para atacar as raízes da insegurança e ansiedade de seus súditos estão bem-dispostos e felizes com a situação. Uma frente de "imigrantes", essa mais completa e tangível encarnação do "outro", pode muito bem levar a unir o difuso amontoado de indivíduos atemorizados e desorientados em alguma coisa vagamente assemelhada a uma "comunidade nacional"; e essa é uma das poucas tarefas que os governos de nosso tempo são capazes de fazer e têm feito.

O Heritage Park de George Hazeldon seria um lugar onde, afinal, todos os passantes poderiam falar livremente uns com os outros. Eles seriam livres para falar porque haveria muito pouco sobre o que falar – à exceção da troca de frases rotineiras e familiares que não geram controvérsia, mas tampouco implicam comprometimento. A sonhada pureza da comunidade de Heritage Park só pode ser conquistada ao preço do desengajamento e da ruptura dos laços.

A modernidade como história do tempo

Quando eu era criança (e isso aconteceu em outro tempo e em outro espaço) não era incomum ouvir a pergunta "Quão longe é daqui até lá?" respondida por um "Mais ou menos uma hora, ou um pouco menos se você caminhar rápido". Num tempo ainda anterior à minha infância, suponho que a resposta mais comum teria sido "Se você sair agora, estará lá por volta do meio-dia" ou "Melhor sair agora, se você quiser chegar antes que escureça". Hoje em dia, pode-se ouvir ocasionalmente essas respostas. Mas serão normalmente precedidas por uma solicitação para ser mais específico: "Você vai de carro ou a pé?"

"Longe" e "tarde", assim como "perto" e "cedo", significavam quase a mesma coisa: exatamente quanto esforço seria necessário para que um ser humano percorresse uma certa distância – fosse caminhando, semeando ou arando. Se as pessoas fossem instadas a explicar o que entendiam por "espaço" e "tempo", poderiam ter dito que "espaço" é o que se pode percorrer em certo tempo, e que "tempo" é o que se precisa para percorrê-lo. Se não fossem muito pressionados, porém, não entrariam no jogo da definição. E por que deveriam? A maioria das coisas que fazem parte da vida cotidiana são compreendidas razoavelmente até que se precise defini-las; e, a menos que solicitados, não precisaríamos defini-las. O modo como compreendíamos essas coisas que hoje tendemos a chamar de "espaço" e "tempo" era não apenas satisfatório, mas tão preciso quanto necessário, pois era o *wetware* – os humanos, os bois e os cavalos – que fazia o esforço e punha os limites. Um par de pernas humanas pode ser diferente de outros, mas a substituição de um par por outro não faria uma diferença suficientemente grande para requerer outras medidas além da capacidade dos músculos humanos.

No tempo das Olimpíadas gregas ninguém pensava em registrar os recordes olímpicos, e menos ainda em quebrá-los. A invenção e disponibilidade de algo além da força dos músculos humanos ou animais foi necessária para que essas ideias fossem concebidas e para a decisão de atribuir importância às diferenças entre as capacidades de movimento dos indivíduos humanos – e, assim, para que a *pré-história* do tempo, essa longa era da prática limitada pelo *wetware,* terminasse, e a *história* do tempo começasse. A história do tempo começou com a modernidade. De fato, a modernidade é, talvez mais que qualquer outra coisa, *a história do tempo:* a modernidade é o tempo em que o tempo tem uma história.

Se pesquisarmos em livros de história a razão por que espaço e tempo, outrora mesclados nos afazeres da vida humana, se separaram e se afastaram no pensamento e prática dos homens, encontraremos com frequência histórias edificantes de descobertas realizadas pelos valentes cavaleiros da razão – filósofos intrépidos e cientistas corajosos. Aprendemos sobre astrônomos que mediam distâncias e a velocidade dos corpos celestes, sobre Newton calculando as relações exatas entre a aceleração e a distância percorrida pelo "corpo físico" e seus enormes esforços para expressar tudo isso em números – as mais abstratas e objetivas de todas as medidas imagináveis; ou sobre Kant, impressionado por suas realizações a ponto de conceber espaço e tempo como duas categorias transcendentalmente separadas e mutuamente independentes do conhecimento humano. E no entanto, por mais justificável que seja a vocação dos filósofos de pensar *sub specie aeternitatis,* é sempre um pedaço do infinito e da eternidade, sua parte finita correntemente ao alcance da prática humana, que fornece o "campo epistemológico" para a reflexão filosófica e científica e o material empírico que pode ser trabalhado para construir verdades eternas; essa limitação, na verdade, separa os grandes pensadores dos outros que desapareceram na história como fantasistas, fabricantes de mitos, poetas e outros sonhadores. E assim algo deve ter acontecido à amplitude e à capacidade de carga da prática humana para que os soberanos espaço e tempo repentinamente se ponham a encarar, olhos nos olhos, os filósofos.

Esse "algo" foi, podemos adivinhar, a construção de veículos que podiam se mover mais rápido que as pernas dos humanos ou dos animais; e veículos que, em clara oposição aos humanos e aos cavalos, podem ser tornados mais e mais velozes, de tal modo que atravessar distâncias cada vez maiores tomará cada vez menos tempo. Quando tais meios de transporte não humanos e não animais apareceram, o tempo necessário para viajar deixou de ser característica da distância e do inflexível *"wetware";* tornou-se, em vez disso, atributo da técnica de viajar. O tempo se tornou o problema do *"hardware"* que os humanos podem inventar, construir, apropriar, usar e controlar, não do *"wetware"* impossível de esticar, nem dos poderes caprichosos e extravagantes do vento e da água, indiferentes à manipulação humana; por isso mesmo, o tempo se tornou um fator independente das dimensões inertes e imutáveis das massas de terra e dos mares. O tempo é diferente do espaço porque, ao contrário deste, pode ser mudado e manipulado; tornou-se um fator de disrupção: o parceiro dinâmico no casamento tempo-espaço.

Numa declaração famosa, Benjamin Franklin disse que tempo é dinheiro; pôde dizê-lo porque antes já havia definido o homem como o "animal que faz ferramentas". Resumindo a experiência de mais dois séculos, John Fitzgerald Kennedy advertia seus concidadãos norte-americanos a usarem o "tempo como uma ferramenta, e não como um sofá". O tempo se tornou dinheiro depois de se ter tornado uma ferramenta (ou arma?) voltada principalmente a vencer a resistência do espaço: encurtar as distâncias, tornar exequível a superação de obstáculos e limites à ambição humana. Com essa arma, foi possível estabelecer a meta da conquista do espaço e, com toda seriedade, iniciar sua implementação.

Os reis talvez pudessem viajar mais confortavelmente que seus prepostos, e os barões mais convenientemente que seus servos; mas, em princípio, nenhum deles poderia viajar muito mais depressa que qualquer dos outros. O *wetware* tornava os humanos semelhantes; o *hardware* os tornava diferentes. Essas diferenças (ao contrário das que derivavam da dissimilitude dos músculos humanos) eram *resultados* de ações humanas antes de se transformarem em condições de sua eficácia, e antes que pudessem ser utilizadas para criar ainda mais diferenças, e diferenças mais profundas e menos contestáveis do que antes. Com o advento do vapor e do motor a explosão, a igualdade fundada no *wetware* chegou ao fim. Algumas pessoas podiam agora chegar onde queriam muito antes que as outras; podiam também fugir e evitar serem alcançadas ou detidas. Quem viajasse mais depressa podia reivindicar mais território – e controlá-lo, mapeá-lo e supervisioná-lo –, mantendo distância em relação aos competidores e deixando os intrusos de fora.

Pode-se associar o começo da era moderna a várias facetas das práticas humanas em mudança, mas a emancipação do tempo em relação ao espaço, sua subordinação à inventividade e à capacidade técnica humanas e, portanto, a colocação do tempo contra o espaço como ferramenta da conquista do espaço e da apropriação de terras não são um momento pior para começar uma avaliação que qualquer outro ponto de partida. A modernidade nasceu sob as estrelas da aceleração e da conquista de terras, e essas estrelas formam uma constelação que contém toda a informação sobre seu caráter, conduta e destino. Para lê-la, basta um sociólogo treinado; não é preciso um astrólogo imaginativo.

A relação entre tempo e espaço deveria ser de agora em diante processual, mutável e dinâmica, não predeterminada e estagnada. A "conquista do espaço" veio a significar máquinas mais velozes. O movimento acelerado significava maior espaço, e acelerar o movimento era o único meio de ampliar o espaço. Nessa corrida, a expansão espacial era o nome do jogo e o espaço, seu objetivo; o espaço era o valor, o tempo, a ferramenta. Para maximizar o valor, era necessário afiar os instrumentos; muito da "racionalidade instrumental" que, como Max Weber sugeriu, era o princípio operativo da civilização moderna, se centrava no desenho de modos de realizar mais rapidamente as tarefas, eliminando assim o tempo "improdutivo", ocioso, vazio e, portanto, desperdiçado; ou, para contar a mesma história em termos dos efeitos e não dos meios da ação, centrava-se em preencher o espaço mais densamente de objetos e em ampliar o espaço que poderia ser assim preenchido num tempo determinado. No limiar da moderna conquista do espaço, Descartes, olhando à frente, identificava existência e espacialidade, definindo tudo o que existe materialmente como *res extensa*. (Como Rob Shields espirituosamente diz, poder-se-ia reformular o famoso *cogito* cartesiano, sem distorcer seu sentido, como "ocupo espaço, logo existo").[17] Num momento em que essa conquista perde gás e se encerra, Michel de Certeau – olhando para trás – declara que o poder diz respeito a território e fronteiras. (Como Tim Cresswell resumiu a posição de Certeau recentemente, "as armas dos fortes são ... classificação, delineamento, divisão. Os fortes dependem da 'correção do mapeamento'"[18]; note-se que todas as armas arroladas são operações realizadas sobre o espaço.) Poder-se-ia dizer que a diferença entre os fortes e os fracos é a diferença entre um território formado como no do mapa – vigiado de perto e estritamente controlado – e um território aberto à invasão, ao redesenho das fronteiras e à projeção de novos mapas. Pelo menos foi isso que se tornou assim e assim permaneceu por boa parte da história moderna.

Da modernidade pesada à modernidade leve

Essa parte da história, que agora chega ao fim, poderia ser chamada, na falta de nome melhor, de era do *hardware,* ou modernidade *pesada* – a modernidade obcecada pelo volume, uma modernidade do tipo "quanto maior, melhor", "tamanho é poder, volume é sucesso". Essa foi a era do *hardware;* a época das máquinas pesadas e cada vez mais desajeitadas, dos muros de fábricas cada vez mais longos guardando fábricas cada vez maiores que ingerem equipes cada vez maiores, das poderosas locomotivas e dos gigantescos transatlânticos. A conquista do espaço era o objetivo supremo – agarrar tudo o que se pudesse manter, e manter-se nele, marcando-o com todos os sinais tangíveis da posse e tabuletas de "proibida a entrada". O território estava entre as mais agudas obsessões modernas e sua aquisição, entre suas urgências mais prementes – enquanto a manutenção das fronteiras se tornava um de seus vícios mais ubíquos, resistentes e inexoráveis.

A modernidade pesada foi a era da conquista territorial. A riqueza e o poder estavam firmemente enraizadas ou depositadas dentro da terra – volumosos, fortes e inamovíveis como os leitos de minério de ferro e de carvão. Os impérios se espalhavam, preenchendo todas as fissuras do globo: apenas outros impérios de força igual ou superior punham limites à sua expansão. O que quer que ficasse entre os postos avançados dos domínios imperiais em competição era visto como terra de ninguém, sem dono e, portanto, como *um espaço vazio* – e o espaço vazio era um desafio à ação e uma censura à preguiça. (A ciência popular da época captou seu clima com perfeição ao informar aos leigos que "a natureza não tolera o vazio".) Ainda menos suportável era a ideia dos "espaços em branco" do globo: ilhas e arquipélagos desconhecidos, massas de terra à espera de descoberta e colonização, os interiores intocados dos continentes, os "corações das trevas" clamando por luz. Intrépidos exploradores eram os heróis das novas versões modernas das "histórias de marinheiros" de Walter Benjamin, dos sonhos da infância e da nostalgia adulta; entusiasticamente aplaudidos na partida e aclamados com honrarias na chegada, eles andaram, de expedição em expedição, por selvas, savanas e o gelo eterno em busca da cordilheira, lago ou planalto ainda não cartografado. Também o paraíso moderno, como o Shangri-La de James Hilton, estava "lá fora", num lugar ainda "não descoberto", escondido e inacessível, um pouco além de não passadas e não passáveis massas de montanhas ou desertos mortais, ao fim de uma trilha ainda não marcada. A aventura e a felicidade, a riqueza e o poder eram conceitos geográficos ou "propriedades territoriais" – atados a seus lugares, inamovíveis e intransferíveis. Isso exigia muros impenetráveis e postos avançados rigorosos, guardas de fronteiras em permanente vigília e localização secreta. (Um dos segredos mais bem-guardados da Segunda Grande Guerra, a base aérea norte-americana a partir da qual seria desferido o mortal ataque sobre Tóquio em 1942, era apelidada "Shangri-La".)

Riqueza e poder que dependem do tamanho e qualidade do *hardware* tendem a ser lentas, resistentes e complicadas de mover. Elas são "encorpadas" e fixas, feitas de aço e concreto e medidas por seu volume e peso. Crescem expandindo o lugar que ocupam e protegem-se protegendo esse lugar: o lugar é simultaneamente seu viveiro, sua fortaleza e sua prisão. Daniel Bell descreveu uma das mais poderosas, invejadas e emuladas dessas prisões/fortalezas/viveiros: a planta "Willow Run" da General Motors em Michigan.[19] O lugar ocupado pelas instalações era de um quilômetro por 400 metros. Todo o material necessário para a produção de carros era reunido sob um único e gigantesco teto, numa única e monstruosa jaula. A lógica do poder e a lógica do controle estavam fundadas na estrita separação entre o "dentro" e o "fora" e numa vigilante defesa da fronteira entre eles. As duas lógicas, reunidas em uma, estavam incorporadas na lógica do tamanho, organizada em torno de um preceito: maior significa mais eficiente. Na versão pesada da modernidade, o progresso significava tamanho crescente e expansão espacial.

Era a rotinização do tempo que mantinha o lugar como um todo compacto e sujeito a uma lógica homogênea. (Bell invocava a principal ferramenta de rotinização ao chamar esse tempo de "métrico".)

Na conquista do espaço, o tempo tinha que ser flexível e maleável, e acima de tudo tinha que poder encolher pela crescente capacidade de "devorar espaço" de cada unidade: dar a volta ao mundo em 80 dias era um sonho atraente, mas ser capaz de fazê-lo em oito dias era infinitamente mais atraente. Voar sobre o canal da Mancha e depois sobre o Atlântico eram os marcos pelos quais se media o progresso. Quando, porém, chegava o momento da fortificação do espaço conquistado, de sua colonização e domesticação, fazia-se necessário um tempo rígido, uniforme e inflexível: o tipo de tempo que pudesse ser cortado em fatias de espessura semelhante e passível de ser arranjado em sequências monótonas e inalteráveis. O espaço só era "possuído" quando controlado – e controle significava antes e acima de tudo "amansar o tempo", neutralizando seu dinamismo interno: simplificando, a uniformidade e coordenação do tempo. Era maravilhoso e excitante alcançar as nascentes do Nilo antes que outros exploradores as alcançassem, mas um trem adiantado ou peças de automóveis que chegassem à linha de montagem antes das outras eram os pesadelos mais assustadores da modernidade pesada.

O tempo rotinizado se juntava aos altos muros de tijolos arrematados por arame farpado ou cacos de vidro e portões bem-guardados para proteger o lugar contra intrusos; também impedia que os de dentro saíssem à vontade. A "fábrica fordista", o modelo mais cobiçado e avidamente seguido da racionalidade planejada no tempo da modernidade pesada, era o lugar do encontro face a face, mas também do voto de "até que a morte nos separe" entre o capital e o trabalho. Esse casamento era de conveniência e necessidade – raramente de amor –, mas era para durar "para sempre" (o que quer que isso significasse em termos da vida individual), e com frequência durava. Era essencialmente monogâmico – e para ambas as partes. O divórcio estava fora de questão. Para o bem ou para o mal, as partes unidas no casamento deveriam permanecer unidas; uma não poderia sobreviver sem a outra.

O tempo rotinizado prendia o trabalho ao solo, enquanto a massa dos prédios da fábrica, o peso do maquinário e o trabalho permanentemente atado acorrentavam o capital. Nem o capital nem o trabalho estavam ansiosos para mudar, e nem seriam capazes disso. Como qualquer outro casamento que não contasse com a válvula de escape do divórcio sem dor, a história dessa convivência era cheia de som e fúria, varrida por irrupções de inimizade e marcada por uma guerra de trincheiras ligeiramente menos dramática, mas mais constante e persistente, dia sim, dia não. Em nenhum momento, porém, os plebeus pensaram em abandonar a cidade; os patrícios tampouco eram livres para fazê-lo. E nem era necessária a oratória de Menenius Agrippa para manter a ambos em seus lugares. A própria intensidade e perpetuidade do conflito era viva evidência do destino comum. O tempo congelado da rotina de fábrica, junto com os tijolos e argamassa das paredes, imobilizava o capital tão eficientemente quanto o trabalho que este empregava. Tudo isso mudou, no entanto, com o advento do capitalismo de *software* e da modernidade "leve". O economista da Sorbonne Daniel Cohen resume: "Quem começa uma carreira na Microsoft não tem a mínima ideia de onde ela terminará. Quem começava na Ford ou na Renault podia estar quase certo de terminar no mesmo lugar."[20]

Não estou certo de que seja legítimo utilizar o termo "carreira" para os dois casos, como Cohen faz. "Carreira" evoca uma trajetória estabelecida, não muito diferente do processo da *"tenure"* (estabilidade) das universidades norte-americanas, com uma sequência de estágios estabelecida de antemão e marcada por condições de entrada e regras de admissão razoavelmente claras. As "carreiras" tendem a ser feitas por pressões coordenadas de espaço e tempo. O que quer que aconteça aos empregados da Microsoft ou seus incontáveis admiradores e imitadores – onde tudo o que ocupa os gerentes são "formas organizacionais mais soltas e por isso mais adequadas ao fluxo" e onde a organização de negócios é cada vez mais vista como uma tentativa permanente, não conclusiva, "de formar uma ilha de adaptabilidade superior"; num mundo percebido como "múltiplo, complexo e rápido e, portanto, como 'ambíguo', 'vago' ou 'plástico'"[21] – milita contra estruturas duráveis, e notadamente contra estruturas que envolvem uma expectativa proporcional à duração costumeira da vida útil. Em tais condições a ideia de uma "carreira" parece nebulosa e inteiramente fora de lugar.

Essa é, contudo, uma mera questão terminológica. Seja como for, a questão principal é que a comparação de Cohen capta sem erro o divisor de águas na história moderna do tempo e alude ao impacto que essa mudança começa a ter na condição da existência humana. A mudança em questão é a nova irrelevância do espaço, disfarçada de aniquilação do tempo. No universo de *software* da viagem à velocidade da luz, o espaço pode ser atravessado, literalmente, em "tempo nenhum"; cancela-se a diferença entre "longe" e "aqui". O espaço não impõe mais limites à ação e seus efeitos, e conta pouco, ou nem conta. Perdeu seu "valor estratégico", diriam os especialistas militares.

Todos os valores, observou Simmel, são "valiosos" na medida em que devem ser conquistados "pela superação de outros valores"; é o "desvio da busca por certas coisas" que nos faz "vê-las como valiosas". Sem usar essas palavras, Simmel conta a história do "fetichismo do valor": as coisas, escreveu, "valem exatamente o que custam"; e essa circunstância parece perversamente "significar que elas custam o que valem". São os obstáculos que precisam ser superados no caminho que leva à sua apropriação, "a tensão da luta por elas", que as fazem valiosas.[22] Se tempo nenhum precisa ser perdido ou superado – "sacrificado" – para chegar mesmo aos lugares mais remotos, os lugares são destituídos de valor, no sentido posto por Simmel. Quando as distâncias podem ser percorridas (e assim as partes do espaço atingidas e afetadas) à velocidade dos sinais eletrônicos, todas as referências ao tempo parecem, como diria Jacques Derrida, "*sous rature*". A "instantaneidade" aparentemente se refere a um movimento muito rápido e a um tempo muito curto, mas de fato denota a ausência do tempo como fator do evento e, por isso mesmo, como elemento no cálculo do valor. O tempo não é mais o "desvio na busca", e assim não mais confere valor ao espaço. A quase instantaneidade do tempo do *software* anuncia a desvalorização do espaço.

Na era do *hardware,* da modernidade pesada, que nos termos de Max Weber era também a era da racionalidade instrumental, o tempo era o meio que precisava ser administrado prudentemente para que o retorno de valor, que era o espaço, pudesse ser maximizado; na era do *software,* da modernidade leve, a eficácia do tempo como meio de alcançar valor tende a aproximar-se do infinito, com o efeito paradoxal de nivelar por cima (ou, antes, por baixo) o valor de todas as unidades no campo dos objetivos potenciais. O ponto de interrogação moveu-se do lado dos meios para o lado dos fins. Se aplicado à relação tempo-espaço, isso significa que, como todas as partes do espaço podem ser atingidas no mesmo período de tempo (isto é, em "tempo nenhum"), nenhuma parte do espaço é privilegiada, nenhuma tem um "valor especial". Se todas as partes do espaço podem ser alcançadas a qualquer momento, não há razão para alcançar qualquer uma delas num dado momento e nem tampouco razão para se preocupar em garantir o direito de acesso a qualquer uma delas. Se soubermos que podemos visitar um lugar em qualquer momento que quisermos, não há urgência em visitá-lo nem em gastar dinheiro em uma passagem válida para sempre. Há ainda menos razão para suportar o gasto da supervisão e administração permanentes, do laborioso e arriscado cultivo de terras que podem ser facilmente ocupadas e abandonadas conforme interesses de momento e "relevâncias tópicas".

A sedutora leveza do ser

O tempo instantâneo e sem substância do mundo do *software* é também um tempo sem consequências. "Instantaneidade" significa realização imediata, "no ato" – mas também exaustão e desaparecimento do interesse. A distância em tempo que separa o começo do fim está diminuindo ou mesmo desaparecendo; as duas noções, que outrora eram usadas para marcar a passagem do tempo, e portanto para calcular seu "valor perdido", perderam muito de seu significado – que, como todos os significados, derivava de sua rígida oposição. Há apenas "momentos" – pontos sem dimensões. Mas, será ainda um tal tempo – tempo com a morfologia de um agregado de momentos – o tempo "como o conhecemos"? A expressão "momento de tempo" parece, pelo menos em certos aspectos vitais, um oxímoro. Teria o tempo, depois de matar o espaço enquanto valor, cometido suicídio?

Não teria sido o espaço apenas a primeira baixa na corrida do tempo para a autoaniquilação?

O que foi aqui descrito é, claro, uma condição *liminar* na história do tempo – o que parece ser, em seu estágio presente, a *tendência* última dessa história. Por mais próximo de zero que seja o tempo necessário para alcançar um destino espacial, ele ainda não chegou lá. Mesmo a tecnologia mais avançada, armada de processadores cada vez mais poderosos, ainda tem muito caminho pela frente até atingir a genuína "instantaneidade". E em verdade a consequência lógica da irrelevância do espaço ainda não se realizou plenamente, como também não se realizou a leveza e a infinita volatilidade e flexibilidade da agência humana. Mas a condição descrita é, de fato, o horizonte do desenvolvimento da modernidade leve. E, o que é ainda mais importante, é o ideal do buscar sempre, ainda que (ou será porque?) para nunca alcançar plenamente, de seus principais operadores, o ideal que, no surgimento de uma nova norma, penetra e satura cada órgão, tecido e célula do corpo social. Milan Kundera retratou "a insustentável leveza do ser" como o centro da tragédia do mundo moderno. A leveza e a velocidade (juntas!) foram oferecidas por Italo Calvino, inventor de personagens totalmente livres (completamente livres porque são inalcançáveis, escorregadios e impossíveis de prender) – o barão que saltava sobre as árvores e o cavaleiro sem corpo – como as últimas e mais plenas encarnações da eterna função emancipatória da arte literária.

Há mais de 30 anos (em seu clássico *Fenômeno burocrático*), Michel Crozier identificava a dominação (em todas suas variantes) com a proximidade das fontes da incerteza. Seu veredicto ainda vale: quem manda são as pessoas que conseguem manter suas ações livres, sem normas e portanto imprevisíveis, ao mesmo tempo em que regulam normativamente (rotinizando e portanto tornando monótonas, repetitivas e previsíveis) as ações dos protagonistas. Pessoas com as mãos livres mandam em pessoas com as mãos atadas; a liberdade das primeiras é a causa principal da falta de liberdade das últimas – ao mesmo tempo em que a falta de liberdade das últimas é o significado último da liberdade das primeiras.

Nesse aspecto, nada mudou com a passagem da modernidade pesada à leve. Mas a moldura foi preenchida com um novo conteúdo; mais precisamente, a busca da "proximidade das fontes da incerteza" reduziu-se a um só objetivo – a instantaneidade. As pessoas que se movem e agem com maior rapidez, que mais se aproximam do momentâneo do movimento, são as pessoas que agora mandam. E são as pessoas que não podem se mover tão rápido – e, de modo ainda mais claro, a categoria das pessoas que não podem deixar seu lugar quando quiserem – as que obedecem. A dominação consiste em nossa própria capacidade de escapar, de nos desengajarmos, de estar "em outro lugar", e no direito de decidir sobre a velocidade com que isso será feito – e ao mesmo tempo de destituir os que estão do lado dominado de sua capacidade de parar, ou de limitar seus movimentos ou ainda torná-los mais lentos. A batalha contemporânea da dominação é travada entre forças que empunham, respectivamente, as armas da aceleração e da procrastinação.

O acesso diferencial à instantaneidade é crucial entre as versões correntes do fundamento duradouro e indestrutível da divisão social em todas as suas formas historicamente cambiantes: o acesso diferencial à imprevisibilidade e, portanto, à liberdade. Num mundo povoado por servos que semeavam a terra, saltar sobre as árvores era a receita perfeita dos barões para a liberdade. É a facilidade com que os barões de hoje se comportam de modo semelhante ao saltar sobre as árvores que mantém os sucessores dos servos em seus lugares, e é a imobilidade forçada desses sucessores, sua ligação à terra, que permite que os barões continuem a saltar. Por mais profunda e deprimente que seja a miséria dos servos, não há ninguém contra quem se rebelar, e se tivessem se rebelado não teriam alcançado os rápidos alvos de sua rebelião. A modernidade pesada mantinha capital e trabalho numa gaiola de ferro de que não podiam escapar.

A modernidade leve permitiu que um dos parceiros saísse da gaiola. A modernidade "sólida" era uma era de engajamento mútuo. A modernidade "fluida" é a época do desengajamento, da fuga fácil e da perseguição inútil. Na modernidade "líquida" mandam os mais escapadiços, os que são livres para se mover de modo imperceptível.

Karl Polanyi (em *A grande transformação: a origem política e econômica de nosso tempo,* publicado em 1944) proclamou a ficção do tratamento do trabalho como "mercadoria" e desenvolveu as consequências do arranjo social fundado nessa ficção. O trabalho, observou Polanyi, não pode ser uma mercadoria (pelo menos não uma mercadoria como as outras), dado que não pode ser vendido ou comprado separado de seus portadores. O trabalho sobre o qual Polanyi escrevia era de fato trabalho *incorporado:* trabalho que não podia ser movido sem mover os corpos dos trabalhadores. Só se podia alugar e empregar trabalho humano junto com o resto dos corpos dos trabalhadores, e a inércia dos corpos alugados punha limites à liberdade dos empregadores. Para supervisionar o trabalho e canalizá-lo conforme o projeto era preciso administrar e vigiar os trabalhadores; para controlar o processo de trabalho era preciso controlar os trabalhadores. Esse requisito colocou o capital e o trabalho face a face e, para o bem ou para o mal, os manteve juntos. O resultado foi muito conflito, mas também muita acomodação mútua: ácidas acusações, lutas amargas e pouco amor perdido, mas também um tremendo engenho na formulação de regras de convívio razoavelmente satisfatórias ou apenas suportáveis. Revoluções e o Estado de bem-estar foram o resultado não previsto mas inevitável da condição que impedia a separação como opção factível e viável.

Vivemos agora uma outra "grande transformação", e um de seus aspectos mais visíveis é um fenômeno que é o exato oposto da condição que Polanyi supunha: a "descorporificação" daquele tipo de trabalho humano que serve como principal fonte de nutrição, ou campo de pastagem, para o capital contemporâneo.

Instalações de vigilância e treinamento *à la* Panóptico, volumosas, confusas e desajeitadas, não são mais necessárias. O trabalho foi libertado do Panóptico, mas, o que é mais importante, o capital se livrou do peso e dos custos exorbitantes de mantê-lo; o capital ficou livre da tarefa que o prendia e o forçava ao enfrentamento direto com os agentes explorados em nome de sua reprodução e engrandecimento.

O trabalho sem corpo da era do *software* não mais amarra o capital: permite ao capital ser extraterritorial, volátil e inconstante. A descorporificação do trabalho anuncia a ausência de peso do capital. Sua dependência mútua foi unilateralmente rompida: enquanto a capacidade do trabalho é, como antes, incompleta e irrealizável isoladamente, o inverso não mais se aplica. O capital viaja esperançoso, contando com breves e lucrativas aventuras e confiante em que não haverá escassez delas ou de parceiros com quem compartilhá-las. O capital pode viajar rápido e leve, e sua leveza e mobilidade se tornam as fontes mais importantes de incerteza para todo o resto. Essa é hoje a principal base da dominação e o principal fator das divisões sociais.

Volume e tamanho deixam de ser recursos para se tornar riscos. Para os capitalistas que preferem trocar maciços prédios de escritórios por cabines em balões, flutuar é o mais lucrativo e desejado dos recursos; e a melhor maneira de garantir a flutuação é jogar pela amurada todo peso não vital, deixando os membros não indispensáveis da tripulação em terra. Um dos itens mais embaraçosos do lastro de que é preciso livrar-se é a onerosa tarefa da administração e supervisão de uma equipe grande – tarefa que tem a tendência irritante de crescer incessantemente e aumentar de peso com a adição de camadas sempre novas de compromissos e obrigações. Se a "ciência da administração" do capitalismo pesado se centrava em conservar a "mão de obra" e forçá-la ou suborná-la a permanecer de prontidão e trabalhar segundo os prazos, a arte da administração na era do capitalismo leve consiste em manter afastada a "mão de obra humana" ou, melhor ainda, forçá-la a sair. Encontros breves substituem engajamentos duradouros. Não se faz uma plantação de limoeiros para espremer um limão.

O equivalente gerencial da lipoaspiração se tornou o principal estratagema da arte de administrar: emagrecer, reduzir de tamanho *(downsizing)*, superar, fechar ou vender algumas unidades porque não são suficientemente eficazes, e outras porque é mais barato deixar que lutem por sua conta pela sobrevivência do que assumir a tarefa cansativa e demorada da supervisão gerencial, são as principais aplicações dessa nova arte.

Alguns observadores se apressaram a concluir que "maior" não é mais considerado "mais eficiente". Nessa apresentação muito geral, porém, a conclusão não é correta. A obsessão pela redução de tamanho é um complemento inseparável da mania das fusões. Os melhores jogadores nesse campo são conhecidos por negociar ou forçar fusões para adquirir mais espaço para operações de redução de tamanho, ao mesmo tempo em que a redução "até o osso" dos ativos é amplamente aceita como precondição fundamental para o sucesso dos planos de fusão. Fusões e redução de tamanho não se contrapõem; ao contrário, se condicionam e reforçam mutuamente. É um paradoxo apenas aparente: a contradição aparente se dissolve se considerarmos uma "nova e melhorada" apresentação do princípio de Michel Crozier. É a mistura de estratégias de fusão e redução de tamanho que oferece ao capital e ao poder financeiro o espaço para se mover rapidamente, tornando a amplitude de sua viagem cada vez mais global, ao mesmo tempo em que priva o trabalho de seu poder de barganha e de ruído, imobilizando-o e atando suas mãos ainda mais firmemente.

A fusão prenuncia uma corda mais longa para o capital esguio, flutuante, ao estilo Houdini, que transformou a evasão e a fuga nos maiores veículos de sua dominação, substituiu compromissos duradouros por negócios de curto prazo e encontros fugazes, mantendo sempre aberta a possibilidade do "ato de desaparecimento". O capital ganha mais campo de manobra – mais abrigos para esconder-se, maior matriz de permutações possíveis, mais amplo sortimento de transformações disponíveis, e portanto mais força para manter o trabalho que emprega sob controle, juntamente com a capacidade de lavar as mãos das consequências devastadoras de sucessivas rodadas de redução de tamanho; essa é a cara contemporânea da dominação – sobre aqueles que já foram atingidos e sobre os que temem estar na fila para golpes futuros. Como a Associação Norte-Americana de Administração aprendeu com um estudo que comissionou, "o moral e a motivação dos trabalhadores caiu acentuadamente depois de vários arrochos de redução de tamanho. Os trabalhadores sobreviventes esperavam pelo novo golpe de foice em vez de exultarem com a vitória sobre os demitidos".[23]

A competição pela sobrevivência certamente não é apenas o destino dos trabalhadores – ou, de maneira mais geral, de todos os que estão do lado que sofre a mudança da relação entre tempo e espaço. Ela domina de alto a baixo a empresa obcecada com a "dieta de emagrecimento". Os gerentes devem reduzir o tamanho de setores que empregam trabalhadores para continuar vivos; a alta gerência deve reduzir o tamanho de seus escritórios para merecer o reconhecimento das bolsas, ganhar os votos dos acionistas e garantir o direito aos cumprimentos quando completar a rodada de cortes. Depois de começada, a tendência "ao emagrecimento" ganha força própria. A tendência se torna autopropelida e autoacelerada, e (como os empresários perfeccionistas de Max Weber, que não mais precisavam das exortações de Calvino ao arrependimento) o motivo original – maior eficiência – torna-se cada vez mais irrelevante; o medo de perder o jogo da competição, de ser ultrapassado, deixado para trás ou excluído dos negócios é suficiente para manter o jogo da fusão/redução de tamanho. Esse jogo se torna cada vez mais seu próprio propósito e sua própria recompensa; melhor ainda, o jogo já não precisa de um propósito, se continuar nele for sua única recompensa.

Vida instantânea

Richard Sennett foi durante muitos anos um observador regular do encontro mundial dos poderosos, realizado anualmente em Davos. O tempo e o dinheiro gastos nas viagens a Davos deram belo retorno; Sennett trouxe de suas escapadas uma série de percepções sobre os motivos e traços de caráter que movimentam os principais atores no jogo global de hoje. A julgar por seu relato,[24] Sennett ficou particularmente impressionado pela personalidade, desempenho e pelo credo publicamente articulado de Bill Gates. Gates, diz Sennett, "parece livre da obsessão de agarrar-se às coisas. Seus produtos surgem furiosamente para desaparecer tão rápido como apareceram, enquanto Rockefeller queria possuir oleodutos, prédios, máquinas ou estradas de ferro por longo tempo". Gates repetidamente declarou preferir "colocar-se numa rede de possibilidades a paralisar-se num trabalho particular". O que mais chamou a atenção de Sennett parece ter sido o desejo explícito de Gates de "destruir o que fizera diante das demandas do momento imediato". Gates parecia um jogador que "floresce em meio ao deslocamento". Tinha cuidado em não desenvolver apego (e especialmente apego sentimental) ou compromisso duradouro com nada, inclusive suas próprias criações. Não tinha medo de tomar o caminho errado, pois nenhum caminho o manteria na mesma direção por muito tempo e porque voltar atrás ou para o outro lado eram opções constante e instantaneamente disponíveis. Pode-se dizer que, com exceção da crescente gama de oportunidades acessíveis, nada mais se acumulava ou aumentava na trilha da vida de Gates; os trilhos continuavam a ser desmontados à medida que a locomotiva avançava alguns metros; as pegadas eram apagadas, as coisas eram descartadas tão rapidamente como tinham sido colhidas – e logo esquecidas.

Anthony Flew cita um dos personagens de Woody Allen: "Eu não quero a imortalidade por minha obra, eu quero alcançar a imortalidade não morrendo."[25] Mas o sentido da imortalidade deriva do sentido atribuído à vida sabidamente mortal; a preferência por "não morrer" não é tanto uma escolha de outra forma de imortalidade (uma alternativa à "imortalidade pela obra"), mas uma declaração de despreocupação com a eterna duração em favor do *carpe diem*. A indiferença em relação à duração transforma a imortalidade de uma ideia numa experiência e faz dela um objeto de consumo imediato: é o modo como se vive o momento que faz desse momento uma "experiência imortal". Se a "infinitude" sobrevive à transmutação, é apenas como medida da profundidade ou intensidade da *Erlebnis*. O ilimitado das sensações possíveis ocupa o lugar que era ocupado nos sonhos pela duração infinita. A instantaneidade (anulação da resistência do espaço e liquefação da materialidade dos objetos) faz com que cada momento pareça ter capacidade infinita; e a capacidade infinita significa que não há limites ao que pode ser extraído de qualquer momento – por mais breve e "fugaz" que seja.

O "longo prazo", ainda que continue a ser mencionado, por hábito, é uma concha vazia sem significado; se o infinito, como o tempo, é instantâneo, para ser usado no ato e descartado imediatamente, então "mais tempo" adiciona pouco ao que o momento já ofereceu. Não se ganha muito com considerações de "longo prazo". Se a modernidade sólida punha a duração eterna como principal motivo e princípio da ação, a modernidade "fluida" não tem função para a duração eterna. O "curto prazo" substituiu o "longo prazo" e fez da instantaneidade seu ideal último. Ao mesmo tempo em que promove o tempo ao posto de contêiner de capacidade infinita, a modernidade fluida dissolve – obscurece e desvaloriza – sua duração.

Há 20 anos Michael Thompson publicou um estudo pioneiro do tortuoso destino histórico da distinção durável/transitório.[26] Objetos "duráveis" se destinam a ser preservados por muito e muito tempo; eles chegam a incorporar tanto quanto possível a noção abstrata e etérea de eternidade; de fato, a imagem de eternidade é extrapolada da postulada ou projetada antiguidade dos "duráveis". Atribui-se aos objetos duráveis um valor especial, e eles são cobiçados e estimados por sua associação com a imortalidade – valor último, "naturalmente" desejado e que não requer argumentos para ser abraçado. O oposto dos objetos "duráveis" são os "transitórios", destinados a serem usados – consumidos – e a desaparecer no processo de seu consumo. Thompson observa que "aquelas pessoas próximas do topo ... podem garantir que seus próprios objetos sejam sempre duráveis e os dos outros sejam sempre transitórios ... Elas não podem perder." Thompson supõe que o desejo de "tornar duráveis seus próprios objetos" é uma constante das "pessoas próximas do topo"; talvez o que as coloque lá seja mesmo essa capacidade de tornar os objetos duráveis, de acumulá-los, mantê-los e assegurá-los contra roubo e deterioração; mais ainda: de monopolizá-los.

Esses pensamentos tinham uma aura de verdade (ou pelo menos de credibilidade) entre as realidades da modernidade sólida. Sugiro, entretanto, que o advento da modernidade fluida subverteu radicalmente essa credibilidade. É a capacidade, como a de Bill Gates, de encurtar o espaço de tempo da durabilidade, de esquecer o "longo prazo", de enfocar a manipulação da transitoriedade em vez da durabilidade, de dispor levemente das coisas para abrir espaço para outras igualmente transitórias e que deverão ser utilizadas instantaneamente, que é o privilégio dos de cima e que faz com que estejam por cima. Manter as coisas por longo tempo, além de seu prazo de "descarte" e além do momento em que seus "substitutos novos e aperfeiçoados" estiverem em oferta é, ao contrário, sintoma de privação. Uma vez que a infinidade de possibilidades esvaziou a infinitude do tempo de seu poder sedutor, a durabilidade perde sua atração e passa de um recurso a um risco. Talvez seja mais adequado observar que a própria linha de demarcação entre o "durável" e o "transitório", outrora foco de disputa e engenharia, foi substituída pela polícia de fronteiras e por batalhões de construtores.

A desvalorização da imortalidade não pode senão anunciar uma rebelião cultural, defensavelmente o marco mais decisivo na história cultural humana. A passagem do capitalismo pesado ao leve, da modernidade sólida à fluida, pode vir a ser um ponto de inflexão mais radical e rico que o advento mesmo do capitalismo e da modernidade, vistos anteriormente como os marcos cruciais da história humana, pelo menos desde a revolução neolítica. De fato, em toda a história humana o trabalho da cultura consistiu em peneirar e sedimentar duras sementes de perpetuidade a partir de transitórias vidas humanas e de ações humanas fugazes, em invocar a duração a partir da transitoriedade, a continuidade a partir da descontinuidade, e em assim transcender os limites impostos pela mortalidade humana, utilizando homens e mulheres mortais a serviço da espécie humana imortal. A demanda por esse tipo de trabalho está diminuindo hoje em dia. As consequências dessa demanda em queda estão para ser vistas e são difíceis de visualizar de antemão, pois não há precedentes a lembrar ou em que se apoiar.

A nova instantaneidade do tempo muda radicalmente a modalidade do convívio humano – e mais conspicuamente o modo como os humanos cuidam (ou não cuidam, se for o caso) de seus afazeres coletivos, ou antes o modo como transformam (ou não transformam, se for o caso) certas questões em questões coletivas.

A "teoria da escolha pública", que hoje faz avanços impressionantes na ciência política, captou corretamente a nova inflexão (ainda que – como frequentemente acontece quando novas práticas humanas montam um novo cenário para a imaginação humana – tenha se apressado em generalizar desenvolvimentos relativamente recentes como a verdade eterna da condição humana, supostamente desapercebida ou negligenciada pela "pesquisa anterior"). Segundo Gordon Tullock, um dos mais importantes promotores da nova moda teórica, "a nova abordagem começa supondo que os eleitores são muito parecidos com consumidores e que os políticos são muito parecidos com homens de negócios". Cético em relação ao valor da teoria da "escolha pública", Leif Lewin comentou, cáustico, que os pensadores da escola da "escolha pública" "retratam o homem político como ... um homem das cavernas míope". Lewin pensa que isso está inteiramente errado. Pode ter sido verdade na época dos trogloditas, "antes que o homem 'descobrisse o amanhã' e aprendesse a fazer cálculos de longo prazo", mas não agora, em nossos tempos modernos, quando todos sabemos, ou pelo menos a maioria, tanto eleitores como políticos, que "amanhã nos encontraremos novamente" e, portanto, a credibilidade é "o recurso mais valioso do político"[27] (enquanto a atribuição da confiança, podemos acrescentar, é a arma mais zelosamente utilizada pelo eleitor). Para apoiar sua crítica da teoria da "escolha pública", Lewin cita numerosos estudos empíricos que mostram que poucos eleitores votam pensando em seus bolsos, e a maioria deles declara que o que guia seu comportamento eleitoral é o estado do país como um todo. Isso é, diz Lewin, o que se poderia esperar; isso é, sugiro eu, o que os eleitores entrevistados acharam que se esperava que eles dissessem e o que seria adequado. Se considerarmos a notória disparidade entre o que fazemos e como narramos nossas ações, não rejeitaríamos de uma vez as afirmações dos teóricos da "escolha pública" (o que é diferente de aceitar sua validade universal e atemporal). Nesse caso, sua teoria pode ter ganhado percepção ao se livrar do que foi tomado, acriticamente, como "dado empírico".

É verdade que "uma vez" os homens das cavernas "descobriram o amanhã". Mas a história é tanto um processo de esquecer como de aprender, e a memória é famosa por sua seletividade. Talvez nos "encontremos novamente amanhã". Mas talvez não, ou então o "nós" que nos encontraremos amanhã não seja o mesmo "nós" de há pouco. Se for esse o caso, a credibilidade e a atribuição de confiança serão recursos ou riscos?

Lewin lembra a parábola dos caçadores de veados de Rousseau. Antes que os homens "descobrissem o amanhã" – corre a história – poderia acontecer que um caçador, em vez de esperar pacientemente que o veado surgisse da floresta, se distraísse, por causa da fome, com um coelho que passava, a despeito de que sua cota de carne do veado caçado em conjunto fosse ser muito maior que o coelho. É verdade. Mas também acontece que hoje poucas equipes de caça se mantêm unidas pelo tempo que o veado leva para aparecer, de modo que quem coloca sua fé nos benefícios do empreendimento conjunto pode sofrer amarga decepção. E também acontece que, diferentemente dos veados que, para serem alcançados e capturados, requerem caçadores que cerrem fileiras, mantenham-se ombro a ombro e ajam solidariamente, os coelhos, adequados ao consumo individual, são muitos e diferentes, e demandam pouco tempo para serem caçados, escalpelados e cozidos. Essas são também descobertas – *novas* descobertas, talvez tão férteis em consequências como uma vez o foi a "descoberta do amanhã".

A "escolha racional" na era da instantaneidade significa *buscar a gratificação evitando as consequências,* e particularmente as responsabilidades que essas consequências podem implicar. Traços duráveis da gratificação de hoje hipotecam as chances das gratificações de amanhã. A duração deixa de ser um recurso para tornar-se um risco; o mesmo pode ser dito de tudo o que é volumoso, sólido e pesado – tudo o que impede ou restringe o movimento. Gigantescas plantas industriais e corpos volumosos tiveram seu dia: outrora testemunhavam o poder e a força de seus donos; hoje anunciam a derrota na próxima rodada de aceleração e assim sinalizam a impotência. Corpo esguio e adequação ao movimento, roupa leve e tênis, telefones celulares (inventados para o uso dos nômades que têm que estar "constantemente em contato"), pertences portáteis ou descartáveis – são os principais objetos culturais da era da instantaneidade. Peso e tamanho, e acima de tudo a gordura (literal ou metafórica) acusada da expansão de ambos, compartilham o destino da durabilidade. São os perigos que devemos temer e contra os quais devemos lutar; melhor ainda, manter distância.

É difícil conceber uma cultura indiferente à eternidade e que evita a durabilidade. Também é difícil conceber a moralidade indiferente às consequências das ações humanas e que evita a responsabilidade pelos efeitos que essas ações podem ter sobre outros. O advento da instantaneidade conduz a cultura e a ética humanas a um território não mapeado e inexplorado, onde a maioria dos hábitos aprendidos para lidar com os afazeres da vida perdeu sua utilidade e sentido. Na famosa frase de Guy Debord, "os homens se parecem mais com seus tempos que com seus pais". E os homens e mulheres do presente se distinguem de seus pais vivendo num presente "que quer esquecer o passado e não parece mais acreditar no futuro"[28]. Mas a memória do passado e a confiança no futuro foram até aqui os dois pilares em que se apoiavam as pontes culturais e morais entre a transitoriedade e a durabilidade, a mortalidade humana e a imortalidade das realizações humanas, e também entre assumir a responsabilidade e viver o momento.

. 4 .

Trabalho

A Prefeitura de Leeds, cidade em que passei os últimos 30 anos, é um monumento majestoso às enormes ambições e autoconfiança dos capitães da Revolução Industrial. Construída em meados do século XIX, grandiosa e rica, pesada e em pedra, foi feita para durar para sempre, como o Partenon e os templos egípcios cuja arquitetura imita. Contém, como peça central, uma enorme sala de assembleias onde os cidadãos deviam se encontrar regularmente para debater e decidir os próximos passos na direção da maior glória da cidade e do Império Britânico. Sob o teto desse salão estão detalhadas em letras douradas e púrpura as regras que devem guiar quem quer que se junte a essa caminhada. Entre os princípios sacrossantos da ética burguesa segura e assertiva, como "honestidade é a melhor política", *"auspicium melioris aevi"* ou "lei e ordem", um preceito chama atenção por sua firme e segura brevidade: "Para frente". Ao contrário do visitante contemporâneo da Prefeitura, os antigos cidadãos que compuseram o código não terão tido dúvidas sobre seu significado. Seguramente não sentiram necessidade de perguntar o sentido da ideia de "andar para frente", chamada "progresso". Eles sabiam a diferença entre "para frente" e "para trás". E podiam dizer que sabiam porque *praticavam* a ação que fazia a diferença: ao lado do "para frente" outro preceito foi pintado em dourado e púrpura – *"labor omnia vincit"*. "Para frente" era o destino, o trabalho era o veículo que os conduziria, e os antigos cidadãos que se encarregaram da Prefeitura tinham sentimentos suficientemente fortes para persistir na frilha o tempo necessário para alcançar seu destino.

Em 25 de maio de 1916, Henry Ford dizia ao correspondente da *Chicago Tribune*:

> A história é mais ou menos uma bobagem. Nós não queremos tradição. Queremos viver no presente, e a única história digna de interesse é a história que fazemos hoje.

Ford era famoso por dizer em alto e bom som o que outros pensariam duas vezes antes de admitir. Progresso? Não se pense nele como "obra da história". É obra *nossa, de nós,* que vivemos no presente. A única história que conta é a que ainda não está feita, mas está sendo feita neste momento e se destina a ser feita: é *o futuro,* do qual outro americano pragmático e objetivo, Ambrose Bierce, escrevera dez anos antes em seu *Devil's Dictionary* que é "o tempo quando nossos negócios prosperam, nossos amigos são verdadeiros e nossa felicidade está assegurada".

A autoconfiança moderna deu um brilho inteiramente novo à eterna curiosidade humana sobre o futuro. As utopias modernas nunca foram meras profecias, e menos ainda sonhos inúteis: abertamente ou de modo encoberto, eram tanto declarações de intenções quanto expressões de fé em que o que se desejava podia e devia ser realizado. O futuro era visto como os demais produtos nessa sociedade de produtores: alguma coisa a ser pensada, projetada e acompanhada em seu processo de produção. O futuro era a criação do trabalho, e o trabalho era a fonte de toda criação. Ainda em 1967, Daniel Bell escreveu que

> toda sociedade hoje está conscientemente comprometida com o crescimento econômico, com a elevação do padrão de vida de seu

povo, e *portanto* [o grifo é meu] com o planejamento, direção e controle da mudança social. O que faz os estudos atuais tão completamente diferentes dos anteriores é que eles se orientam para propósitos específicos de política social; e junto com essa nova dimensão são formulados, autoconscientemente, por uma nova metodologia que promete oferecer fundamentos mais confiáveis para alternativas e escolhas realistas ...[1]

Ford teria proclamado triunfante o que Pierre Bourdieu notou recentemente com tristeza: para dominar o futuro é preciso estar com os pés firmemente plantados no presente.[2] Os que mantêm o presente nas mãos têm confiança de que serão capazes de forçar o futuro a fazer com que seus negócios prosperem, e por essa mesma razão podem ignorar o passado; eles, e somente eles, podem tratar a história passada como "bobagem", que se traduz, em termos mais elegantes, como "sem sentido" ou "mistificação". Ou, pelo menos, dar ao passado tanta atenção quanto as coisas desse tipo merecem. O progresso não eleva ou enobrece a história. O "progresso" é uma declaração da crença de que a história não conta e da resolução de deixá-la fora das contas.

Progresso e fé na história

Esta é a questão: o "progresso" não representa qualquer qualidade da história, mas *a autoconfiança do presente*. O sentido mais profundo, talvez único, do progresso é feito de duas crenças interrelacionadas – de que "o tempo está do nosso lado", e de que "somos nós que fazemos acontecer". As duas crenças vivem juntas e morrem juntas – e continuarão a viver enquanto o poder de fazer com que as coisas aconteçam encontrar sua corroboração diária nos feitos das pessoas que as professam. Como diz Alain Peyrefitte, "o único recurso capaz de transformar um deserto na terra de Canaã é a confiança mútua das pessoas, e a crença de todos no futuro que compartilharão".[3] Tudo o mais que possamos querer dizer ou ouvir sobre a "essência" da ideia de progresso é um esforço compreensível, ainda que fútil e equivocado, de "ontologizar" aquele sentimento de fé e autoconfiança.

A história é uma marcha em direção a uma vida melhor e de mais felicidade? Se isso fosse verdade, como o saberíamos? Nós, que o dizemos, não vivemos no passado; os que viveram no passado não vivem hoje. Quem, então, fará a comparação? Quer fujamos para o futuro (como o Anjo da História de Benjamin/Klee), repelidos e empurrados pelos horrores do passado, quer nos apressemos em direção a ele (como a mais sanguínea que dramática versão *whig* da história gostaria que acreditássemos), atraídos e puxados pela esperança de que "nossos negócios prosperarão", a única "evidência" que temos é o jogo da memória e da imaginação, e o que as liga ou as separa é nossa autoconfiança ou sua ausência. Para as pessoas que confiam em seu poder de mudar as coisas, o "progresso" é um axioma. Para as que sentem que as coisas lhes escapam das mãos, a ideia de progresso não ocorre, e seria risível se ouvida. Entre as duas condições polares, há pouco espaço para um debate *sine ira et studio,* para não falar de consenso. Henry Ford talvez aplicasse ao progresso uma opinião semelhante à que expressou sobre o exercício: "Exercício é bobagem. Se você for saudável, não precisa dele; se for doente, não o fará."

Mas se a autoconfiança – o sentimento tranquilizador de que se está "firme no presente" – é o único fundamento em que a fé no progresso se apoia, então não surpreende que em nossos tempos a fé seja oscilante e fraca. E as razões por que isso se dá não são difíceis de encontrar.

Primeiro, a notável ausência de uma *agência* capaz de "mover o mundo para frente". A mais pungente e menos respondível das questões dos nossos tempos de modernidade líquida não é "o que fazer?" (para tornar o mundo melhor ou mais feliz), mas "quem vai fazê-lo?" Kenneth Jowitt[4] anunciou o colapso do "discurso de Joshua", que até recentemente costumava dar forma a nosso pensamento sobre o mundo e suas perspectivas, e que considerava o mundo como "centralmente organizado, rigidamente cercado e histericamente preocupado com fronteiras impenetráveis". Num tal mundo, as dúvidas sobre a agência dificilmente surgiriam: afinal, o mundo do "discurso de Joshua" era pouco mais que uma conjunção entre uma agência poderosa e os resíduos/efeitos de suas ações. Essa imagem tinha um fundamento epistemológico sólido que compreendia entidades tão sólidas, inabaláveis e irredutíveis como a fábrica fordista e os Estados soberanos (soberanos se não na realidade, pelo menos em sua ambição e determinação) capazes de projetar e de administrar a ordem.

Esse fundamento da fé no progresso é hoje visível principalmente por suas rachaduras e fissuras. Os mais sólidos e menos questionáveis de seus elementos estão perdendo seu caráter compacto junto com sua soberania, credibilidade e confiabilidade. A fadiga do Estado moderno é talvez sentida de modo mais agudo, pois significa que o poder de estimular as pessoas ao trabalho – o poder de fazer coisas – é tirado da política, que costumava decidir que tipos de coisas deveriam ser feitas e quem as deveria fazer. Embora todas as agências da vida política permaneçam onde a "modernidade líquida" as encontrou, presas como antes a suas respectivas localidades, o poder flui bem além de seu alcance. A nossa experiência é semelhante à dos passageiros que descobrem, bem alto no céu, que a cabine do piloto está vazia. Para citar Guy Debord, "o centro de controle tornou-se oculto: nunca mais será ocupado por um líder conhecido ou por uma ideologia clara".[5]

Segundo, fica cada vez menos claro o que a agência – qualquer agência – deveria fazer para aperfeiçoar o mundo, no improvável caso de que tenha força para tanto. As imagens de uma sociedade feliz pintadas em muitas cores e por muitos pincéis no curso dos dois últimos séculos provaram-se sonhos inatingíveis ou (naqueles casos em que sua chegada foi anunciada) impossíveis de viver. Cada forma de projeto social mostrou-se capaz de produzir tanto tristeza quanto felicidade, senão mais. Isso se aplica em igual medida aos dois principais antagonistas

– o hoje falido marxismo e o hoje esperançoso liberalismo econômico. (Como Peter Drucker, reconhecidamente defensor do Estado liberal, observou em 1989, "também o *laissez-faire* prometia a 'salvação pela sociedade': remover todos os obstáculos à busca do ganho individual produziria ao final uma sociedade perfeita, ou pelo menos a melhor possível" – e por essa razão sua bravata não pode ser levada a sério.) Quanto aos outros competidores, a questão colocada por François Lyotard, "que tipo de pensamento seria capaz de superar Auschwitz num processo geral em direção à emancipação universal", continua sem resposta, e assim permanecerá. Já passou o auge do discurso de Joshua: todas as visões já pintadas de um mundo feito sob medida parecem não palatáveis, e as que ainda não foram pintadas são suspeitas *a priori*. Viajamos agora sem uma ideia de destino que nos guie, não procuramos uma boa sociedade nem estamos muito certos sobre o que, na sociedade em que vivemos, nos faz inquietos e prontos para correr. O veredicto de Peter Drucker – "não mais salvação pela sociedade … Quem quer que hoje proclame a 'Grande Sociedade', como Lyndon Baines Johnson fez apenas 20 anos atrás, deveria ser posto para fora da sala sob gargalhadas"[6] – captou sem erro o espírito do tempo.

O encantamento moderno com o progresso – com a vida que pode ser "trabalhada" para ser mais satisfatória do que é, e destinada a ser assim aperfeiçoada – ainda não terminou, e não é provável que termine tão cedo. A modernidade não conhece outra vida senão a vida "feita": a vida dos homens e mulheres modernos é uma tarefa, não algo determinado, e uma tarefa ainda incompleta, que clama incessantemente por cuidados e novos esforços. Quando nada, a condição humana no estágio da modernidade "fluida" ou do capitalismo "leve" tornou essa modalidade de vida ainda mais visível: o progresso não é mais uma medida temporária, uma questão transitória, que leva eventualmente (e logo) a um estado de perfeição (isto é, um estado em que o que quer que devesse ser feito terá sido feito e não será necessária qualquer mudança adicional), mas um desafio e uma necessidade perpétua e talvez sem fim, o verdadeiro significado de "permanecer vivo e bem".

Se, no entanto, a ideia de progresso em sua encarnação presente parece tão pouco familiar que chegamos a nos perguntar se ainda a mantemos, é porque o progresso, como tantos outros parâmetros da vida moderna, está agora "individualizado"; mais precisamente – *desregulado* e *privatizado*. Está agora desregulado – porque as ofertas de "elevar de nível" as realidades presentes são muitas e diversas e porque a questão "uma novidade particular significa de fato um aperfeiçoamento?" foi deixada à livre competição antes e depois de sua introdução, e permanecerá em disputa mesmo depois de feita a escolha. E está privatizada porque a questão do aperfeiçoamento não é mais um empreendimento coletivo, mas individual; são os homens e mulheres individuais que a suas próprias custas deverão usar, individualmente, seu próprio juízo, recursos e indústria para elevar-se a uma condição mais satisfatória e deixar para trás qualquer aspecto de sua condição presente de que se ressintam. Como disse Ulrich Beck em sua advertência sobre a *Risikogeselschaft,*

> a tendência é o surgimento de formas e condições de existência individualizadas, que compelem as pessoas – para sua própria sobrevivência material – a se tornarem o centro de seu próprio planejamento e condução da vida ... De fato, é preciso escolher e mudar a própria identidade social, e assumir os riscos de fazê-lo ... *O próprio indivíduo se torna a unidade de reprodução do social no mundo da vida.*[7]

A questão da *exequibilidade* do progresso, seja ela vista como destino da espécie ou tarefa do indivíduo, permanece como estava antes que se instalassem a desregulação e a privatização – e exatamente como articulada por Pierre Bourdieu: para projetar o futuro, é preciso estar firmemente plantado no presente. A única novidade aqui é que o que importa é a ancoragem do indivíduo em seu próprio presente. E para muitos dos contemporâneos, talvez a maioria, sua ancoragem no presente é, na melhor das hipóteses, instável, e muitas vezes prima pela ausência. Vivemos num mundo de flexibilidade universal, sob condições de *Unsicherheit* aguda e sem perspectivas, que penetra todos os aspectos da vida individual – tanto as fontes da sobrevivência quanto as parcerias do amor e do interesse comum, os parâmetros da identidade profissional e cultural, os modos de apresentação do eu em público e os padrões de saúde e aptidão, valores a serem perseguidos e o modo de persegui-los. São poucos os portos seguros da fé, que se situam a grandes intervalos, e a maior parte do tempo a fé flutua sem âncora, buscando em vão enseadas protegidas das tempestades. Todos aprendemos às nossas próprias custas que mesmo os planos mais cuidadosos e elaborados têm a desagradável tendência de frustrar-se e produzir resultados muito distantes do esperado; que nossos ingentes esforços de "pôr ordem nas coisas" frequentemente resultam em mais caos, desordem e confusão; e que nosso trabalho para eliminar o acidente e a contingência é pouco mais que um jogo de azar.

Fiel a seus hábitos, a ciência prontamente seguiu a sugestão da nova experiência histórica e refletiu o espírito emergente na proliferação de teorias científicas do caos e da catástrofe. Outrora movida pela crença de que "Deus não joga dados", de que o universo é essencialmente determinístico e de que a tarefa humana é fazer um inventário completo de suas leis, de modo que se pare de tatear no escuro e que a ação humana seja acertada e precisa, a ciência contemporânea voltou-se para o reconhecimento da natureza endemicamente indeterminística do mundo, do enorme papel desempenhado pelo azar, e para a excepcionalidade, não a normalidade, da ordem e do equilíbrio. Também fiéis a seus hábitos, os cientistas trazem as notícias cientificamente processadas de volta ao domínio onde pela primeira vez as intuíram: para o mundo das questões humanas e da ação humana. E assim lemos, por exemplo, na popular e influente apresentação que David Ruelle faz da filosofia inspirada pela ciência contemporânea, que "a ordem determinística cria uma desordem do azar":

> Tratados de economia ... dão a impressão de que o papel dos legisladores e membros responsáveis do governo é encontrar e implementar um equilíbrio particularmente favorável para a comunidade. Exemplos do caos na física nos ensinam, contudo, que, em vez de levarem a um equilíbrio, certas situações dinâmicas ativam desenvolvimentos temporariamente caóticos e imprevisíveis. Os legisladores e governantes responsáveis devem, portanto, considerar a possibilidade de que suas decisões, que buscam produzir um equilíbrio melhor, poderão produzir em vez disso oscilações violentas e imprevistas, com efeitos possivelmente desastrosos.[8]

Quaisquer que tenham sido as virtudes que fizeram o trabalho ser elevado ao posto de principal valor dos tempos modernos, sua maravilhosa, quase mágica, capacidade de dar forma ao informe e duração ao transitório certamente está entre elas. Graças a essa capacidade, foi atribuído ao trabalho um papel principal, mesmo decisivo, na moderna ambição de submeter, encilhar e colonizar o futuro, a fim de substituir o caos pela ordem e a contingência pela previsível (e portanto controlável) sequência dos eventos. Ao trabalho foram atribuídas muitas virtudes e efeitos benéficos, como, por exemplo, o aumento da riqueza e a eliminação da miséria; mas subjacente a todos os méritos atribuídos estava sua suposta contribuição para o estabelecimento da ordem, para o ato histórico de colocar a espécie humana no comando de seu próprio destino.

O "trabalho" assim compreendido era a atividade em que se supunha que a humanidade como um todo estava envolvida por seu destino e natureza, e não por escolha, ao fazer história. E o "trabalho" assim definido era um esforço coletivo de que cada membro da espécie humana tinha que participar. O resto não passava de consequência: colocar o trabalho como "condição natural" dos seres humanos, e estar sem trabalho como anormalidade; denunciar o afastamento dessa condição natural como causa da pobreza e da miséria, da privação e da depravação; ordenar homens e mulheres de acordo com o suposto valor da contribuição de seu trabalho ao empreendimento da espécie como um todo; e atribuir ao trabalho o primeiro lugar entre as atividades humanas, por levar ao aperfeiçoamento moral e à elevação geral dos padrões éticos da sociedade.

Quando a *Unsicherheit* se torna permanente e é vista como tal, o estar-no-mundo é sentido menos como uma cadeia de ações legal, obediente, lógica, consistente e cumulativa, e mais como um jogo, em que o "mundo lá fora" é um dos jogadores e se comporta como todos os jogadores, mantendo as cartas fechadas junto ao peito. Como em qualquer outro jogo, os planos para o futuro tendem a se tornar transitórios e inconstantes, não passando de uns poucos movimentos à frente.

Como um estado de perfeição última não está para aparecer no horizonte dos esforços humanos, e como a fé na eficácia a toda prova de qualquer esforço não existe, não faz muito sentido a ideia de uma ordem "total" a ser erigida andar por andar num esforço controlado, consistente e proposital. Quanto menor é a firmeza no presente, tanto menos o "futuro" pode ser integrado no projeto. Lapsos de tempo rotulados de "futuro" encurtam, e a duração da vida como um todo é fatiada em episódios considerados "um de cada vez". A continuidade não é mais marca de aperfeiçoamento. A natureza outrora cumulativa e de longo prazo do progresso está cedendo lugar a demandas dirigidas a cada episódio em separado: o mérito de cada episódio deve ser revelado e consumido inteiramente antes mesmo que ele termine e que o próximo comece. Numa vida guiada pelo preceito da flexibilidade, as estratégias e planos de vida só podem ser de curto prazo.

Jacques Attali sugeriu recentemente que é a imagem do labirinto que hoje domina, ainda que sub-repticiamente, nossas ideias sobre o futuro e nossa própria participação nele; essa imagem se torna o principal espelho em que nossa civilização se contempla, no presente estágio. O labirinto como alegoria da condição humana foi a mensagem transmitida pelos nômades aos sedentários. Os milênios passaram, e os sedentários ganharam a autoconfiança e a coragem para enfrentar o desafio do destino labiríntico. "Em todas as línguas europeias", observa Attali, "a palavra *labirinto* passa a ser sinônimo de complexidade artificial, escuridão inútil, sistema tortuoso, selva impenetrável. *Clareza* se torna sinônimo de lógica."

Os sedentários se dedicaram a tornar transparentes as paredes, endireitar e sinalizar as passagens tortuosas, iluminar os corredores. Também produziram guias e instruções claras e não ambíguas para uso dos futuros passantes, indicando que rumo tomar e evitar nas encruzilhadas. Fizeram tudo isso para descobrir no final que o labirinto está firme em seu lugar; talvez tenha se tornado ainda mais traiçoeiro e confuso devido ao ilegível emaranhado de pegadas que se cruzam, à cacofonia de comandos e à contínua adição de novas passagens tortuosas, novas vias sem saída, às que foram deixadas para trás. Os sedentários se tornaram "nômades involuntários", lembrando com atraso a mensagem recebida no começo de suas viagens históricas e tentando desesperadamente recuperar seus conteúdos esquecidos que – como suspeitam – podem ser portadores da "sabedoria necessária a seu futuro". Uma vez mais, o labirinto se torna a imagem-mestra da condição humana – e significa "o lugar opaco onde o desenho dos caminhos não obedece a qualquer lei. O azar e a surpresa mandam no labirinto, o que sinaliza a derrota da Razão Pura."[9]

No mundo humano labiríntico, os trabalhos humanos se dividem em episódios isolados como o resto da vida humana. E, como no caso de todas as outras ações que os humanos podem empreender, o objetivo de manter um curso próximo aos projetos dos atores é evasivo, talvez inatingível. O trabalho escorregou do universo da construção da ordem e controle do futuro em direção do reino do jogo; atos de trabalho se parecem mais com as estratégias de um jogador que se põe modestos objetivos de curto prazo, não antecipando mais que um ou dois movimentos. O que conta são os efeitos imediatos de cada movimento; os efeitos devem ser passíveis de ser consumidos no ato. Suspeita-se que o mundo esteja repleto de pontes demasiado longínquas, o tipo de pontes que é melhor não pensar em atravessar até encontrá-las, o que não acontecerá tão cedo. Cada obstáculo deve ser negociado quando chegar sua vez; a vida é uma sequência de episódios – cada um a ser calculado em separado, pois cada um tem seu próprio balanço de perdas e ganhos. Os caminhos da vida não se tornam mais retos por serem trilhados, e virar uma esquina não é garantia de que os rumos corretos serão seguidos no futuro.

E assim o trabalho mudou de caráter. Muitas vezes é um ato único: armação de um *bricoleur*, um trapaceiro, que mira o que está à mão e é inspirado e limitado pelo que está à mão, mais formado que formador, mais o resultado de agarrar a oportunidade que o produto de planejamento e projeto. Tem uma sinistra semelhança com a famosa toupeira cibernética que sabia como se mover em busca de uma tomada elétrica a que se ligar para repor a energia gasta no movimento em busca de uma tomada elétrica a que se ligar para repor a energia gasta...

Talvez o termo "remendar" capte melhor a nova natureza do trabalho separado do grande projeto de missão universalmente partilhada da humanidade e do não menos grandioso projeto de uma vocação para toda a vida. Despido de seus adereços escatológicos e arrancado de suas raízes metafísicas, o trabalho perdeu a centralidade que se lhe atribuía na galáxia dos valores dominantes na era da modernidade sólida e do capitalismo pesado. O trabalho não pode mais oferecer o eixo seguro em torno do qual envolver e fixar autodefinições, identidades e projetos de vida. Nem pode ser concebido com facilidade como fundamento ético da sociedade, ou como eixo ético da vida individual.

Em vez disso, o trabalho adquiriu – ao lado de outras atividades da vida – uma significação principalmente estética. Espera-se que seja satisfatório por si mesmo e em si mesmo, e não mais medido pelos efeitos genuínos ou possíveis que traz a nossos semelhantes na humanidade ou ao poder da nação e do país, e menos ainda à bem-aventurança das futuras gerações. Poucas pessoas apenas – e mesmo assim raramente – podem reivindicar privilégio, prestígio ou honra pela importância e benefício comum gerados pelo trabalho que realizam. Raramente se espera que o trabalho "enobreça" os que o fazem, fazendo deles "seres humanos melhores", e raramente alguém é admirado e elogiado por isso. A pessoa é medida e avaliada por sua capacidade de entreter e alegrar, satisfazendo não tanto a vocação ética do produtor e criador quanto as necessidades e desejos estéticos do consumidor, que procura sensações e coleciona experiências.

Ascensão e queda do trabalho

De acordo com o *Dicionário Oxford* de inglês o primeiro uso da palavra "trabalho" *(labour)* no sentido de "esforço físico dirigido a atender às necessidades materiais da comunidade" foi registrado em 1776. Um século depois, veio a significar, além disso, "o corpo geral dos trabalhadores e operários" que tomam parte na produção, e pouco mais tarde também os sindicatos e outros corpos que ligavam os dois significados, mantinham essa ligação e a reformulavam como questão política e instrumento de poder político. O uso inglês é notável por tornar clara a estrutura da "trindade do trabalho": a proximidade (de fato, a convergência semântica ligada à identidade de destino) entre a significação atribuída ao trabalho (essa labuta "física e mental"), a autoconstituição dos que trabalham numa classe e a política fundada nessa autoconstituição – em outras palavras, a ligação entre definir a labuta física como principal fonte da riqueza e bem-estar da sociedade, e a autoafirmação do movimento trabalhista. Ascenderam juntos e juntos caíram.

A maioria dos historiadores econômicos concorda (ver, por exemplo, o resumo recente de suas descobertas por Paul Bairoch [10]) que, em termos dos níveis de riqueza e renda, há pouco que distinga as civilizações no auge de seus poderes: as riquezas de Roma no século I, da China no XI, da Índia no XVII, não eram muito diferentes das da Europa no limiar da Revolução Industrial. Por algumas estimativas, a renda *per capita* na Europa Ocidental no século XVIII não era mais que 30% mais alta que a da Índia, África ou China daquelas épocas. Porém pouco mais de um século foi suficiente para transformar drasticamente a proporção. Por volta de 1870 a renda *per capita* na Europa industrializada era 11 vezes maior que nos países mais pobres do mundo. No curso do século seguinte esse fator quintuplicou, chegando a 50 em 1995. Como indica o economista da Sorbonne Daniel Cohen, "arrisco afirmar que o fenômeno da desigualdade entre as nações é de origem recente; é produto dos últimos dois séculos".[11] E assim também a ideia do trabalho como fonte da riqueza, e a política surgida dessa suposição e guiada por ela.

A nova desigualdade global e a nova autoconfiança e sentimento de superioridade que se seguiram foram espetaculares e sem precedentes: novas noções, novos quadros cognitivos eram necessários para captá-las e assimilá-las intelectualmente. Essas noções e quadros foram fornecidos pela recém-nascida ciência da economia política, que veio a substituir as ideias fisiocratas e mercantilistas que acompanharam a Europa em seu caminho para a fase moderna de sua história, até o limiar da Revolução Industrial.

Não "por acaso" essas noções foram cunhadas na Escócia, país ao mesmo tempo envolvido e separado do curso principal da convulsão industrial, física e psicologicamente próximo do país que se tornaria o epicentro da emergente ordem industrial, mas que permaneceria por certo tempo relativamente imune a seu impacto econômico e cultural. As tendências em pleno movimento no "centro" são, em regra, mais prontamente detectadas e mais claramente articuladas em lugares temporariamente relegados às "margens". Viver na periferia do centro civilizacional significa estar suficientemente próximo para ver as coisas com clareza, mas suficientemente longe para "objetivá-las" e assim moldar e condensar as percepções em conceitos. Não foi, portanto, "mera coincidência" que o evangelho tenha vindo da Escócia: a riqueza vem do trabalho, sua fonte principal, talvez única.

Como Karl Polanyi viria a sugerir muitos anos depois, atualizando Karl Marx, que o ponto de partida da "grande transformação" que trouxe à vida a nova ordem industrial foi a separação dos trabalhadores de suas fontes de existência. Esse evento momentoso era parte de um processo mais amplo: a produção e a troca deixaram de se inscrever num modo de vida indivisível, mais geral e inclusivo, e assim se criaram as condições para que o trabalho (junto com a terra e o dinheiro) fosse considerado como mera mercadoria e tratado como tal.[12] Podemos dizer que foi a mesma nova desconexão que liberou os movimentos da força de trabalho e de seus portadores que os tornou passíveis de serem movidos, e assim serem sujeitos a outros usos ("melhores" – mais úteis ou lucrativos), recombinados e tornados parte de outros arranjos ("melhores" – mais úteis ou lucrativos). A separação das atividades produtivas do resto dos objetivos da vida permitiu que o "esforço físico e mental" se condensasse num fenômeno em si mesmo – uma "coisa" a ser tratada como todas as coisas, isto é, a ser "manipulada", movida, reunida a outras "coisas" ou feita em pedaços.

Se essa desconexão não acontecesse, haveria poucas possibilidades para a ideia de separar mentalmente o trabalho da "totalidade" a que ele pertencia "naturalmente" e condensá-lo num objeto autocontido. Na visão pré-industrial da riqueza, "a terra" era uma totalidade desse tipo – por inteiro, junto com os que a cultivavam e aravam. A nova ordem industrial e a rede conceitual que permitiu a proclamação do advento de uma sociedade diferente – industrial – nasceram na Grã-Bretanha; e esta se destacava entre seus vizinhos europeus por ter destruído seu campesinato, e com ele a ligação "natural" entre terra, trabalho

Trabalho

humano e riqueza. Os cultivadores da terra tinham primeiro que ficar ociosos, vagando e "sem senhores", para que pudessem ser vistos como portadores de "força de trabalho" pronta para ser usada; e para que essa força pudesse ser considerada como potencial "fonte de riqueza" por si mesma.

Essa nova ociosidade e o desenraizamento dos trabalhadores parecia às testemunhas contemporâneas mais inclinadas à reflexão como emancipação do trabalho – parte da alegre sensação da libertação das capacidades humanas em geral das vexatórias e estultificantes limitações paroquiais, e da inércia da força do hábito e da hereditariedade. Mas a emancipação do trabalho de suas "limitações naturais" não manteve o trabalho flutuando, desvinculado e "sem senhores" por muito tempo; nem o tornou autônomo, autodeterminado e livre para fixar e seguir seus próprios desígnios. O desmantelado "modo tradicional de vida" de que o trabalho era parte antes de sua emancipação estava para ser substituído por uma nova ordem; desta vez, porém, uma ordem pré-projetada, uma ordem "construída", não mais o sedimento do vagar sem objetivo do destino e dos azares da história, mas produto de pensamento e ação racionais. Ao descobrir que o trabalho era a fonte da riqueza, a razão tinha que buscar, utilizar e explorar essa fonte de modo mais eficiente que nunca.

Alguns comentadores imbuídos do espírito impetuoso da era moderna (Karl Marx o mais importante entre eles) viram o passamento da velha ordem principalmente como resultado de um ataque deliberado: uma explosão causada por uma bomba plantada pelo capital dedicado a "derreter os sólidos e profanar o sagrado". Outros, como de Tocqueville, mais cético e consideravelmente menos entusiástico, viram aquele desaparecimento como um caso de implosão, e não de explosão: olhando para trás, perceberam as sementes da destruição no coração do Ancien Régime (sempre mais fáceis de revelar ou adivinhar retrospectivamente) e viram a agitação e arrogância dos novos senhores como, basicamente, os últimos estremecimentos de um moribundo ou não muito mais que a busca vigorosa e resoluta das mesmas curas milagrosas que a velha ordem testara muito antes em esforços desesperados e vãos para impedir ou pelo menos adiar seu próprio desaparecimento. Havia, porém, pouco debate sobre as perspectivas do novo regime e as intenções dos novos senhores: a velha e já defunta ordem deveria ser substituída por uma nova ordem, menos vulnerável e mais viável que sua antecessora. Novos sólidos deveriam ser concebidos e construídos para encher o vazio deixado pelos derretidos. As coisas postas para flutuar deveriam ser novamente ancoradas, de modo mais seguro que antes. Para expressar a mesma intenção no idioma hoje em moda: o que tinha sido "desacomodado" precisaria ser, mais cedo ou mais tarde, "reacomodado".

Romper os velhos vínculos local/comunal, declarar guerra aos modos habituais e às leis costumeiras, quebrar e pulverizar *les pouvoirs intermédiaires* – o resultado disso tudo foi o delírio intoxicante do "novo começo". "Derreter os sólidos" era sentido como derreter minério de ferro para moldar barras de aço. Realidades derretidas e agora fluidas pareciam prontas para serem recanalizadas e derramadas em novos moldes, onde ganhariam uma forma que nunca teriam adquirido se tivessem sido deixadas correndo nos próprios cursos que tinham cavado. Nenhum propósito, por mais ambicioso que fosse, parecia exceder a capacidade humana de pensar, descobrir, inventar, planejar e agir. Se a sociedade feliz – a sociedade de pessoas felizes – ainda não estava na próxima esquina, sua chegada iminente já estava prevista nas pranchetas dos homens de pensamento, e seus contornos esboçados pelos homens de pensamento eram encarnados nos escritórios e postos de comando dos homens de ação. O propósito em que tanto os homens de pensamento quanto os de ação empregavam seu trabalho era a construção da nova ordem. A liberdade recém-descoberta deveria ser utilizada no esforço de gerar a ordenada rotina futura. Nada deveria ser deixado em seu curso caprichoso e imprevisível, ao acidente e à contingência; nada deveria ser mantido em sua forma presente, se essa forma pudesse ser aperfeiçoada e tornada mais útil e eficaz.

Essa nova ordem em que todos os fins presentemente soltos serão novamente amarrados, enquanto as cargas e destroços de fatalidades passadas, náufragos abandonados ou à deriva, serão recolocados e fixados em seus lugares corretos, deveria ser massiva, sólida, feita de pedra ou armada em aço: destinada a durar. Grande era belo, grande era racional; "grande" queria dizer poder, ambição e coragem. O local de construção da nova ordem industrial era repleto de monumentos ao poder e à ambição, monumentos que, fossem ou não indestrutíveis, deveriam parecê-lo: fábricas gigantescas lotadas de maquinaria volumosa e multidões de operadores de máquinas, ou densas redes de canais, pontes e trilhos, pontuados de majestosas estações dedicadas a emular os antigos templos erigidos para a adoração da eternidade e para a eterna glória dos adoradores.

O mesmo Henry Ford que declarara que "a história é bobagem", que "não queremos tradição" e que "queremos viver no presente e a única história que importa é a história que fazemos hoje", um dia dobrou os salários de seus trabalhadores, explicando que queria que eles comprassem os carros que produzia. Essa explicação era falsa: os carros comprados pelos trabalhadores da Ford eram uma fração mínima das vendas totais, enquanto o aumento dos salários pesava muito nos custos de produção da empresa. A verdadeira razão para o passo heterodoxo era o desejo de Ford de deter a mobilidade irritantemente alta do trabalho. Ele queria atar seus empregados às empresas Ford de uma vez por todas, fazendo com que o dinheiro gasto em sua preparação e treinamento se pagasse muitas vezes, por toda a duração da vida útil dos trabalhadores. E para alcançar tal efeito tinha que imobilizar sua equipe, para mantê-los onde estavam, de preferência até que sua força de trabalho fosse inteiramente utilizada. Tinha que torná-los tão dependentes do emprego em *sua* fábrica e vendendo seu trabalho a *seu* dono como ele mesmo dependia de empregá-los e usar seu trabalho para sua própria riqueza e poder.

Ford expressava em voz alta os pensamentos que outros acalentavam mas só se permitiam murmurar; ou, melhor, pensou o que outros na mesma situação sentiam, mas eram incapazes de expressar em palavras. O empréstimo do nome de Ford para o modelo universal das intenções e práticas típicas da modernidade sólida ou do capitalismo pesado é apropriado. O modelo de Henry Ford de uma ordem nova e racional criou o padrão para a tendência universal de seu tempo: e era um ideal que todos ou pelo menos a maioria dos outros empresários lutavam, com graus variados de sucesso, para alcançar. O ideal era o de atar capital e trabalho numa união que – como um casamento divino – nenhum poder humano poderia, ou tentaria, desatar.

A modernidade sólida era, de fato, também o tempo do capitalismo pesado – do engajamento entre capital e trabalho fortificado pela *mutualidade de sua dependência*. Os trabalhadores dependiam do emprego para sua sobrevivência; o capital dependia de empregá-los para sua reprodução e crescimento. Seu lugar de encontro tinha endereço fixo; nenhum dos dois poderia mudar-se com facilidade para outra parte – os muros da grande fábrica abrigavam e mantinham os parceiros numa prisão compartilhada. Capital e trabalhadores estavam unidos, pode-se dizer, na riqueza e na pobreza, na saúde e na doença, até que a morte os separasse. A fábrica era seu hábitat comum – simultaneamente o campo de batalha para a guerra de trincheiras e lar natural para esperanças e sonhos.

O que pôs capital e trabalho face a face e os atou foi a transação de compra e venda; e assim, a fim de permanecerem vivos, cada um tinha que se manter em forma para essa transação: os donos do capital tinham que ser capazes de continuar comprando trabalho, e os donos do trabalho tinham que permanecer alertas, saudáveis, fortes e suficientemente atraentes para não afastar os compradores e não sobrecarregá-los com os custos totais de sua condição. Cada lado tinha "interesses investidos" em manter o outro lado em forma. Não surpreende que a "remercantilização" do capital e do trabalho tenha se convertido na principal função e ocupação da política e da suprema agência política, o Estado. O Estado era o encarregado de que os capitalistas se mantivessem aptos a comprar trabalho e a poder arcar com seus preços correntes. Os desempregados eram inteira e verdadeiramente o "exército reserva de trabalho", e tinham que ser mantidos em Estado de prontidão, caso fossem chamados de volta à ativa. O Estado de bem-estar, um Estado dedicado a fazer justamente isso, estava, por essa razão, genuinamente "além da esquerda e da direita", esteio sem o qual nem capital nem trabalho poderiam manter-se vivos e saudáveis, quanto mais crescer.

Algumas pessoas viam o Estado de bem-estar como uma medida temporária, que sairia de cena quando a segurança coletiva contra o infortúnio tivesse dado aos segurados audácia e recursos suficientes para desenvolver plenamente seu potencial e reunir a coragem para assumir riscos – e assim permitir-lhes "firmar-se sobre seus próprios pés". Observadores mais céticos viam o Estado de bem-estar como um dispositivo sanitário coletivamente financiado e administrado – uma operação de limpeza e saúde que teria que funcionar enquanto a empresa capitalista continuasse a gerar detritos sociais que não tinha nem intenção nem recursos de reciclar (isto é, por muito tempo ainda). Havia um consenso geral, contudo, de que o Estado de bem-estar era um dispositivo destinado a atacar as anomalias, impedir afastamentos da norma e diluir as consequências das rupturas desta, se estas ainda assim acontecessem. A própria norma, quase nunca posta em questão, era o mútuo engajamento direto, face a face, de capital e trabalho, e a resolução de todas as questões sociais importantes e constrangedoras no marco desse engajamento.

Quem, como jovem aprendiz, tivesse seu primeiro emprego na Ford, poderia ter certeza de terminar sua vida profissional no mesmo lugar. Os horizontes temporais do capitalismo pesado eram de longo prazo. Para os trabalhadores, os horizontes eram desenhados pela perspectiva de emprego por toda a vida dentro de uma empresa que poderia ou não ser imortal, mas cuja vida seria, de qualquer maneira, muito mais longa que a deles mesmos. Para os capitalistas, a "fortuna familiar", destinada a durar além da vida de qualquer dos membros da família, era sinônimo das fábricas que herdaram, construíram ou pretendiam acrescentar ao patrimônio familiar.

Para resumir: a mentalidade de "longo prazo" constituía uma expectativa nascida da experiência, e da repetida corroboração dessa experiência, de que os destinos das pessoas que compram trabalho e das pessoas que o vendem estão inseparavelmente entrelaçados por muito tempo ainda – em termos práticos, para sempre – e que, portanto, a construção de um modo de convivência suportável corresponde tanto aos "interesses de todos" quanto à negociação das regras de convívio de vizinhança entre os proprietários de casas num mesmo loteamento. Essa experiência levou muitas décadas, talvez mais de um século, para se firmar. Surgiu ao final do longo e tortuoso processo de "solidificação". Como sugeriu Richard Sennett em seu estudo recente, foi só depois da Segunda Guerra que a desordem original da era capitalista veio a ser substituída, pelo menos nas economias mais avançadas, por "sindicatos fortes, garantidores do Estado de bem-estar, e corporações de larga escala", que se combinaram para produzir uma era de "estabilidade relativa".[13]

A "estabilidade relativa" em questão recobre com certeza o conflito perpétuo. De fato, tornou esse conflito possível e, num sentido paradoxal, bem observado em seu tempo por Lewis Coser, "funcional": para o bem ou para o mal, os antagonistas estavam unidos por dependência mútua. O confronto, testes de força e a barganha que se seguiam reforçavam a unidade das partes em conflito precisamente porque nenhuma delas podia continuar sozinha e ambos os lados sabiam que sua sobrevivência dependia de encontrar soluções que todos considerassem aceitáveis. Enquanto se supôs que a companhia mútua duraria, as regras dessa união foram objeto de intensas negociações, às vezes com acrimônia e confrontações, outras com tréguas e concessões. Os sindicatos recriaram a impotência dos trabalhadores individuais na forma do poder de barganha coletivo e lutaram com sucesso intermitente para transformar os regulamentos incapacitadores em direitos dos trabalhadores e reformulá-los como limitações impostas à liberdade de manobra dos empregadores. Enquanto se manteve a mútua dependência, mesmo as jornadas impessoais odiadas com todas as forças pelos artesãos reunidos nas antigas fábricas capitalistas (e que causavam resistência, o que E.P. Thompson documentou vividamente), e ainda mais suas últimas versões "novas e aperfeiçoadas" na forma das infames medições de tempo de Frederic Taylor, esses atos, nas palavras de Sennett, "de repressão e dominação praticados pela gerência em benefício do crescimento da gigantesca organização industrial" "tinham se tornado uma arena em que os trabalhadores podiam afirmar suas próprias demandas, uma arena que dava poder". Sennett conclui: "A rotina pode diminuir, mas pode também proteger; a rotina pode decompor o trabalho, mas pode também compor uma vida."[14]

Essa situação mudou, e o ingrediente crucial da mudança múltipla é a nova mentalidade de "curto prazo", que substituiu a de "longo prazo". Casamentos "até que a morte nos separe" estão decididamente fora de moda e se tornaram uma raridade: os parceiros não esperam mais viver muito tempo juntos. De acordo com o último cálculo, um jovem americano com nível médio de educação espera mudar de emprego 11 vezes durante sua vida de trabalho – e o ritmo e frequência da mudança deverão continuar crescendo antes que a vida de trabalho dessa geração acabe. "Flexibilidade" é o slogan do dia, e quando aplicado ao mercado de trabalho augura um fim do "emprego como o conhecemos", anunciando em seu lugar o advento do trabalho por contratos de curto prazo, ou sem contratos, posições sem cobertura previdenciária, mas com cláusulas "até nova ordem". A vida de trabalho está saturada de incertezas.

Do casamento à coabitação

Pode-se sempre responder que não há nada particularmente novo nessa situação: a vida de trabalho sempre foi cheia de incertezas, desde tempos imemoriais. A incerteza de hoje, porém, é de um tipo inteiramente novo. Os temíveis desastres que podem devastar nossa sobrevivência e suas perspectivas não são do tipo que possa ser repelido ou contra que se possa lutar unindo forças, permanecendo unidos e com medidas debatidas, acordadas e postas em prática em conjunto. Os desastres mais terríveis acontecem hoje aleatoriamente, escolhendo suas vítimas com a lógica mais bizarra ou sem qualquer lógica, distribuindo seus golpes caprichosamente, de tal forma que não há como prever quem será condenado e quem será salvo. A incerteza do presente é uma poderosa força *individualizadora*. Ela divide em vez de unir, e como não há maneira de dizer quem acordará no próximo dia em qual divisão, a ideia de "interesse comum" fica cada vez mais nebulosa e perde todo valor prático.

Os medos, ansiedades e angústias contemporâneos são feitos para serem sofridos em solidão. Não se somam, não se acumulam numa "causa comum", não têm endereço específico, e muito menos óbvio. Isso priva as posições de solidariedade de seu status antigo de táticas racionais e sugere uma estratégia de vida muito diferente da que levou ao estabelecimento das organizações militantes em defesa da classe trabalhadora. Ao falar com pessoas já atingidas ou que temiam vir a ser atingidas pelas mudanças correntes nas condições de emprego, Pierre Bourdieu ouviu vezes sem conta que "em face das novas formas de exploração, notavelmente favorecidas pela desregulação do trabalho e pelo desenvolvimento do emprego temporário, as formas tradicionais de ação sindical são consideradas inadequadas". Bourdieu conclui que fatos recentes "quebraram os fundamentos das solidariedades passadas" e que o resultante "desencantamento vai de mãos dadas com o desaparecimento do espírito de militância e participação política".[15]

Quando a utilização do trabalho se torna de curto prazo e precária, tendo sido ele despido de perspectivas firmes (e muito menos garantidas) e portanto tornado episódico, quando virtualmente todas as regras relativas ao jogo das promoções e demissões foram esgotadas ou tendem a ser alteradas antes que o jogo termine, há pouca chance de que a lealdade e o compromisso mútuos brotem e se enraízem. Ao contrário dos tempos de dependência mútua de longo prazo, não há quase estímulo para um interesse agudo, sério e crítico por conhecer os empreendimentos comuns e os arranjos a eles relacionados, que de qualquer forma seriam transitórios. O emprego parece um acampamento que se visita por alguns dias e que se pode abandonar a qualquer momento se as vantagens oferecidas não se verificarem ou se forem consideradas insatisfatórias – e não com um domicílio compartilhado onde nos inclinamos a ter trabalho e construir pacientemente regras aceitáveis de convivência. Mark Granovetter sugeriu que o nosso é um tempo de "laços fracos", enquanto Sennett propõe que "formas fugazes de associação são mais úteis para as pessoas que conexões de longo prazo".[16]

A presente versão "liquefeita", "fluida", dispersa, espalhada e desregulada da modernidade pode não implicar o divórcio e ruptura final da comunicação, mas anuncia o advento do capitalismo leve e flutuante, marcado pelo *desengajamento* e enfraquecimento dos laços que prendem o capital ao trabalho. Pode-se dizer que esse movimento ecoa a passagem do casamento para o "viver junto", com todas as atitudes disso decorrentes e consequências estratégicas, incluindo a suposição da transitoriedade da coabitação e da possibilidade de que a associação seja rompida a qualquer momento e por qualquer razão, uma vez desaparecida a necessidade ou o desejo. Se manter-se juntos era uma questão de acordo *recíproco* e de *mútua* dependência, o desengajamento é *unilateral:* um dos lados da configuração adquiriu uma autonomia que talvez sempre tenha desejado secretamente mas que nunca havia manifestado seriamente antes. Numa medida nunca alcançada na realidade pelos "senhores ausentes" de outrora, o capital rompeu sua dependência em relação ao trabalho com uma nova liberdade de movimentos, impensável no passado. A reprodução e o crescimento do capital, dos lucros e dos dividendos e a satisfação dos acionistas se tornaram independentes da duração de qualquer comprometimento local com o trabalho.

É claro que a independência não é completa, e o capital não é ainda tão volátil como gostaria de e tenta ser. Fatores territoriais – locais – ainda devem ser considerados na maioria dos cálculos, e o "poder de confusão" dos governos locais ainda pode colocar limites constrangedores à sua liberdade de movimento. Mas o capital se tornou exterritorial, leve, desembaraçado e solto numa medida sem precedentes, e seu nível de mobilidade espacial é na maioria dos casos suficiente para chantagear as agências políticas dependentes de território e fazê-las se submeterem a suas demandas. A ameaça (mesmo quando não expressa e meramente adivinhada) de cortar os laços locais e mudar-se para outro lugar é uma coisa que qualquer governo responsável, em benefício próprio e no de seus concidadãos, deve tratar com a maior seriedade, tentando subordinar suas políticas ao propósito supremo de evitar a ameaça do desinvestimento.

A política hoje se tornou um cabo de guerra entre a velocidade com que o capital pode se mover e as capacidades cada vez mais lentas dos poderes locais, e são as instituições locais que com mais frequência se lançam numa batalha que não podem vencer. Um governo dedicado ao bem-estar de seus cidadãos tem pouca escolha além de implorar e adular, e não pode forçar o capital a vir e, uma vez dentro, a construir arranha-céus para seus escritórios em vez de ficar em quartos de hotel alugados por dia. E isso pode ser feito ou tentado (para usar o jargão comum à política da era do livre comércio) "criando melhores condições para a livre empresa", o que significa ajustar o jogo político às regras da "livre empresa" – isto é, usando todo o poder regulador à disposição do governo a serviço da desregulação, do desmantelamento e destruição das leis e estatutos "restritivos às empresas", de modo a dar credibilidade e poder de persuasão à promessa do governo de que seus poderes reguladores não serão utilizados para restringir as liberdades do capital; evitando qualquer movimento que possa dar a impressão de que o território politicamente administrado pelo governo é pouco hospitaleiro com os usos, expectativas e todas as realizações futuras do capital que pensa e age globalmente, ou menos hospitaleiro que as terras administradas pelos vizinhos mais próximos. Na prática, isso significa baixos impostos, menos regras e, acima de tudo, um "mercado de trabalho flexível". Em termos mais gerais, significa uma população dócil, incapaz ou não desejosa de oferecer resistência organizada a qualquer decisão que o capital venha a tomar. Paradoxalmente, os governos podem ter a esperança de manter o capital em seu lugar apenas se o convencerem de que ele está livre para ir embora – com ou sem aviso prévio.

Tendo se livrado do entulho do maquinário volumoso e das enormes equipes de fábrica, o capital viaja leve, apenas com a bagagem de mão – pasta, computador portátil e telefone celular. O novo atributo da volatilidade fez de todo compromisso, especialmente do compromisso estável, algo ao mesmo tempo redundante e pouco inteligente: seu estabelecimento paralisaria o movimento e fugiria da desejada competitividade, reduzindo *a priori* as opções que poderiam levar ao aumento da produtividade. As bolsas de valores e diretorias administrativas em todo o mundo estão prontas para premiar todos os passos dados na "direção certa", como "emagrecer" e "reduzir o tamanho", e a punir com a mesma presteza quaisquer notícias de expansão de equipe, aumento do emprego e envolvimento da empresa em projetos custosos de longo prazo. A habilidade de desaparecer como Houdini, "artista da fuga", a estratégia do desvio e da evitação e a prontidão e capacidade de fugir se necessário, esse núcleo da nova política de desengajamento e descomprometimento, são hoje sinais de saber e sucesso gerenciais.

Como Michel Crozier indicou há muito tempo, estar livre de laços complicados, compromissos embaraçosos e dependências limitadoras da liberdade de manobra foram sempre as armas preferidas e eficazes da dominação; mas a oferta dessas armas e a capacidade de usá-las parecem hoje distribuídas de maneira mais desigual do que nunca antes na história moderna. A velocidade de movimento se tornou um fator importante, talvez o principal, da estratificação social e da hierarquia da dominação.

As principais fontes de lucro – dos grandes lucros em especial, e portanto do capital de amanhã – tendem a ser, numa escala sempre em expansão, *ideias* e não *objetos materiais*. As ideias são produzidas uma vez apenas, e ficam trazendo riqueza dependendo do número de pessoas atraídas como compradores/clientes/consumidores – e não do número de pessoas empregadas e envolvidas na replicação do protótipo. Quando se trata de tornar as ideias lucrativas, os objetos da competição são os consumidores e não os produtores. Não surpreende, pois, que hoje o principal compromisso do capital seja com os consumidores. Só nessa esfera se pode falar de "dependência mútua". O capital depende, para sua competitividade, eficácia e lucratividade, dos consumidores – e seus itinerários são guiados pela presença ou ausência de consumidores ou pela chance da produção de consumidores, de gerar e depois fortalecer a demanda pelas ideias em oferta. No planejamento das viagens e na preparação de deslocamentos do capital, a presença de força de trabalho é apenas uma consideração secundária. Consequentemente, o "poder de pressão" de uma força de trabalho local sobre o capital (sobre as condições de emprego e disponibilidade de postos de trabalho) encolheu consideravelmente.

Robert Reich[17] sugere que as pessoas presentemente envolvidas em atividades econômicas podem ser divididas em quatro grandes categorias. "Manipuladores de símbolos", pessoas que inventam as ideias e maneiras de torná-las desejáveis e vendáveis, formam a primeira categoria. Os envolvidos na reprodução do trabalho (educadores ou diversos funcionários do Estado de bem-estar) pertencem à segunda. A terceira categoria compreende pessoas empregadas em "serviços pessoais" (o tipo de ocupações que John O'Neill classificava como "mercadores de peles"), que requerem encontros face a face com os que recebem o serviço; os vendedores de produtos e os produtores do desejo pelos produtos formam o grosso desta categoria.

Finalmente, a quarta categoria inclui as pessoas que pelo último século e meio formaram o "substrato social" do movimento operário. São, nos termos de Reich, "trabalhadores de rotina", presos à linha de montagem ou (em fábricas mais atualizadas) às redes de computadores e equipamentos eletrônicos automatizados como pontos de controle. Hoje em dia tendem a ser as partes mais dispensáveis, disponíveis e trocáveis do sistema econômico. Em seus requisitos de emprego não constam nem habilidades particulares, nem a arte da interação social com clientes – e assim são os mais fáceis de substituir; têm poucas qualidades especiais que poderiam inspirar seus empregadores a desejar mantê-los a todo custo; controlam, se tanto, apenas parte residual e negligenciável do poder de barganha. Sabem que são dispensáveis, e por isso não veem razões para aderir ou se comprometer com seu trabalho ou entrar numa associação mais durável com seus companheiros de trabalho. Para evitar frustração iminente, tendem a desconfiar de qualquer lealdade em relação ao local de trabalho e relutam em inscrever seus próprios planos de vida em um futuro projetado para a empresa. É uma reação natural à "flexibilidade" do mercado de trabalho, que, quando traduzida na experiência individual de vida, significa que a segurança de longo prazo é a última coisa que se aprende a associar ao trabalho que se realiza.

Como Sennett descobriu ao visitar uma confeitaria de Nova York duas décadas depois de sua visita anterior, "o moral e a motivação dos trabalhadores diminuiu marcadamente depois de sucessivas rodadas de redução de tamanho. Os trabalhadores sobreviventes esperavam pelo novo golpe da foice em vez de exultar com a vitória competitiva sobre os demitidos." Mas ele acrescenta outra razão para a diminuição do interesse dos trabalhadores por seu trabalho e pelo local de trabalho e para o desaparecimento de seu desejo de investir raciocínio e energia moral no futuro de ambos:

> Em todas as formas de trabalho, da escultura a servir refeições, as pessoas se identificam com tarefas que as desafiam, tarefas difíceis. Mas nesse lugar de trabalho flexível, com seus trabalhadores poliglotas que entram e saem irregularmente, com ordens radicalmente diferentes a cada dia, o maquinário é o único padrão de ordem, e portanto tem que ser fácil de operar por qualquer um. A dificuldade é contraproducente num regime flexível. Por um terrível paradoxo, quando diminuímos a dificuldade e a resistência, criamos as próprias condições para a atividade acrítica e indiferente dos usuários.[18]

Em torno do outro polo da divisão social, no topo da pirâmide de poder do capitalismo leve, circulam aqueles para os quais o espaço tem pouca ou nenhuma importância – os que estão fora de lugar em qualquer lugar em que possam estar fisicamente presentes. São tão leves e voláteis quanto a nova economia capitalista que os gerou e dotou de poder. Na descrição de Jacques Attali: "Não possuem fábricas, terras, nem ocupam posições administrativas. Sua riqueza vem de um recurso portátil: seu conhecimento das leis do labirinto." Eles "adoram criar, jogar e estar em movimento". Vivem numa sociedade "de valores voláteis, despreocupada com o futuro, egoísta e hedonista". "Tomam a novidade como boas novas, a precariedade como valor, a instabilidade como imperativo, e a hibridez como riqueza."[19] Ainda que em graus variados, todos dominam a arte de "viver no labirinto": aceitação da desorientação, disposição a viver fora do espaço e do tempo, com vertigens e tonturas, sem indicação da direção ou duração da viagem em que embarcaram.

Há alguns meses, sentei com minha mulher num bar de aeroporto esperando por um voo de conexão. Dois homens por volta dos 30 anos sentaram-se à mesa ao lado, cada um armado de um telefone celular. Em aproximadamente uma hora e meia de espera, não trocaram uma só palavra, embora ambos tenham falado sem interrupção – com interlocutores invisíveis do outro lado da ligação. O que não quer dizer que se ignorassem mutuamente. De fato, era a percepção dessa presença que parecia motivar suas ações. Os dois homens estavam envolvidos numa competição – intensa, frenética e furiosa. Aquele que terminasse a conversa enquanto o outro ainda falava buscava febrilmente outro número para ligar; claramente, o número de conexões, o grau de "conectividade", a densidade das respectivas redes, que faziam deles intersecções, a quantidade de outras intersecções a que podiam se ligar à vontade, eram questões de grande importância, talvez importância máxima, para ambos: eram índices de nível social, de posição, poder e prestígio. Ambos gastaram uma hora e meia no que era, em relação ao bar do aeroporto, um espaço exterior. Quando o voo que ambos deveriam tomar foi anunciado, trancaram simultaneamente as pastas com idênticos gestos sincronizados e saíram, mantendo os telefones próximos aos ouvidos. Estou certo de que dificilmente terão notado a minha mulher e a mim, sentados a dois metros e observando cada movimento que faziam. No que diz respeito à sua *Lebenswelt*, estavam (num padrão de antropólogos ortodoxos censurado por Claude Lévi-Strauss) fisicamente próximos de nós, mas, espiritualmente, infinitamente distantes.

Em seu brilhante ensaio sobre o que escolheu chamar de capitalismo "mole", Nigel Thrift[20] observa a notável mudança de vocabulário e do quadro cognitivo que marcam a nova elite global e exterritorial. Para referir-se a suas próprias ações, usam metáforas como "dançar" e "surfar"; não falam mais de "engenharia", mas de culturas e redes, equipes e coalizões, nem de controle, liderança e gerência, mas de influências. Ocupam-se com formas mais soltas de organização que possam ser formadas, desmanteladas e repostas a curto prazo ou mesmo sem aviso prévio; é essa forma fluida de montagem que se adapta à sua visão do mundo circundante como "múltiplo, complexo e rápido, e portanto 'ambíguo', 'difuso', e 'plástico', incerto, paradoxal, caótico mesmo". A organização de negócios de hoje tem um elemento de desorganização deliberadamente embutido: quanto menos sólida e mais fluida, melhor. Como tudo o mais no mundo, o conhecimento não pode deixar de envelhecer rapidamente e assim é a "recusa a aceitar o conhecimento estabelecido", a seguir os precedentes e a reconhecer a sabedoria das lições da experiência acumulada que é agora vista como preceito básico da eficácia e da produtividade.

Os dois jovens com telefones celulares que observei no bar do aeroporto podem ter sido espécimes (reais ou aspirantes) dessa nova e numericamente reduzida elite dos residentes do ciberespaço que prosperam na incerteza e na instabilidade de todas as coisas mundanas, mas o estilo dos dominantes tende a se tornar o estilo dominante – se não pela oferta de uma escolha atraente, pelo menos pela imposição de uma vida cuja imitação se torna simultaneamente desejável e imperativa, chegando a ser uma questão de autossatisfação e sobrevivência. Poucas pessoas gastam seu tempo em saguões de aeroportos, e menos ainda são as que aí se sentem à vontade, ou são pelo menos suficientemente exterritoriais para não se sentir oprimidas ou embaraçadas pelo tédio do lugar e pela multidão desconhecida e barulhenta que o ocupa. Mas muitos, talvez a maioria, são nômades sem abandonar suas cavernas. Podem ainda buscar refúgio em seus lares, mas dificilmente acharão lá o isolamento, e por mais que tentem nunca estarão verdadeiramente em casa: os refúgios têm paredes porosas, onde se espalham fios sem conta e que são facilmente penetradas por ondas aéreas.

Essas pessoas são, como a maioria antes delas, dominadas e "remotamente controladas"; mas são dominadas e controladas de uma maneira nova. A liderança foi substituída pelo espetáculo: ai daqueles que ousem lhes negar entrada. Acesso à "informação" (em sua maioria eletrônica) se tornou o direito humano mais zelosamente defendido e o aumento do bem-estar da população como um todo é hoje medido, entre outras coisas, pelo número de domicílios equipados com (invadidos por?) aparelhos de televisão. E aquilo sobre o que a informação mais informa é a fluidez do mundo habitado e a flexibilidade dos habitantes. "O noticiário" – essa parte da informação eletrônica que tem maior chance de ser confundida com a verdadeira representação do "mundo lá fora", e a mais forte pretensão ao papel de "espelho da realidade" (e a que comumente se dá o crédito de refletir essa realidade fielmente e sem distorção) – está na estimativa de Pierre Bourdieu entre os mais perecíveis dos bens em oferta; de fato, a vida útil dos noticiários é risivelmente curta se os compararmos às novelas, programas de entrevistas e programas cômicos. Mas a perecibilidade dos noticiários enquanto informação sobre o "mundo real" é em si mesma uma importante informação: a transmissão das notícias é a celebração constante e diariamente repetida da enorme velocidade da mudança, do acelerado envelhecimento e da perpetuidade dos novos começos.[21]

Digressão: breve história da procrastinação

Cras, em latim, quer dizer "amanhã". A palavra também costumava ser semanticamente elástica, não muito diferente do famosamente vago *mañana,* para incluir o "mais tarde" – o futuro como tal. *Crastinus* é o que pertence ao amanhã. *Pro-*crastinar é pôr alguma coisa entre as coisas que pertencem ao amanhã. *Pôr* algo lá implica imediatamente que o amanhã não é o lugar natural dessa coisa, que a coisa em questão não faz parte por direito do amanhã. Por implicação, ela faz parte de outro lugar. Qual? Obviamente o presente. Para ser destinada ao amanhã, essa coisa primeiro teve que ser tirada do presente ou teve barrado seu acesso a ele. "Procrastinar" significa *não* tomar as coisas como elas vêm, *não* agir segundo uma sucessão natural de coisas. Contra uma impressão que se tornou comum na era moderna, a procrastinação não é uma questão de displicência, indolência ou lassidão; é uma posição *ativa,* uma tentativa de assumir o controle da sequência de eventos e fazê-la diferente do que seria caso se ficasse dócil e não se resistisse. Procrastinar é manipular as possibilidades da *presença* de uma coisa, deixando, atrasando e adiando seu estar presente, mantendo-a a distância e transferindo sua imediatez.

A procrastinação como prática cultural surgiu com a modernidade. Seu novo sentido e seu significado ético derivam do novo significado do tempo, do tempo que tem história, do tempo que *é* história. Esse sentido deriva do tempo concebido como uma passagem entre "momentos presentes" de qualidade *diferente* e de valor *variado;* do tempo considerado como viajando em direção a outro presente distinto (e mais desejável) do presente vivido agora.

Resumindo: a procrastinação deriva seu sentido moderno do tempo vivido como uma peregrinação, como um movimento que se aproxima de um objetivo. Em tal tempo, cada presente é avaliado por alguma coisa que vem depois. Qualquer valor que este presente aqui e agora possa ter não passará de um sinal premonitório de um valor maior por vir. O uso – a tarefa – do presente é levar-nos mais para perto desse valor mais alto. Em si mesmo, o tempo presente carece de sentido e de valor. É, por isso, falho, deficiente e incompleto. O sentido do presente está adiante; o que está à mão ganha sentido e é avaliado pelo *noch-nicht-geworden,* pelo que ainda não existe.

Viver a vida como uma peregrinação é, portanto, intrinsecamente aporético. E obriga cada presente a servir a alguma coisa que ainda-não-é, e a servi-la diminuindo a distância, trabalhando para a proximidade e a imediatez. Mas se a distância desaparecesse e o objetivo fosse alcançado, o presente perderia tudo o que o fazia significativo e valioso. A racionalidade instrumental favorecida e privilegiada pela vida do peregrino leva à busca dos meios que podem realizar o estranho feito de manter o fim dos esforços sempre à vista sem nunca chegar lá, de trazer o fim cada vez mais para perto, mas impedindo ao mesmo tempo que a distância caia para zero. A vida do peregrino é uma viagem em direção à realização, mas "realização" nesta vida é equivalente à perda de sentido. Viajar em direção à realização dá sentido à vida do peregrino, mas o sentido que dá tem algo de um impulso suicida; esse sentido não pode sobreviver à chegada ao destino.

A procrastinação reflete essa ambivalência. O peregrino procrastina para estar mais bem preparado para captar as coisas que verdadeiramente importam. Mas captá-las sinalizará o fim da peregrinação, e assim também o fim de uma vida que dela deriva seu único sentido. Por essa razão, a procrastinação tem uma tendência a romper qualquer limite de tempo colocado de antemão e a estender-se indefinidamente – *ad calendas graecas*. A procrastinação tende a tornar-se seu próprio objetivo. A coisa mais importante deixada de lado no ato da procrastinação tende a ser o fim da própria procrastinação.

O preceito comportamental e de atitude que fundou a sociedade moderna e tornou possível e inescapável o modo moderno de estar no mundo foi o princípio do *adiamento da satisfação* (da satisfação de uma necessidade ou um desejo, do momento de uma experiência agradável, do gozo). É nessa transformação que a procrastinação entra na cena moderna (ou, mais exatamente, torna moderna a cena). Como explicou Max Weber, foi esse adiamento particular, e não a pressa e a impaciência, que resultou em modernas inovações espetaculares e frutíferas – como, de um lado, a acumulação do capital e, de outro, a propagação e o enraizamento da ética do trabalho. O desejo de melhorar deu ao esforço seu estímulo e momento; mas o "não ainda", o "não já", conduziu esse esforço a sua consequência não prevista, que veio a ser conhecida como crescimento, desenvolvimento, aceleração e, portanto, sociedade moderna.

Na forma do "adiamento da satisfação", a procrastinação retém toda sua ambivalência interior. Libido e Tânatos competem entre si em cada ato de adiamento, e cada adiamento é o triunfo da Libido sobre seu inimigo mortal. O desejo estimula o esforço pela esperança de satisfação, mas o estímulo retém sua força enquanto a satisfação desejada permanecer uma esperança. Todo o poder motivador do desejo é investido em sua realização. No fim, para permanecer vivo o desejo tem que desejar apenas sua própria sobrevivência.

Na forma do "adiamento da satisfação", a procrastinação põe arar e semear acima de colher e ingerir o produto, o investimento acima do lucro, a poupança acima do gasto, a autocontenção acima da autoindulgência, o trabalho acima do consumo. Mas nunca diminuiu o valor das coisas a que negava prioridade nem subestimou seu mérito e significação. Essas coisas eram os prêmios da abstinência autoinfligida, as recompensas do adiamento voluntário. Quanto mais severa a autorrestrição, maior seria eventualmente a oportunidade de autoindulgência. Poupe, pois quanto mais você poupar mais você poderá gastar. Trabalhe, pois quanto mais você trabalhar mais você consumirá. Paradoxalmente, a negação da imediatez, a aparente degradação dos objetivos, redunda em sua elevação e enobrecimento. A necessidade de esperar magnifica os poderes sedutores do prêmio. Longe de rebaixar a satisfação dos desejos como motivo para os esforços da vida, o preceito de adiá-la torna-a o propósito supremo da vida. O adiamento da satisfação mantém o produtor a serviço do consumidor – mantendo o consumidor que vive no produtor plenamente acordado e de olhos bem abertos.

Devido a sua ambivalência, a procrastinação alimenta duas tendências opostas. Uma leva à *ética do trabalho,* que estimula a troca de lugares entre meios e fins e proclama a virtude do *trabalho pelo trabalho,* o adiamento do gozo como um valor em si mesmo, e, valor mais refinado do que os valores que se destinava a servir, a ética do trabalho insiste em que o adiamento se estenda indefinidamente. Outra tendência leva à estética do consumo, rebaixando o trabalho ao papel puramente subordinado e instrumental de revolver a terra, uma atividade que deriva todo seu valor daquilo para que prepara o terreno, e também leva à consideração da abstinência e da renúncia como sacrifícios talvez necessários, mas embaraçosos e corretamente malvistos, a serem reduzidos ao mínimo.

Como uma faca de dois gumes, a procrastinação pode servir à sociedade moderna tanto em seu estágio "sólido" como no "líquido", tanto em seu estágio de produtor como no de consumidor, ainda que sobrecarregue cada estágio com tensões e conflitos de atitude e axiológicos não resolvidos. A passagem para a sociedade de consumidores do presente significou portanto uma mudança de ênfase mais que uma mudança de valores. E, no entanto, levou o princípio da procrastinação ao ponto de ruptura. Esse princípio está hoje vulnerável, e perdeu o escudo protetor da proibição ética. O adiamento da satisfação não é mais um sinal de virtude moral. É uma provação pura e simples, uma problemática sobrecarga que sinaliza imperfeições nos arranjos sociais ou inadequação pessoal, ou nas duas ao mesmo tempo. Não uma exortação, mas uma admissão resignada e triste de um estado de coisas desagradável (mas remediável).

Se a ética do trabalho pressiona por uma extensão indefinida do adiamento, a estética do consumo pressiona por sua abolição. Vivemos, como disse George Steiner, numa "cultura de cassino", e no cassino a chamada nunca muito distante de *"rien ne va plus"* coloca o limite à procrastinação; se um ato merece recompensa, a recompensa é instantânea. Na cultura do cassino, a espera é tirada do querer, mas a satisfação do querer também deve ser breve; deve durar apenas até que a bolinha da roleta corra de novo, ter tão pouca duração quanto a espera, para não sufocar o desejo, que deveria preencher e reinventar – desejo que é a recompensa mais ambicionada no mundo dominado pela estética do consumo.

E assim se encontram o começo e o fim da procrastinação, a distância entre o desejo e sua satisfação se reduz a um momento de êxtase – êxtase que, como observou John Tusa (no *Guardian* de 19.7.1997) deve haver em quantidade: "Imediato, constante, divertido, agradável, em quantidade cada vez maior, em formas cada vez mais diversificadas, em ocasiões cada vez mais frequentes." O que conta, entre as qualidades das coisas e dos atos é só a "autossatisfação instantânea, constante e irrefletida".

Obviamente, a demanda de que a satisfação seja *instantânea* vai contra o princípio da procrastinação. Mas, sendo instantânea, a satisfação não pode ser constante, a menos que também seja de curta duração, impedida de se estender além da duração de seu poder de diversão e entretenimento. Na cultura do cassino, o princípio da procrastinação sofre ataque em duas frentes ao mesmo tempo. Estão sob pressão o adiamento tanto da *chegada* da satisfação quanto o de sua *partida*.

Esse é, porém, um dos lados da história. Na sociedade dos produtores, o princípio ético do adiamento da satisfação costumava assegurar a durabilidade do esforço do trabalho. Na sociedade dos consumidores, por outro lado, o mesmo princípio pode ainda ser necessário na prática para assegurar a durabilidade do desejo. Muito mais efêmero e frágil que o trabalho, e, ao contrário do trabalho, não reforçado por rotinas institucionalizadas, o desejo não tem chance de sobreviver se a satisfação for deixada para as calendas gregas. Para se manter vivo e fresco, o desejo deve ser, algumas vezes, e frequentemente, satisfeito – ainda que a satisfação signifique o fim do desejo. A sociedade dominada pela estética do consumo precisa portanto de um tipo muito especial de satisfação – semelhante ao *pharmakon* de Derrida, essa droga curativa que é ao mesmo tempo um veneno, ou melhor, uma droga que deve ser dosada cuidadosamente, nunca na dosagem completa – que mata. Uma satisfação que não é realmente satisfatória, nunca bebida até o fim, sempre abandonada pela metade...

A procrastinação serve à cultura do consumidor pela sua autonegação. A fonte do esforço criativo não é mais o desejo induzido de adiar a satisfação do desejo, mas o desejo induzido de encurtar o adiamento ou aboli-lo de todo, acompanhado do desejo induzido de encurtar a duração da satisfação quando ela chega. A cultura em guerra com a procrastinação é uma novidade na história moderna. Ela não tem lugar para tomar distância, nem para reflexão, continuidade, tradição – essa *Wiederholung* (recapitulação) que, de acordo com Heidegger, era a modalidade do Ser como o conhecemos.

Os laços humanos no mundo fluido

Os dois tipos de espaço, ocupados pelas duas categorias de pessoas, são marcadamente diferentes, mas inter-relacionados; não conversam entre si, mas estão em constante comunicação; têm muito pouco em comum, mas simulam semelhança. Os dois espaços são regidos por lógicas drasticamente diferentes, moldam diferentes experiências de vida, geram itinerários divergentes e narrativas que usam definições distintas, muitas vezes opostas, de códigos comportamentais semelhantes. E no entanto os dois espaços se acomodam dentro do mesmo mundo – e o mundo de que ambos fazem parte é o mundo da vulnerabilidade e da precariedade.

O título de um artigo apresentado em dezembro de 1997 por um dos analistas mais incisivos de nosso tempo, Pierre Bourdieu, é "Le précarité est aujourd'hui partout"[22]. O título diz tudo: precariedade, instabilidade, vulnerabilidade, é a característica mais difundida das condições de vida contemporâneas (e também a que se sente mais dolorosamente). Os teóricos franceses falam de *précarité*, os alemães, de *Unsicherheit* e *Risikogeselschaft*, os italianos, de *incertezza* e os ingleses, de *insecurity* – mas todos têm em mente o mesmo aspecto da condição humana, experimentada de várias formas e sob nomes diferentes por todo o globo, mas sentida como especialmente enervante e deprimente na parte altamente desenvolvida e próspera do planeta – por ser um fato novo e sem precedentes. O fenômeno que todos esses conceitos tentam captar e articular é a experiência combinada da *falta de garantias* (de posição, títulos e sobrevivência), da *incerteza* (em relação à sua continuação e estabilidade futura) e de *insegurança* (do corpo, do eu e de suas extensões: posses, vizinhança, comunidade).

A precariedade é a marca da condição preliminar de todo o resto: a sobrevivência, e particularmente o tipo mais comum de sobrevivência, a que é reivindicada em termos de trabalho e emprego. Essa sobrevivência já se tornou excessivamente frágil, mas se torna mais e mais frágil e menos confiável a cada ano que passa. Muitas pessoas, quando ouvem as opiniões contraditórias dos especialistas, mas em geral apenas olhando em volta e pensando sobre o destino de seus entes próximos e queridos, suspeitam com boas razões que, por mais admiráveis que sejam as caras e as promessas que os políticos fazem, o desemprego nos países prósperos tornou-se "estrutural": para cada nova vaga há alguns empregos que desapareceram, e simplesmente não há empregos suficientes para todos. E o progresso tecnológico – de fato, o próprio esforço de racionalização – tende a anunciar cada vez menos, e não mais, empregos.

Quão frágeis e incertas se tornaram as vidas daqueles já dispensáveis como resultado de sua dispensabilidade não é muito difícil de imaginar. A questão é, porém, que – pelo menos psicologicamente – todos os outros também são afetados, ainda que por enquanto apenas obliquamente. No mundo do desemprego estrutural ninguém pode se sentir verdadeiramente seguro. Empregos seguros em empresas seguras parecem parte da nostalgia dos avós; nem há muitas habilidades e experiências que, uma vez adquiridas, garantam que o emprego será oferecido e, uma vez oferecido, será durável. Ninguém pode razoavelmente supor que está garantido contra a nova rodada de "redução de tamanho", "agilização" e "racionalização", contra mudanças erráticas da demanda do mercado e pressões caprichosas mas irresistíveis de "competitividade", "produtividade" e "eficácia". "Flexibilidade" é a palavra do dia. Ela anuncia empregos sem segurança, compromissos ou direitos, que oferecem apenas contratos a prazo fixo ou renováveis, demissão sem aviso prévio e nenhum direito à compensação. Ninguém pode, portanto, sentir-se insubstituível – nem os já demitidos nem os que ambicionam o emprego de demitir os outros. Mesmo a posição mais privilegiada pode acabar sendo apenas temporária e "até disposição em contrário".

Na falta de segurança de longo prazo, a "satisfação instantânea" parece uma estratégia razoável. O que quer que a vida ofereça, que o faça *hic et nunc* – no ato. Quem sabe o que o amanhã vai trazer? O adiamento da satisfação perdeu seu fascínio. É, afinal, altamente incerto que o trabalho e o esforço investidos hoje venham a contar como recursos quando chegar a hora da recompensa. Está longe de ser certo, além disso, que os prêmios que hoje parecem atraentes serão tão desejáveis quando finalmente forem conquistados. Todos aprendemos com amargas experiências que os prêmios podem se tornar riscos de uma hora para outra e prêmios resplandecentes podem se tornar marcas de vergonha. As modas vêm e vão com velocidade estonteante, todos os objetos de desejo se tornam obsoletos, repugnantes e de mau gosto antes que tenhamos tempo de aproveitá-los. Estilos de vida que são "chiques" hoje serão amanhã alvos do ridículo. Citando Bourdieu uma vez mais: "Os que deploram o cinismo que marca os homens e mulheres de nosso tempo não deveriam deixar de relacioná-lo às condições sociais e econômicas que o favorecem..." Quando Roma pega fogo e há muito pouco ou nada que se possa fazer para controlar o incêndio, tocar violino não parece mais bobo nem menos adequado do que fazer qualquer outra coisa.

Condições econômicas e sociais precárias treinam homens e mulheres (ou os fazem aprender pelo caminho mais difícil) a perceber o mundo como um contêiner cheio de objetos *descartáveis*, objetos para *uma só* utilização; o mundo inteiro – inclusive outros seres humanos. Além disso, o mundo parece ser constituído de "caixas pretas", hermeticamente fechadas, e que jamais deverão ser abertas pelos usuários, nem consertadas quando quebram. Os mecânicos de automóveis de hoje não são treinados para consertar motores quebrados ou danificados, mas apenas para retirar e jogar fora as peças usadas ou defeituosas e substituí-las por outras novas e seladas, diretamente da prateleira. Eles não têm a menor ideia da estrutura interna das "peças sobressalentes" (uma expressão que diz tudo), do modo misterioso como funcionam; não consideram esse entendimento e a habilidade que o acompanha como sua responsabilidade ou como parte de seu campo de competência. Como na oficina mecânica, assim também na vida em geral: cada "peça" é "sobressalente" e substituível, e assim deve ser. Por que gastar tempo com consertos que consomem trabalho, se não é preciso mais que alguns momentos para jogar fora a peça danificada e colocar outra em seu lugar?

Num mundo em que o futuro é, na melhor das hipóteses, sombrio e nebuloso, porém mais provavelmente cheio de riscos e perigos, colocar-se objetivos distantes, abandonar o interesse privado para aumentar o poder do grupo e sacrificar o presente em nome de uma felicidade futura não parecem uma proposição atraente, ou mesmo razoável. Qualquer oportunidade que não for aproveitada aqui e agora é uma oportunidade perdida; não a aproveitar é assim imperdoável e não há desculpa fácil para isso, e nem justificativa. Como os compromissos de hoje são obstáculos para as oportunidades de amanhã, quanto mais forem leves e superficiais, menor o risco de prejuízos. "Agora" é a palavra-chave da estratégia de vida, ao que quer que essa estratégia se aplique e independente do que mais possa sugerir. Num mundo inseguro e imprevisível, o viajante esperto fará o possível para imitar os felizes globais que viajam leves; e não derramarão muitas lágrimas ao se livrar de qualquer coisa que atrapalhe os movimentos. Raramente param por tempo suficiente para imaginar que os laços humanos não são como peças de automóvel – que raramente vêm prontos, que tendem a se deteriorar e desintegrar facilmente se ficarem hermeticamente fechados e que não são fáceis de substituir quando perdem a utilidade.

E assim a política de "precarização" conduzida pelos operadores dos mercados de trabalho acaba sendo apoiada e reforçada pelas políticas de vida, sejam elas adotadas deliberadamente ou apenas por falta de alternativas. Ambas convergem para o mesmo resultado: o enfraquecimento e decomposição dos laços humanos, das comunidades e das parcerias. Compromissos do tipo "até que a morte nos separe" se transformam em contratos do tipo "enquanto durar a satisfação", temporais e transitórios por definição, por projeto e por impacto pragmático – e assim passíveis de ruptura unilateral, sempre que um dos parceiros perceba melhores oportunidades e maior valor fora da parceria do que em tentar salvá-la a qualquer – incalculável – custo.

Em outras palavras, laços e parcerias tendem a ser vistos e tratados como coisas destinadas a serem *consumidas,* e não produzidas; estão sujeitas aos mesmos critérios de avaliação de todos os outros objetos de consumo. No mercado de consumo, os produtos duráveis são em geral oferecidos por um "período de teste"; a devolução do dinheiro é prometida se o comprador estiver menos que totalmente satisfeito. Se o participante numa parceria é "concebido" em tais termos, então não é mais tarefa para ambos os parceiros "fazer com que a relação funcione", "na riqueza e na pobreza", na saúde e na doença, trabalhar a favor nos bons e maus momentos, repensar, se necessário, as próprias preferências, conceder e fazer sacrifícios em favor da uma união duradoura. É, em vez disso, uma questão de obter satisfação de um produto pronto para o consumo; se o prazer obtido não corresponder ao padrão prometido e esperado, ou se a novidade se acabar junto com o gozo, pode-se entrar com a ação de divórcio, com base nos direitos do consumidor. Não há qualquer razão para ficar com um produto inferior ou envelhecido em vez de procurar outro "novo e aperfeiçoado" nas lojas.

O que se segue é que a suposta transitoriedade das parcerias tende a se tornar uma profecia autocumprida. Se o laço humano, como todos os outros objetos de consumo, não é alguma coisa a ser trabalhada com grande esforço e sacrifício ocasional, mas algo de que se espera satisfação imediata, instantânea, no momento da compra – e algo que se rejeita se não satisfizer, a ser usada apenas enquanto continuar a satisfazer (e nem um minuto além disso) –, então não faz sentido "jogar dinheiro bom em cima de dinheiro ruim", tentar cada vez mais, e menos ainda sofrer com o desconforto e o embaraço para salvar a parceria. Mesmo um pequeno problema pode causar a ruptura da parceria; desacordos triviais se tornam conflitos amargos, pequenos atritos são tomados como sinais de incompatibilidade essencial e irreparável. Como o sociólogo norte-americano W.I. Thomas teria dito, se tivesse testemunhado essa situação: se as pessoas supõem que seus compromissos são temporários e até segunda ordem, esses compromissos tendem a se tornar temporários em consequência das próprias ações dessas pessoas.

A precariedade da existência social inspira uma percepção do mundo em volta como um agregado de produtos para consumo imediato. Mas a percepção do mundo, com seus habitantes, como um conjunto de itens de consumo, faz da negociação de laços humanos duradouros algo excessivamente difícil. Pessoas inseguras tendem a ser irritáveis; são também intolerantes com qualquer coisa que funcione como obstáculo a seus desejos; e como muitos desses desejos serão de qualquer forma frustrados, não há escassez de coisas e pessoas que sirvam de objeto a essa intolerância. Se a satisfação instantânea é a única maneira de sufocar o sentimento de insegurança (sem jamais saciar a sede de segurança e certeza), não há razão evidente para ser tolerante em relação a alguma coisa ou pessoa que não tenha óbvia relevância para a busca da satisfação, e menos ainda em relação a alguma coisa ou pessoa complicada ou relutante em trazer a satisfação que se busca.

Há ainda outra ligação entre a "consumização" de um mundo precário e a desintegração dos laços humanos. Ao contrário da produção, o consumo é uma atividade solitária, irremediavelmente solitária, mesmo nos momentos em que se realiza na companhia de outros. Esforços produtivos (em geral de longo prazo) requerem cooperação mesmo quando apenas demandam a adição de força muscular bruta: se carregar um pesado tronco de um lugar para outro requer uma hora a oito homens, não se segue que um homem o possa fazer em oito (ou qualquer número de) horas. No caso de tarefas mais complexas que envolvem a divisão do trabalho e demandam diversas habilidades especializadas que não se encontram em uma só pessoa, a necessidade de cooperação é ainda mais óbvia; sem ela, o produto não teria chance de surgir. É a cooperação que transforma os esforços diversos e dispersos em esforços produtivos. No caso do consumo, porém, a cooperação não só é desnecessária como é inteiramente supérflua. O que é consumido o é individualmente, mesmo que num saguão repleto. Num toque de seu gênio versátil, Luis Buñuel (em *O fantasma da liberdade*) mostra o ato de comer, esse ato prototípico de gregariedade e sociabilidade, como a mais solitária e secreta de todas as atividades, zelosamente protegida da curiosidade dos outros.

A autoperpetuação da falta de confiança

Em seu estudo retrospectivo da sociedade capitalista/moderna do "desenvolvimento compulsivo e obsessivo", Alain Peyrefitte[23] chega à conclusão de que a característica mais importante, e mesmo constitutiva dessa sociedade era a *confiança:* confiança em si mesmo, nos outros e nas instituições. Os três constituintes da confiança costumavam ser indispensáveis. Condicionavam-se e se apoiavam entre si: sem um deles, os outros dois implodiriam e entrariam em colapso. Poderíamos descrever a moderna construção da ordem como um esforço contínuo de implantar as fundações institucionais da confiança: oferecendo uma estrutura estável para o investimento da confiança e tornando aceitável a crença de que os valores presentemente estimados continuariam a ser estimados e desejados, e de que as regras para a busca e obtenção desses valores continuariam a ser observadas, não seriam infringidas e seriam imunes à passagem do tempo.

Peyrefitte indica a empresa que gera empregos como o lugar por excelência para a disseminação e cultivo da confiança. O fato de que a empresa capitalista fosse também o foco de conflitos e confrontações não deve nos enganar: não há *enfrentamento* sem *confiança*. Se os empregados lutavam por seus direitos, é porque confiavam no "poder" do quadro em que, como esperavam e queriam, seus direitos se inseriam; confiavam na empresa como lugar adequado a quem entregavam seus direitos para guarda.

Esse não é mais o caso, ou pelo menos deixa rapidamente de sê-lo. Nenhuma pessoa racional esperaria passar toda sua vida, ou pelo menos boa parte dela, em uma mesma empresa. A maioria das pessoas racionais preferiria confiar as economias de toda a vida aos notoriamente arriscados fundos de investimento e companhias de seguros, que jogam nas bolsas, e não contar com as pensões que as empresas em que atualmente trabalham podem pagar. Como bem resumiu Nigel Thrift recentemente, "é muito difícil construir a confiança em organizações que estão sendo ao mesmo tempo 'desmontadas', 'reduzidas' e 'reengenheirizadas'."

Pierre Bourdieu[24] mostra a ligação entre o colapso da confiança e o enfraquecimento da vontade de engajamento político e ação coletiva: a capacidade de fazer projeções para o futuro, sugere, é a *conditio sine qua non* de todo pensamento "transformador" e de todo esforço de reexaminar e reformar o estado presente das coisas – mas projeções sobre o futuro raramente ocorrerão a pessoas que não têm o pé firme no presente. A quarta categoria de Reich claramente carece dessa firmeza. Presos como estão a seus lugares, impedidos de se mover e detidos no primeiro posto de fronteira se o fizerem, estão numa posição *a priori* inferior à do capital que se move livremente. O capital é cada vez mais global; eles, porém, permanecem locais. Por essa razão estão expostos, desarmados, aos inescrutáveis caprichos de misteriosos "investidores" e "acionistas", e das ainda mais desconcertantes "forças do mercado", "termos de troca" e "demandas da competição". O que quer que ganhem hoje lhes pode ser tirado amanhã sem aviso prévio. Não podem vencer. Nem – sendo as pessoas racionais que são ou lutam por ser – estão dispostos a arriscar a luta. É improvável que reformulem suas queixas como uma questão política e se voltem para o poder político estabelecido em busca de reparação. Como previu Jacques Attali há alguns anos, "o poder residirá amanhã na capacidade de bloquear ou facilitar o movimento por certas vias. O Estado não exercerá seus poderes para controlar a rede. E assim a impossibilidade de exercer o controle sobre a rede enfraquecerá irreversivelmente as instituições políticas".[25]

A passagem do capitalismo pesado ao leve e da modernidade sólida à fluida ou liquefeita é o quadro em que a história do movimento dos trabalhadores foi inscrita. Ela também vai longe para dar sentido às notórias reviravoltas dessa história. Não seria nem razoável nem particularmente esclarecedor dar conta dos lúgubres dilemas em que o movimento dos trabalhadores caiu na parte "avançada" (no sentido "modernizante") do mundo, em relação à mudança na disposição do público – tenha sido ela produzida pelo impacto debilitante dos meios de comunicação de massa, por uma conspiração dos anunciantes, pela sedutora atração da sociedade do consumo ou pelos efeitos soporíferos da sociedade do espetáculo e do entretenimento. Culpar os atabalhoados ou ambíguos "políticos trabalhistas" também não ajuda. Os fenômenos invocados nessas explicações não são imaginários, mas não funcionariam como explicações se não fosse pelo fato de que o contexto da vida, o ambiente social em que as pessoas (raramente por sua própria escolha) conduzem os afazeres da vida, mudou radicalmente desde o tempo em que os trabalhadores que se amontoavam nas fábricas de produção em larga escala se uniam para lutar por termos mais humanos e compensadores de venda de seu trabalho, e os teóricos e práticos do movimento dos trabalhadores sentiam na solidariedade destes o desejo, informe e ainda não articulado (mas inato e a longo prazo avassalador), de uma "boa sociedade" que efetivaria os princípios universais da justiça.

.5.

Comunidade

As diferenças nascem quando a razão não está inteiramente desperta ou voltou a adormecer. Esse era o credo implícito que emprestava credibilidade à clara confiança que os liberais pósiluministas depositavam na capacidade dos indivíduos humanos para a imaculada concepção. Nós, humanos, somos dotados de tudo de que todos precisam para tomar o caminho certo que, uma vez escolhido, será o mesmo para todos. O sujeito de Descartes e o homem de Kant, armados da razão, não errariam em seus caminhos humanos a menos que empurrados ou atraídos para fora da reta trilha iluminada pela razão. Escolhas diferentes são o sedimento de tropeços da história – o resultado de uma lesão cerebral chamada pelos vários nomes de preconceito, superstição ou falsa consciência. Ao contrário dos veredictos *eindeutig* da razão que são propriedade de cada ser humano, as diferenças de juízo têm origem coletiva: os "ídolos" de Francis Bacon estão onde os homens circulam e se encontram – no teatro, num mercado, em festas tribais. Libertar o poder da razão humana significava libertar o indivíduo de tudo isso.

Esse credo foi trazido à tona pelos críticos do liberalismo. Não eram poucos os críticos, que denunciavam a interpretação liberal do legado do Iluminismo por entender errado as coi-

Comunidade 211

sas ou por errar ao fazê-las. Poetas românticos, historiadores e sociólogos se uniram aos políticos nacionalistas ao observar que – antes mesmo que os homens começassem a exercitar seus cérebros para criar o melhor código de convívio que sua razão podia sugerir – eles já tinham uma história (coletiva) e costumes (coletivamente seguidos). Nossos contemporâneos comunitários dizem quase o mesmo, apenas utilizando termos diferentes: quem se "autoafirma" e se "autoconstrói" não é o indivíduo "desacomodado" e "desimpedido", mas uma pessoa que usa a linguagem e é escolarizada/socializada. Nem sempre é claro o que os críticos têm em mente: a visão do indivíduo autocontido é falsa ou prejudicial? Devem os liberais ser censurados por pregar a "opinião falsa" ou por fazer, inspirar ou absolver a falsa política?

Parece, contudo, que a recente querela entre liberais e comunitários diz respeito à política e não à "natureza humana". A questão não é tanto saber se a libertação do indivíduo das opiniões herdadas e da garantia coletiva contra as inconveniências da responsabilidade individual acontece ou não – mas se isso é bom ou ruim. Raymond Williams percebe há muito que o que é notável sobre a "comunidade" é que ela sempre existiu. Há comoção em torno da necessidade de comunidade principalmente porque é cada vez menos claro se as realidades que os retratos da "comunidade" afirmam representar são evidentes, e, se, caso possam ser encontradas, merecerão ser tratadas, em vista da expectativa de sua duração, com o respeito que exigem. A valente defesa da comunidade e a tentativa de restaurar sua posição negada pelos liberais dificilmente teriam acontecido se não fosse pelo fato de que os arreios com os quais as coletividades atam seus membros a uma história conjunta, ao costume, linguagem e escola, ficam mais esgarçados a cada ano que passa. No estágio líquido da modernidade, só são fornecidos arreios com zíper, e o argumento para sua venda é a facilidade com que podem ser usados pela manhã e despidos à noite (ou vice-versa). As comunidades vêm em várias cores e tamanhos, mas, se colocadas num eixo weberiano que vai de "leve manto" a "gaiola de ferro", aparecerão todas notavelmente próximas do primeiro polo.

Na medida em que precisam ser defendidas para sobreviver e apelar para seus próprios membros para que assegurem essa sobrevivência com suas escolhas individuais e assumam responsabilidade individual por essa sobrevivência – todas as comunidades são *postuladas:* mais projetos que realidades, alguma coisa que vem *depois* e não *antes* da escolha individual. A comunidade "tal como aparece nas pinturas comunitárias" poderia ser suficientemente tangível para ficar invisível e permitir o silêncio; mas os comunitários não pintam suas semelhanças, e muito menos as exibem.

Esse é o paradoxo interno do comunitarismo. Dizer "é bom ser parte de uma comunidade" é um testemunho oblíquo de *não* fazer parte, ou não fazer parte por muito tempo, a menos que os músculos e mentes dos indivíduos sejam exercitados e expandidos. Para realizar o projeto comunitário, é preciso apelar às mesmíssimas (e desimpedidas) escolhas individuais cuja possibilidade havia sido negada. Não se pode ser um comunitário *bona fide* sem acender uma vela para o diabo: sem admitir numa ocasião a liberdade da escolha individual que se nega em outra.

Aos olhos dos lógicos, essa contradição poderia por si só desacreditar o esforço de disfarçar o projeto político comunitário como uma teoria descritiva da realidade social. Para o sociólogo, no entanto, o que constitui um importante fato social que merece ser explicado/compreendido é a própria popularidade (talvez crescente) das ideias comunitárias (enquanto o fato de que o disfarce tenha sido tão bom a ponto de não obstruir o sucesso comunitário não melindraria muito, sociologicamente falando – é corriqueiro demais).

Em termos sociológicos, o comunitarismo é uma reação esperável à acelerada "liquefação" da vida moderna, uma reação antes acima de tudo ao aspecto da vida sentido como a mais aborrecida e incômoda entre suas numerosas consequências penosas – crescente desequilíbrio entre a liberdade e as garantias individuais. O suprimento de provisões se esvai rapidamente, enquanto volume de responsabilidades individuais (atribuídas, quando não exercidas na prática) cresce numa escala sem precedentes para as gerações do pós-guerra. Um aspecto muito visível do desaparecimento das velhas garantias é a nova fragilidade dos laços humanos. A fragilidade e transitoriedade dos laços pode ser um preço inevitável do *direito* de os indivíduos perseguirem seus objetivos individuais, mas não pode deixar de ser, simultaneamente, um obstáculo dos mais formidáveis para perseguir eficazmente esses objetivos – e para a coragem necessária para persegui-los. Isso também é um paradoxo – e profundamente enraizado na natureza da vida na modernidade líquida. E nem é a primeira vez que situações paradoxais provocam e evocam respostas paradoxais. À luz da natureza paradoxal da "individualização" moderna-líquida, a natureza contraditória da resposta comunitária ao paradoxo não deve espantar: a primeira é uma explicação adequada da segunda, enquanto esta é um efeito adequado da primeira.

O comunitarismo renascido responde à questão genuína e pungente de que o pêndulo oscila radicalmente – e talvez para longe demais – afastando-se do polo da segurança na díade dos valores humanos fundamentais. Por essa razão, o evangelho comunitário tem uma grande audiência. Ele fala em nome de milhões: *precarité*, como insiste Bourdieu, *est aujourd'hui partout* – ela penetra cada canto da existência humana. Em seu recente livro *Protéger ou disparaître*,[1] um irado manifesto contra a indolência e a hipocrisia das elites do poder de hoje em face de "*la montée des insecurités*", Philippe Cohen lista o desemprego (nove de cada dez novas vagas são estritamente temporárias e de curto prazo), as perspectivas incertas na velhice e os infortúnios da vida urbana como as principais fontes da difusa ansiedade em relação ao presente, ao dia de amanhã e ao futuro mais distante: a falta de segurança é o que une as três, e o principal apelo do comunitarismo é a promessa de um porto seguro, o destino dos sonhos dos marinheiros perdidos no mar turbulento da mudança constante, confusa e imprevisível.

Como observou amargamente Eric Hobsbawm, "a palavra 'comunidade' nunca foi utilizada tão indiscriminadamente quanto nas décadas em que as comunidades no sentido sociológico se tornaram difíceis de encontrar na vida real".[2] "Homens e mulheres procuram grupos de que possam fazer parte, com certeza e para sempre, num mundo em que tudo o mais se desloca e muda, em que nada mais é certo."[3] Jock Young faz um sumário sucinto da observação de Hobsbawm: "Exatamente quando a comunidade entra em colapso, inventa-se a identidade."[4] Pode-se dizer que a "comunidade" do evangelho comunitário [community of the communitarian gospel] não é a Gemeinschaft preestabelecida e seguramente fundada da teoria social (e formulada como "lei da história" por Ferdinand Tönnies), mas um criptônimo para a "identidade" zelosamente buscada mas nunca encontrada. E como observou Orlando Patterson (citado por Eric Hobsbawm), embora as pessoas tenham que escolher entre diferentes grupos de referência de identidade, sua escolha implica a forte crença de que quem escolhe não tem opção a não ser o grupo específico a que "pertence".

A comunidade do evangelho comunitário é um lar evidente (o lar familiar, não um lar achado ou feito, mas um lar em que se nasceu, de tal forma que não se pode encontrar a origem, a "razão de existir", em qualquer outro lugar): e um tipo de lar, por certo, que para a maioria das pessoas é mais como um belo conto de fadas que uma questão de experiência pessoal. (A casa familiar, outrora envolta seguramente por uma densa rede de hábitos rotinizados e expectativas costumeiras, teve as proteções desmanteladas e está inteiramente à mercê das marés que açoitam o resto da vida.) Que o lar esteja fora do domínio da experiência ajuda: seu aconchego não pode ser posto a prova, e seus atrativos, como são imaginados, ficam imunes aos aspectos menos atraentes do pertencimento obrigatório e das obrigações não negociáveis – as cores mais fortes estão ausentes da palheta da imaginação.

Ser um lar evidente também ajuda. Os que estavam presos dentro de uma casa comum de alvenaria podiam, vez ou outra, ser assaltados pela estranha impressão de estar numa prisão e não num porto seguro; a liberdade da rua acenava de fora, tão inacessível quanto a sonhada segurança do lar tende a ser hoje. Se a sedutora segurança do lar é, porém, projetada numa tela suficientemente grande, não sobra "de fora" nada para estragar a festa. A comunidade ideal é um *compleat mappa mundi*: um mundo total, que oferece tudo de que se pode precisar para levar uma vida significativa e compensadora. Focando o que mais causa dor aos sem teto, o remédio comunitário da passagem (disfarçada de retorno) para um mundo total e totalmente consistente aparece como uma solução verdadeiramente radical de todos os problemas, presentes e futuros; outros cuidados parecem pequenos e insignificantes, se comparados.

O mundo comunitário está completo porque todo o resto é irrelevante; mais exatamente, hostil – um ermo repleto de emboscadas e conspirações e fervilhante de inimigos que brandem o caos como sua arma principal. A harmonia interior do mundo comunitário brilha e cintila contra a escura e impenetrável selva que começa do outro lado da estrada. É lá, para esse ermo, que as pessoas que se juntam no calor da identidade partilhada jogam (ou esperam banir) os medos que as levaram a procurar o abrigo comunitário. Nas palavras de Jock Young, "o desejo de demonizar os outros se baseia nas incertezas ontológicas" dos de dentro.[5] Uma "comunidade includente" seria uma contradição em termos. A fraternidade comunitária seria incompleta, talvez impensável, ainda que invejável, sem essa inclinação fratricida inata.

Nacionalismo, marco 2

A comunidade do evangelho comunitário é étnica, ou uma comunidade imaginada no padrão de uma comunidade étnica. Essa escolha de arquétipo tem boas razões.

Primeiro, a "etnicidade", ao contrário de qualquer outro fundamento da unidade humana, tem a vantagem de "naturalizar a história", de apresentar o cultural como um "fato da natureza", a liberdade como "necessidade compreendida (e aceita)". Fazer parte de uma etnia estimula à ação: devemos escolher a lealdade à nossa natureza – devemos tentar, com o maior esforço e sem descanso, viver à altura do modelo e assim contribuir para sua preservação. O próprio modelo, contudo, não é uma questão de escolha, que não se dá entre diferentes referenciais de pertencimento, mas entre pertencimento e falta de raízes, entre um lar e a falta de um lar, o ser e o nada. Esse é precisamente o dilema que o evangelho comunitário quer (e precisa) tornar claro.

Segundo, ao promover o princípio de que a unidade étnica supera todas as outras lealdades, o Estado-nação foi o único "caso de sucesso" da comunidade nos tempos modernos, ou, melhor, a única entidade que apostou no estatuto de comunidade com algum grau de convicção e efeito. A ideia da etnicidade (e da homogeneidade étnica) como base legítima da unidade e da autoafirmação ganhou com isso uma fundamentação histórica. O comunitarismo contemporâneo naturalmente espera capitalizar essa tradição; dada a oscilação atual da soberania do Estado e a necessidade evidente de que alguém carregue a bandeira que parece cair das mãos desse Estado, a esperança não está de todo perdida. Mas é fácil observar que há limites para se traçar paralelos entre as realizações do Estado-nação e as ambições comunitárias. Afinal, o Estado-nação deveu seu sucesso à *supressão* de comunidades que se autoafirmavam; lutou com unhas e dentes contra o "paroquialismo", os costumes ou "dialetos" locais, promovendo uma língua unificada e uma memória histórica às expensas das tradições comunitárias; quanto mais determinada a *Kulturkämpfe* iniciada e supervisionada pelo Estado, maior o sucesso do Estado-nação na produção de uma "comunidade natural". Além disso, os Estados-nação (diferentemente das comunidades hoje projetadas) não se lançaram à tarefa no escuro e nem pensariam em depender apenas da força da doutrinação. Seu esforço tinha o poderoso apoio da imposição legal da língua oficial, de currículos escolares e de um sistema legal unificado, que as comunidades projetadas não têm e nem estão perto de adquirir.

Bem antes do recente crescimento do comunitarismo, havia argumentos de que existia uma pedra preciosa sob a carapaça feia e espinhenta da moderna construção da nação. Isaiah Berlin sugeriu que há aspectos humanos e elogiáveis na moderna "terra natal", separados de seu lado cruel e potencialmente sangrento. A distinção entre patriotismo e nacionalismo é bastante popular. Em geral, o patriotismo é o membro "positivo" da dupla, deixando o nacionalismo, com suas realidades desagradáveis, como membro "negativo": o patriotismo, mais postulado que empiricamente verificado, é o que o nacionalismo (se amansado, civilizado e eticamente enobrecido) poderia ser mas não é. O patriotismo é descrito pela negação dos traços mais rejeitados e vergonhosos do nacionalismo. Leszek Kolakowski[6] sugere que, enquanto o nacionalista quer afirmar a existência tribal pela agressão e ódio aos outros, acredita que todos os infortúnios de sua própria nação são resultado de conspirações estrangeiras e se ressente contra todas as outras nações por não admirarem apropriadamente nem darem o merecido crédito à sua própria tribo, o patriota destaca-se pela "benevolente tolerância em relação à variedade cultural e especialmente às minorias étnicas e religiosas", assim como por sua disposição de dizer à sua própria nação coisas que a desagradam e que ela não gostaria de ouvir. Ainda que a distinção seja boa, e moral e intelectualmente louvável, seu valor é um tanto enfraquecido pelo fato de que ela não opõe duas opções passíveis de adesão, mas sim uma ideia nobre e uma realidade ignóbil. A maioria das pessoas que gostariam que seus entes queridos fossem patriotas com toda probabilidade denunciariam as características atribuídas à posição patriótica como evidência de hipocrisia, traição à pátria ou pior. Tais características – tolerância da diferença, hospitalidade para com as minorias e coragem de dizer a verdade, ainda que desagradável – são mais encontráveis em terras onde o "patriotismo" não é um "problema"; em sociedades suficientemente seguras de sua cidadania republicana para não se preocuparem com o patriotismo enquanto problema, e menos ainda em vê-lo como tarefa urgente.

Bernard Yack, organizador de *Liberalism without Ilusions* (University of Chicago Press, 1996), não estava errado quando, em sua polêmica contra Maurizio Viroli, autor de *Love of Country: An Essay on Patriotism and Nationalism* (Oxford University Press, 1995), parafraseou Hobbes, cunhando um aforismo, "o nacionalismo é o patriotismo indesejado e o patriotismo, o nacionalismo desejado".[7] De fato, há razões para concluir que há pouco que distinga nacionalismo de patriotismo, além de nosso entusiasmo por suas manifestações ou a ausência delas ou o grau de vergonha ou consciência de culpa com que os admitamos ou neguemos. É nomeá-los que faz a diferença, e a diferença é principalmente retórica, e distingue não a substância dos fenômenos mencionados, mas o modo como falamos sobre sentimentos ou paixões que são essencialmente similares. Contudo são a natureza dos sentimentos e paixões e suas consequências comportamentais e políticas que contam e afetam a qualidade do convívio humano, e não as palavras que usamos para descrevê-las. Olhando para os feitos narrados nas histórias patrióticas, Yack conclui que, sempre que sentimentos patrióticos sublimes "se elevaram ao nível da paixão compartilhada", "os patriotas mostraram uma paixão feroz, nunca gentil", e que os patriotas podem ter demonstrado ao longo dos séculos "muitas virtudes úteis e memoráveis, mas a gentileza e a simpatia para com estranhos nunca foram preeminentes entre elas".

Não há como negar, contudo, que a diferença na retórica é significante, nem suas ocasionais e pungentes reverberações pragmáticas. Uma retórica é feita à imagem do discurso do "ser", a outra, do "tornar-se". O "patriotismo" como um todo é tributário do credo moderno do "inacabado", da maleabilidade (mais precisamente, da "reformabilidade") dos homens: pode, portanto, declarar em sã consciência (mantendo ou não a promessa na prática) que o chamado a "cerrar fileiras" é um convite feito e aberto: que "cerrar fileiras" é uma escolha e que tudo o que se pede é que seja feita a escolha certa e que se permaneça fiel a ela, para o bem ou para o mal, por todo o sempre. O "nacionalismo", por outro lado, é mais como a versão calvinista da salvação ou a ideia de Santo Agostinho do livre-arbítrio: deposita pouca fé na escolha – você é "um de nós" ou não é, e em qualquer caso há pouco, talvez nada, que você possa fazer para mudá-lo. Na narrativa nacionalista, "pertencer" é um destino, não o produto de uma escolha ou de um projeto de vida. Pode ser uma questão de hereditariedade biológica, como a hoje fora de moda e abandonada versão racista do nacionalismo, ou de hereditariedade cultural, como na variante "culturalista", hoje em voga – mas em qualquer dos casos a questão foi decidida bem antes que essa ou outra pessoa começasse a andar e falar, de modo que a única escolha disponível ao indivíduo é entre abraçar o veredicto do destino com as duas mãos e de boa fé, ou rebelar-se contra ele e assim tornar-se um traidor da sua vocação.

Essa diferença entre patriotismo e nacionalismo tende a ultrapassar a mera retórica e entrar no domínio da prática política. Seguindo a terminologia de Claude Lévi-Strauss, podemos dizer que a primeira fórmula é mais capaz de inspirar estratégias "antropofágicas" ("devorar" os estrangeiros, de modo que sejam assimilados pelo corpo de quem devora e se tornem idênticos às outras células deste, perdendo sua própria distintividade), enquanto a segunda se associa mais à estratégia "antropoêmica", de "vomitar" e "cuspir" aqueles que não são "aptos a ser *nós*", seja isolando-os por encarceramento dentro dos muros visíveis dos guetos ou nos invisíveis (ainda que não menos tangíveis por essa razão) muros das proibições culturais, seja cercando-os, deportando-os ou forçando-os a fugir, como na prática que recebe o nome de limpeza étnica. Seria prudente, no entanto, lembrar que a lógica do pensamento raramente se impõe à lógica dos atos, e não há uma relação biunívoca entre a retórica e a prática, e assim cada uma das estratégias pode estar envolvida em qualquer dessas retóricas.

Unidade – pela semelhança ou pela diferença?

O "nós" do credo patriótico/nacionalista significa pessoas *como nós;* "eles" significa pessoas que são *diferentes de nós.* Não que "nós" sejamos idênticos em tudo; há diferenças entre "nós", ao lado das características comuns, mas as semelhanças diminuem, tornam difuso e neutralizam seu impacto. O aspecto em que somos semelhantes é decididamente mais significativo que o que nos separa; significativo bastante para superar o impacto das diferenças quando se trata de tomar posição. E não que "eles" sejam diferentes de nós em tudo; mas eles diferem em um aspecto que é mais importante que todos os outros, importante o bastante para impedir uma posição comum e tornar improvável a solidariedade genuína, independente das semelhanças que existam. É uma situação tipicamente ou/ou: as fronteiras que "nos" separam "deles" estão claramente traçadas e são fáceis de ver, uma vez que o certificado de "pertencer" só tem uma rubrica, e o formulário que aqueles que requerem uma carteira de identidade devem preencher contém uma só pergunta, que deve ser respondida "sim ou não".

Note-se que a questão de qual das diferenças é "crucial" – isto é, qual delas é o tipo de diferença que importa mais que qualquer semelhança e faz todas as características comuns parecerem pequenas e insignificantes (a diferença que torna a divisão que gera hostilidade um caso encerrado antes mesmo do começo da reunião em que a eventualidade da unidade poderia ser discutida) – é menor e acima de tudo derivativa, e não constitui o ponto de partida do argumento. Como explicou Frederick Barth, as fronteiras não reconhecem e registram um estranhamento já existente; elas são traçadas, como regra, antes que o estranhamento seja produzido. Primeiro há um conflito, uma tentativa desesperada de separar "nós" e "eles"; então os traços cuidadosamente espiados "neles" são tomados como prova e fonte de uma estranheza que não admite conciliação. Sendo os seres humanos como são, criaturas multifacetadas com muitos atributos, não é difícil encontrar tais traços quando a busca é feita a sério.

O nacionalismo tranca as portas, arranca as aldravas e desliga as campainhas, declarando que apenas os que estão dentro têm direito de aí estar e acomodar-se de vez. O patriotismo é, pelo menos aparentemente, mais tolerante, hospitaleiro e acessível – deixa a questão para os que pedem admissão. E no entanto o resultado último é, quase sempre, notavelmente semelhante. Nem o credo patriótico nem o nacionalista admitem a possibilidade de que as pessoas possam se unir mantendo-se ligadas às suas diferenças, estimando-as e cultivando-as, ou que sua unidade, longe de requerer a semelhança ou promovê-la como um valor a ser ambicionado e buscado, de fato *se beneficia* da variedade de estilos de vida, ideais e conhecimento, ao mesmo tempo em que acrescenta força e substância ao que as faz o que são – e isso significa ao que as faz diferentes.

Bernard Crick cita da *Política* de Aristóteles sua ideia de uma "boa *polis*", articulada contra o sonho de Platão de uma verdade, um padrão unificado de justiça, que subjuga a todos:

> Há um ponto em que uma polis, ao avançar na unidade, deixa de ser uma polis; mas de qualquer forma chega quase a perder sua essência, e assim será uma polis pior. É como se se transformasse a harmonia em mero uníssono, ou se reduzisse um tema a uma única batida. A verdade é que a polis é um agregado de muitos membros.

Em seu comentário, Crick avança na ideia de um tipo de unidade que nem o patriotismo nem o nacionalismo estão dispostos a admitir e com frequência rejeitarão ativamente: um tipo de unidade que supõe que a sociedade civilizada é inerentemente pluralista, que viver em conjunto em tal sociedade significa negociação e conciliação de interesses "naturalmente diferentes" e que "é normalmente melhor conciliar interesses diferentes que coagir e oprimir perpetuamente"[8]: em outras palavras, que o pluralismo da moderna sociedade civilizada não é simplesmente um "fato bruto" que pode não ser desejado ou mesmo detestado mas que nem por isso desaparece, mas uma coisa boa e uma circunstância afortunada, pois oferece benefícios muito maiores que os desconfortos e inconveniências que produz, amplia os horizontes da humanidade e multiplica as oportunidades de uma vida melhor que a que qualquer das alternativas pode oferecer. Podemos dizer que em rigorosa oposição tanto à fé patriótica quanto à nacionalista, o tipo mais promissor de unidade é a que é *alcançada,* e realcançada a cada dia, pelo confronto, debate, negociação e compromisso entre valores, preferências e caminhos escolhidos para a vida e a autoidentificação de muitos e diferentes membros da *polis,* mas sempre autodeterminados.

Esse é, essencialmente, o modelo *republicano* de unidade, de uma unidade emergente que é uma realização conjunta de agentes engajados na busca de autoidentificação; uma unidade que é um resultado, e não uma condição dada *a priori,* da vida compartilhada; uma unidade erguida pela negociação e reconciliação, e não pela negação, sufocação ou supressão das diferenças.

Essa, quero propor, é a única variante da unidade (a única forma de estar juntos) compatível com as condições da modernidade líquida, variante plausível e realista. Uma vez que as crenças, valores e estilos foram "privatizados" – descontextualizados ou "desacomodados", com lugares de reacomodação que mais lembram quartos de motel que um lar próprio e permanente –, as identidades não podem deixar de parecer frágeis e temporárias, e despidas de todas as defesas exceto a habilidade e determinação dos agentes que se aferram a elas e as protegem da erosão. A volatilidade das identidades, por assim dizer, encara os habitantes da modernidade líquida. E assim também faz a esco-

Comunidade 223

lha que se segue logicamente: aprender a difícil arte de viver com a diferença ou produzir condições tais que façam desnecessário esse aprendizado. Como disse recentemente Alain Touraine, o presente estado da sociedade assinala "o fim da definição do ser humano como um ser social, definido por seu lugar na sociedade, que determina seu comportamento ou ação", e assim a defesa, pelos atores sociais, de sua "especificidade cultural e psicológica" só pode ser conduzida com "consciência de que o princípio de sua combinação pode ser encontrado dentro do indivíduo, e não mais em instituições sociais ou princípios universais".[9]

As notícias da condição sobre as quais os teóricos teorizam e os filósofos filosofam são diariamente marteladas pelas forças conjuntas das artes populares, quer apareçam com seu nome de ficção, quer disfarçadas de "histórias verdadeiras". Como os que assistiram ao filme *Elizabeth* foram informados, mesmo ser a rainha da Inglaterra é uma questão de autoafirmação e de autocriação; ser uma filha de Henrique VIII demanda muita iniciativa individual, apoiada em astúcia e determinação. Para forçar os briguentos e recalcitrantes cortesãos a se ajoelharem e fazer reverência e, mais que isso, a ouvir e obedecer, ela precisou comprar muita maquilagem para o rosto e mudar seu estilo de cabelo, enfeites e o restante da aparência. Não há afirmação que não seja autoafirmação, nem identidade que não seja construída.

Tudo se resume, com certeza, à força do agente em questão. As armas de defesa não estão disponíveis de maneira uniforme para todos, e é razoável que indivíduos mais fracos e mal-armados procurem a força do número para compensar sua impotência individual. Dada a variada amplitude do hiato universalmente experimentado entre a condição do "indivíduo *de jure*" e a possibilidade de obter o status de "indivíduo *de facto*", o mesmo ambiente moderno fluido pode favorecer uma diversidade de estratégias de sobrevivência. O "nós", como insiste Richard Sennett, "é hoje um ato de autoproteção. O desejo de comuni-

224 Modernidade líquida

dade é defensivo ... Certamente é quase uma lei universal que o "nós" pode ser usado como defesa contra a confusão e o deslocamento". Mas – e este é um "mas" crucial – quando o desejo de comunidade "se expressa como rejeição dos imigrantes e outros estranhos", é porque

> a política atual baseada no desejo de refúgio tem por alvo os fracos, que viajam nos circuitos do mercado global de trabalho, e não os fortes, as instituições que mobilizam os trabalhadores pobres ou fazem uso de sua privação relativa. Os programadores da IBM ... Num modo importante, conseguiram transcender esse sentido defensivo da comunidade quando deixaram de culpar seus colegas indianos e seu presidente judeu.[10]

"Num modo importante", talvez – mas só em um, não necessariamente o mais significativo. O impulso de retirar-se da complexidade eivada de riscos para o abrigo da uniformidade é universal; o que difere são os modos de agir a partir desse impulso, e esses modos tendem a diferir em proporção direta aos meios e recursos de que os atores dispõem. Os mais bem aquinhoados, como os programadores da IBM, confortáveis em seu enclave ciberespacial mas muito menos imunes aos azares do destino no setor físico do mundo social, mais difícil de "virtualizar," podem arcar com os custos de fossos e pontes levadiças hightech para manter o perigo a distância. Guy Nafilyah, dirigente de uma companhia imobiliária líder na França, observou que "os franceses estão inquietos, têm medo dos vizinhos, com exceção dos que se parecem com eles". Jacques Patigny, presidente da Associação Nacional dos Locadores de Imóveis, concorda, e vê o futuro no "fechamento periférico e filtro seletivo" das áreas residenciais com o uso de cartões magnéticos e guardas. O futuro pertence a "arquipélagos de ilhas situadas ao longo dos eixos de comunicação". As áreas residenciais verdadeiramente extraterritoriais, isoladas e cercadas, equipadas com intricados sistemas de intercomunicação, ubíquas câmeras de vídeo para vigilância e guardas fortemente armados em rondas 24 horas por dia se espalham ao redor de Toulouse, como fizeram há algum tempo nos EUA e como fazem em números crescentes em toda a parte próspera do mundo que se globaliza rapidamente.[11] Os enclaves fortemente guardados têm uma semelhança notável com os guetos étnicos dos pobres. Diferem, entretanto, num aspecto importante: foram livremente escolhidos como um privilégio pelo qual deve-se pagar um alto preço. E os seguranças que guardam o acesso foram empregados e portam suas armas legalmente.

Richard Sennett faz uma interpretação sociopsicológica da tendência:

> A imagem da comunidade é purificada de tudo o que pode trazer uma sensação de diferença, que dirá conflito, a quem somos "nós". Desse modo, o mito da solidariedade comunitária é um ritual de purificação ... O que distingue esse compartilhamento mítico nas comunidades é que as pessoas sentem que pertencem umas às outras, e ficam juntas, *porque são as mesmas* ... O sentimento de "nós", que expressa o desejo de semelhança, é um modo de evitar olhar mais profundamente nos olhos dos outros.[12]

Como muitas outras iniciativas dos poderes públicos, o sonho de pureza foi, na era da modernidade líquida, desregulamentado e privatizado; agir sobre esse sonho foi deixado para a iniciativa privada – local, de grupos. A proteção da segurança pessoal é agora uma questão de cada um, e as autoridades e a polícia local estão à mão para ajudar com conselhos, enquanto as imobiliárias assumem de bom grado o problema daqueles que são capazes de pagar por seus serviços. Medidas tomadas pessoalmente – isoladamente ou em conjunto – precisam estar ao nível da urgência que levou à sua busca. De acordo com as regras comuns do raciocínio mítico, o metonímico é reformulado em metafórico: o desejo de repelir e empurrar os perigos ostensivos próximos ao corpo ameaçado se transforma na necessidade de tornar o "fora" semelhante, "parecido" ou idêntico ao "dentro", refazer o "lá fora" à semelhança do "aqui dentro"; o sonho da "comunidade de semelhança" é, essencialmente, uma projeção de *l'amour de soi*.

É também uma tentativa frenética de evitar a confrontação com questões constrangedoras sem resposta: se o eu, amedrontado e carente de autoconfiança, merece amor em primeiro lugar, e se merece portanto servir como modelo para a renovação do hábitat e como padrão para avaliar e medir a identidade aceitável. Numa "comunidade de semelhança" tais questões, esperamos, não serão colocadas, e assim a credibilidade da segurança obtida pela purificação nunca será posta à prova.

Em outro lugar (*Em busca da política*, Zahar, 2000), discuti a "não santíssima trindade" de incerteza, insegurança e falta de garantias, cada uma gerando ansiedade ainda mais aguda e penosa pela dúvida quanto à sua proveniência; qualquer que seja sua origem, a pressão acumulada busca desesperadamente uma saída, e com o acesso às fontes da incerteza e da insegurança bloqueado ou fora de alcance, toda a pressão se desloca, para cair afinal sobre a finíssima e instável válvula de segurança corporal, doméstica e ambiental. Como resultado, o "problema da segurança" tende a ser cronicamente sobrecarregado de cuidados e anseios que não pode levar nem descarregar. Essa aliança resulta na sede perpétua por mais segurança, uma sede que nenhuma medida prática pode saciar, pois seu destino é deixar intactas as fontes primárias e prolíficas da incerteza e da falta de garantias, as principais provedoras da ansiedade.

Segurança a um certo preço

Lendo os escritos dos renascidos apóstolos do culto comunitário, Phil Cohen conclui que as comunidades que eles elogiam e recomendam como cura para os problemas da vida de seus contemporâneos se assemelham mais a orfanatos, prisões ou manicômios que a lugares de liberação potencial. Cohen está certo; mas o potencial de liberação nunca foi a questão dos comunitários; os problemas que se esperava que as futuras comunidades sanassem eram sedimentos dos excessos de liberação, de um potencial de liberação grande demais para ser confortável. Na longa e inconclusiva busca de equilíbrio entre liberdade e segurança, o comunitarismo ficou firme ao lado da última. Também aceitou que os dois valores humanos ambicionados estão em oposição, e que não se pode querer mais de um sem renunciar a um tanto, talvez grande parte, do outro. Uma possibilidade que os comunitários não admitem é que a ampliação e o enraizamento da liberdade humana podem aumentar a segurança, que a liberdade e a segurança podem crescer juntas, e menos ainda que cada uma só pode crescer em conjunto com a outra.

A imagem da comunidade é a de uma ilha de tranquilidade caseira e agradável num mar de turbulência e hostilidade. Ela tenta e seduz, levando os admiradores a impedir-se de examiná-la muito de perto, pois a eventualidade de comandar as ondas e domar os mares já foi retirada da agenda como uma proposição tanto suspeita quanto irrealista. Ser o único abrigo dá a essa visão da comunidade um valor adicional, e esse valor continua a crescer à medida que a bolsa onde se negociam outros valores da vida se torna cada vez mais caprichosa e imprevisível.

Como investimento seguro (ou melhor, investimento menos notoriamente arriscado que outros), o valor do abrigo comunitário não tem competidores sérios, à exceção, talvez, do corpo do investidor – agora, em contraste com o passado, o elemento da *Lebenswelt* com uma expectativa de vida ostensivamente mais longa (de fato *incomparavelmente mais longa*) que o de qualquer de seus adereços ou embalagens. Como antes, o corpo continua mortal e portanto transitório, mas sua brevidade parece uma eternidade quando comparada à volatilidade e efemeridade de todos os quadros de referência, pontos de orientação, classificação e avaliação que a modernidade líquida põe e tira das vitrines e prateleiras. A família, os colegas de trabalho, a classe e os vizinhos são fluidos demais para que imaginemos sua permanência e os creditemos com a capacidade de quadros de referência confiáveis. A esperança de que "nos encontraremos outra vez amanhã", crença que costumava oferecer todas as razões necessárias para pensar à frente, agir a longo prazo e tecer os passos, um a um, numa trajetória cuidadosamente desenhada da vida transitória e incuravelmente mortal, perdeu muito de sua credibilidade; a probabilidade de que o que encontraremos amanhã será nosso próprio corpo imerso em família, classe, vizinhança e companhia de outros colegas de trabalho inteiramente diferentes ou radicalmente mudados é muito mais crível e, portanto, uma aposta mais segura.

Num ensaio que se lê hoje como uma carta à posteridade enviada da terra da modernidade sólida, Émile Durkheim sugeria que apenas "ações que têm uma qualidade duradoura são dignas de nossa volição, apenas prazeres duradouros são dignos de nossos desejos". Essa era, de fato, a lição que a modernidade sólida incutia na mente de seus habitantes, com bons resultados, mas ela soa estranha e vazia aos ouvidos contemporâneos – ainda que talvez menos bizarra que o conselho prático que Durkheim derivava dessa lição. Tendo formulado o que lhe parecia uma questão meramente retórica, "qual o valor de nossos prazeres individuais, tão curtos e vazios?", apressa-se a acalmar seus leitores, indicando que, afortunadamente, não estamos condenados à caça de tais prazeres – "porque as sociedades têm vida infinitamente mais longa que os indivíduos", "elas nos permitem saborear satisfações que não são simplesmente efêmeras". A sociedade, na visão de Durkheim (perfeitamente aceitável em seu tempo) é aquele corpo "em cuja proteção abrigar-se do horror de nossa própria transitoriedade".[13]

O corpo e suas satisfações não se tornaram *menos* efêmeros desde o tempo em que Durkheim louvou as instituições sociais duradouras. O empecilho, no entanto, é que tudo o mais – e principalmente aquelas instituições sociais – se tornou ainda *mais* efêmero que o "corpo e suas satisfações". A duração da vida é uma noção comparativa, e o corpo mortal é agora talvez a mais longeva entidade à vista (de fato, a única entidade cuja expectativa de vida tende a crescer ao longo do tempo). O corpo, pode-se dizer, se tornou o único abrigo e santuário da continuidade e da duração; o que quer que possa significar o "longo prazo", dificilmente excederá os limites impostos pela mortalidade corporal. Esta se torna a última linha de trincheiras da segurança, expostas ao bombardeio constante do inimigo, ou o último oásis entre as areias assoladas pelo vento. Donde a preocupação furiosa, obsessiva, febril e excessiva com a defesa do corpo. A demarcação entre o corpo e o mundo exterior está entre as fronteiras contemporâneas mais vigilantemente policiadas. Os orifícios do corpo (os pontos de entrada) e as superfícies do corpo (os lugares de contato) são agora os principais focos do terror e da ansiedade gerados pela consciência da mortalidade. Eles não dividem mais a carga com outros focos (exceto, talvez, a "comunidade").

A nova primazia do corpo se reflete na tendência a formar a imagem da comunidade (a comunidade dos sonhos de certeza com segurança, a comunidade como viveiro da segurança) no padrão do corpo idealmente protegido: a visualizá-la como uma entidade internamente homogênea e harmoniosa, inteiramente limpa de toda substância estranha, com todos os pontos de entrada cuidadosamente vigiados, controlados e protegidos, mas fortemente armada e envolta por armadura impenetrável. As fronteiras da comunidade postulada, como os limites exteriores do corpo, são para separar o domínio da confiança e do cuidado amoroso da selva do risco, da suspeição e da perpétua vigilância. O corpo e também a comunidade postulada são aveludados por dentro e ásperos e espinhosos por fora.

Corpo e comunidade são os últimos postos de defesa no campo de batalha cada vez mais deserto em que a guerra pela certeza, pela segurança e pelas garantias é travada, diariamente e sem tréguas. Corpo e comunidade devem de agora em diante realizar as tarefas no passado divididas entre muitos bastiões e barricadas. O que depende deles agora é mais do que podem suportar, de tal forma que provavelmente aprofundarão, em vez de aliviar, os temores que levaram aqueles que andavam à procura de segurança a voltar-se para eles em busca de proteção. A nova solidão de corpo e comunidade é o resultado de um amplo conjunto de mudanças importantes subsumidas na rubrica modernidade líquida. Uma mudança no conjunto é, contudo, de particular importância: a renúncia, adiamento ou abandono, pelo Estado, de todas as suas principais responsabilidades em seu papel como maior provedor (talvez mesmo monopolístico) de certeza, segurança e garantias, seguido de sua recusa em endossar as aspirações de certeza, segurança e garantia de seus cidadãos.

Depois do Estado-nação

Nos tempos modernos, a nação era a "outra face" do Estado e a arma principal em sua luta pela soberania sobre o território e sua população. Boa parte da credibilidade da nação e de seu atrativo como garantia de segurança e de durabilidade deriva de sua associação íntima com o Estado e – através dele – com as ações que buscam construir a certeza e a segurança dos cidadãos sobre um fundamento durável e confiável, porque coletivamente assegurado. Sob as novas condições, a nação tem pouco a ganhar com sua proximidade do Estado. O Estado pode não esperar muito do potencial mobilizador da nação de que ele precisa cada vez menos, à medida que os massivos exércitos de conscritos, reunidos pelo frenesi patriótico febrilmente estimulado, são substituídos pelas unidades high-tech elitistas, secas e profissionais, enquanto a riqueza do país é medida, não tanto pela qualidade, quantidade e moral de sua força de trabalho, quanto pela atração que o país exerce sobre as forças friamente mercenárias do capital global.

Em um Estado que não é mais a ponte segura além do confinamento da mortalidade individual, um chamado ao sacrifício do bem-estar individual, para não falar da vida individual, em nome da preservação ou da glória imorredoura do Estado soa vazio e cada vez mais bizarro, se não engraçado. O romance secular da nação com o Estado está chegando ao fim; não exatamente um divórcio, mas um arranjo de "viver juntos" está substituindo a consagrada união conjugal fundada na lealdade incondicional. Os parceiros estão agora livres para procurar e entrar em outras alianças; sua parceria não é mais o padrão obrigatório de uma conduta própria e aceitável. Podemos dizer que a nação, que costumava ser o substituto da comunidade ausente na era da *Geselschaft,* se volta em direção da *Gemeinschaft* deixada para trás em busca de um padrão a emular e que lhe sirva de modelo. O andaime institucional capaz de manter a nação unida é pensável cada vez mais como um trabalho do tipo faça-você-mesmo. São os sonhos de certeza e segurança, e não suas disposições factuais e rotinizadas, que devem levar os indivíduos órfãos a abrigar-se sob as asas da nação, enquanto buscam a segurança teimosamente fugidia.

Parece haver pouca esperança de resgatar os serviços de certeza, segurança e garantias do Estado. A liberdade da política do Estado é incansavelmente erodida pelos novos poderes globais providos das terríveis armas da extraterritorialidade, velocidade de movimento e capacidade de evasão e fuga; a retribuição pela violação do novo estatuto global é rápida e impiedosa. De fato, a recusa a participar do jogo nas novas regras globais é o crime a ser mais impiedosamente punido, crime que o poder do Estado, preso ao solo por sua própria soberania territorialmente definida, deve impedir-se de cometer e evitar a qualquer custo.

Muitas vezes a punição é econômica. Governos insubordinados, culpados de políticas protecionistas ou provisões públicas generosas para os setores "economicamente dispensáveis" de suas populações e de não deixar o país à mercê dos "mercados financeiros globais" e do "livre comércio global", têm seus empréstimos recusados e negada a redução de suas dívidas; as moedas locais são transformadas em leprosas globais, pressionadas à desvalorização e sofrem ataques especulativos; as ações locais caem nas bolsas globais; o país é isolado por sanções econômicas e passa a ser tratado por parceiros comerciais passados e futuros como um pária global; os investidores globais cortam suas perdas antecipadas, embalam seus pertences e retiram seus ativos, deixando que as autoridades locais limpem os resíduos e resgatem as vítimas.

Ocasionalmente, no entanto, a punição não se confina a "medidas econômicas". Governos particularmente obstinados (mas não fortes o bastante para resistir por muito tempo) recebem uma lição exemplar que tem por objetivo advertir e atemorizar seus imitadores potenciais. Se a demonstração diária e rotineira da superioridade das forças globais não for suficiente para forçar o Estado a ver a razão e cooperar com a nova "ordem mundial", a força militar é exercida: a superioridade da velocidade sobre a lentidão, da capacidade de escapar sobre a necessidade de engajar-se no combate, da extraterritorialidade sobre a localidade, tudo isso se manifesta espetacularmente com a ajuda, desta vez, de forças armadas especializadas em táticas de atacar e correr e a estrita separação entre "vidas a serem salvas" e vidas que não merecem socorro.

Uma questão a ser discutida é se o modo como se conduziu a guerra contra a Iugoslávia foi, em termos éticos, correto e apropriado. Essa guerra fez sentido, porém, como "promoção da ordem econômica global por outros meios que não os políticos". A estratégia escolhida pelos atacantes funcionou bem como exibição espetacular da nova hierarquia global e das novas regras do jogo que a sustentam. Se não fosse por suas milhares de "baixas" muito reais e por um país arruinado e privado da sobrevivência e da capacidade de autorregeneração por muitos anos ainda, seríamos tentados a descrevê-la como uma "guerra simbólica" *sui generis*; a guerra em si, suas estratégias e táticas, foi um símbolo (consciente ou subconscientemente) da emergente relação de poder. O meio foi de fato a mensagem.

Como professor de sociologia, repeti a meus alunos, ano após ano, a versão padronizada da "história da civilização" com a marca da ascensão gradual mas incessante da sedentariedade e da vitória, por fim, dos sedentários sobre os nômades; não havia dúvida de que os derrotados nômades eram, essencialmente, a força regressiva e anticivilizacional. Jim MacLoughlin recentemente desvendou o significado dessa vitória, esboçando uma breve história do tratamento dispensado aos "nômades" pelas populações sedentárias dentro da órbita da civilização moderna.[14] O nomadismo, observa, era visto e tratado como "característica de sociedades 'bárbaras' e subdesenvolvidas". Os nômades eram definidos como primitivos, e, de Hugo Grotius em diante, traçava-se um paralelo entre "primitivo" e "natural" (isto é, inculto, cru, pré-cultural e incivilizado): "O desenvolvimento das leis, o progresso cultural e o avanço da civilização estavam intimamente ligados à evolução e ao aperfeiçoamento das relações homem-terra ao longo do tempo e do espaço." Para resumir: o progresso era identificado com o abandono do nomadismo em favor de um modo de vida sedentário. Tudo isso aconteceu no tempo da modernidade pesada, quando a dominação implicava envolvimento direto e estreito e significava conquista, anexação e colonização territorial. O fundador e principal teórico do "difusionismo" (visão da história outrora muito popular nas capitais dos impérios), Friedrich Ratzel, pregador dos "direitos do mais forte", que ele concebia como eticamente superior e inescapável em vista da raridade do gênio civilizador e da existência da imitação passiva, captou precisamente o espírito da época quando escreveu, no limiar do século colonialista, que

a luta pela existência significa uma luta pelo espaço ... Um povo superior, invadindo o território de seus vizinhos selvagens mais fracos, rouba-lhes a terra, encurrala-os em cantos pequenos demais para seu sustento e continua a usurpar mesmo suas minguadas posses, até que os mais fracos finalmente perdem os últimos resíduos de seu domínio, e são expulsos da terra ... A superioridade dessa expansão consiste principalmente em sua maior capacidade de apropriar, utilizar plenamente e povoar o território.

Claramente, não mais. O jogo da dominação na era da modernidade líquida não é mais jogado entre o "maior" e o "menor", mas entre o mais rápido e o mais lento. Dominam os que são capazes de acelerar além da velocidade de seus opositores. Quando a velocidade significa dominação, a "apropriação, utilização e povoamento" do território se torna uma desvantagem – um risco e não um recurso. Assumir algo sob nossa própria jurisdição e anexar a terra alheia implicam as tarefas caras, embaraçosas e não lucrativas de administração e policiamento, responsabilidades e compromissos – e acima de tudo limitações consideráveis à nossa futura liberdade de movimento.

Está longe de ser claro se outras guerras no estilo atacar e fugir serão empreendidas, em vista do fato de que a primeira tentativa terminou por imobilizar os vencedores – sobrecarregando-os com a atividade de ocupação da terra, envolvimentos locais e responsabilidades administrativas e gerenciais inadequadas às técnicas de poder da modernidade líquida. O poderio da elite global reside em sua capacidade de escapar aos compromissos locais, e a globalização se destina a evitar tais necessidades, a dividir tarefas e funções de modo a ocupar as autoridades locais, e somente elas, com o papel de guardiões da lei e da ordem (local).

Em verdade, disseminam-se sinais de um certo "arrependimento" no campo dos vencedores: a estratégia da "força policial global" está uma vez mais submetida a intenso escrutínio crítico. Entre as funções que a elite global deixaria para os Estados-nação transformados em delegacias de polícia, crescente número de vozes incluiria os esforços para resolver conflitos sangrentos entre vizinhos; a solução de tais conflitos, ouvimos, deveria ser "descongestionada" e "descentralizada", rebaixadas na hierarquia global, com ou sem atenção aos direitos humanos, e entregue "a quem de direito", aos senhores da guerra locais e às armas que possuem graças à generosidade ou ao "bem-compreendido interesse econômico" das empresas globais e dos governos que querem promover a globalização. Por exemplo, Edward N. Luttwak, *senior felow* do Centro Norte-Americano de Estudos Estratégicos e Internacionais e durante muitos anos termômetro confiável das mutáveis disposições do Pentágono, apelou no número de julho-agosto de 1999 da revista *Foreign Affairs* (descrita pelo *Guardian* como "a mais influente em circulação") para que se "dê uma chance à guerra". As guerras, segundo Luttwak, não são de todo más, pois levam à paz. A paz, porém, só virá "quando todos os beligerantes estiverem exaustos ou quando um vencer de maneira decisiva". A pior coisa (e a Otan fez justamente isso) é detê-las a meio caminho, antes que o tiroteio termine na exaustão mútua ou na incapacitação de uma das partes em guerra. Nesses casos, os conflitos não são resolvidos, mas apenas temporariamente congelados, e os adversários usam o tempo da trégua para rearmamento, reposicionamento e para repensar as táticas. Portanto, em seu próprio benefício e no deles, nunca interfira "em guerras alheias".

O apelo de Luttwak pode bem cair em ouvidos favoráveis e gratos. Afinal, do modo como avança a "promoção da globalização por outros meios", abster-se de intervir e permitir que a guerra atinja seu "fim natural" teria trazido os mesmos benefícios sem o incômodo do envolvimento direto em "guerras alheias", e especialmente em suas complicadas e pesadas consequências. Para aplacar a consciência despertada pela imprudente decisão de fazer a guerra sob uma bandeira humanitária, Luttwak indica a óbvia inadequação do envolvimento militar como meio para um fim: "Mesmo uma desinteressada intervenção de larga escala pode deixar de alcançar seu objetivo humanitário ostensivo. É preciso perguntar-se se os kosovares não estariam em melhor situação se a Otan não tivesse intervindo." Teria sido provavelmente melhor para as forças da Otan ter continuado com seus treinamentos diários e deixado aos locais o que os locais tinham que fazer.

O que causou o arrependimento e levou os vencedores a lamentarem a interferência (oficialmente proclamada um sucesso) foi que eles não conseguiram escapar à mesmíssima eventualidade que a campanha "atingir e fugir" pretendia evitar: a necessidade da invasão e da ocupação e administração do território conquistado. Quando os paraquedistas aterrissaram e se estabeleceram em Kosovo, os beligerantes foram impedidos de se matar entre si, mas a tarefa de mantê-los à distância segura trouxe as forças da Otan "do céu para a terra" e as envolveu com a responsabilidade das sujas realidades em campo. Henry Kissinger, um sóbrio e atento analista e o mestre da política entendida (de um modo meio antiquado) como a arte do possível, advertiu contra outro tropeço que seria arcar com a responsabilidade pela recuperação das terras devastadas pelos ataques dos bombardeiros.[15] Esse plano, diz Kissinger, "arrisca tornar-se um compromisso aberto em direção a um envolvimento cada vez maior, colocando-nos no papel de gendarmes de uma região de ódios apaixonados e onde temos poucos interesses estratégicos". E o "envolvimento" é justamente o que as guerras destinadas a "promover a globalização por outros meios" devem evitar! A administração civil, acrescenta Kissinger, envolveria inevitavelmente conflitos, e caberia aos administradores, como tarefa custosa e eticamente dúbia, resolvê-los pela força.

Até agora há poucos (se houver) sinais de que as forças de ocupação possam sair da tarefa de resolver o conflito em condições melhores que aqueles a quem bombardearam e substituíram em nome de seu fracasso. Em claro contraste com o destino dos refugiados em cujo nome a campanha de bombardeios foi iniciada, as vidas cotidianas dos que retornaram raramente chegam às manchetes, mas as notícias que ocasionalmente chegam aos leitores e ouvintes são sinistras. "Uma onda de violência e represálias continuadas contra sérvios e a minoria roma em Kosovo ameaça solapar a precária estabilidade da província, deixando-a etnicamente limpa de sérvios apenas um mês depois da tomada de controle pelas tropas da Otan", relata Chris Bird de Pristina.[16] As forças da Otan em campo parecem perdidas e desvalidas diante dos furiosos ódios étnicos, que pareciam tão fáceis de atribuir à malícia de apenas um celerado, e portanto tão fáceis de resolver, quando vistos das câmeras de TV instaladas a bordo dos bombardeiros supersônicos.

Jean Clair, e com ele outros observadores, espera que o resultado imediato da guerra nos Bálcãs seja uma profunda e duradoura desestabilização de toda a área, e a implosão, não a maturação, das jovens e vulneráveis (ou ainda nem nascidas) democracias como a macedônia, albanesa, croata ou búlgara.[17] (Daniel Vernet apresenta seu levantamento das opiniões sobre a questão por cientistas políticos e sociais de classe alta da região sob o título "Os Bálcãs diante do risco de agonia sem fim".[18]) Mas Clair também se pergunta como será preenchido o vazio aberto depois que as raízes da viabilidade dos Estados-nação foram cortadas. As forças globais de mercado, jubilosas com a perspectiva de não mais serem detidas ou obstruídas, provavelmente se instalarão no local, mas não vão querer (nem conseguir, se quiserem) representar as autoridades políticas ausentes ou enfraquecidas. Nem estarão necessariamente interessadas na ressurreição de um Estado-nação forte e confiante em pleno controle de seu território.

"Outro Plano Marshall" é a resposta mais comum à perplexidade atual. Não são só os generais que são conhecidos por estar sempre envolvidos na última guerra vitoriosa. Mas não é possível pagar para sair de cada apuro, por maior que seja a soma posta de lado para isso. O problema dos Bálcãs é inteiramente diferente do da reconstrução da soberania e do sustento dos cidadãos dos Estados-nação depois da Segunda Guerra. O que enfrentamos nos Bálcãs depois da guerra do Kosovo não é apenas a tarefa da reconstrução material quase a partir do zero (o sustento dos iugoslavos está praticamente destruído), mas também os agitados e inflamados chauvinismos interétnicos que saíram da guerra reforçados. A inclusão dos Bálcãs na rede dos mercados globais não será de muita serventia para amainar a intolerância e o ódio, dado que aumentará a insegurança que era (e continua sendo) a fonte principal dos sentimentos tribais em ebulição. Há, por exemplo, um perigo real de que o enfraquecimento da capacidade de resistência sérvia possa servir como convite para que seus vizinhos se envolvam em nova rodada de hostilidades e limpezas étnicas.

Dada a lamentável folha-corrida dos políticos da Otan em sua grosseira administração das delicadas e complexas questões típicas do "cinturão de populações mistas" (como Hannah Arendt adequadamente chamou a região) dos Bálcãs, pode-se temer nova série de custosos desastres. Não erraríamos muito tampouco em suspeitar da iminência do momento em que os líderes europeus, tendo se assegurado de que nenhuma nova onda de refugiados em busca de asilo ameaça seu próspero eleitorado, percam o interesse intrínseco nas terras inadministráveis, como já fizeram tantas vezes antes – na Somália, Sudão, Ruanda, Timor Leste e Afeganistão. Estaremos então de volta ao começo, depois de um desvio semeado de cadáveres. Antonina Jelyazkova, diretora do Instituto Internacional de Estudos de Minorias, expressou bem a questão (citada por Vernet): "Não se pode resolver o problema das minorias com bombas. As explosões deixam o diabo à solta dos dois lados."[19] Tomando o lado das posições nacionalistas, as ações da Otan fortaleceram os já frenéticos nacionalismos da área e prepararam o terreno para futuras repetições de atentados genocidas. Uma das mais terríveis consequências é que a mútua acomodação e a amigável coexistência de línguas, culturas e religiões da área nunca foi tão improvável como agora. Quaisquer que sejam as intenções, os resultados contrariam o que um empreendimento verdadeiramente ético nos levaria a esperar.

A conclusão, ainda que preliminar, não é auspiciosa. As tentativas de mitigar a agressão tribal pelas novas "ações policiais globais" foram até aqui inconclusivas, e mais provavelmente contraproducentes. Os efeitos totais da incessante globalização têm sido marcadamente desequilibrados: a ferida do reinício da guerra civil chegou antes do remédio necessário para curá-la, que está, na melhor das hipóteses, na fase de testes (mais provavelmente na de tentativa e erro). A globalização parece ter mais sucesso em aumentar o vigor da inimizade e da luta intercomunal do que em promover a coexistência pacífica das comunidades.

Preencher o vazio

Para as multinacionais (isto é, empresas globais com interesses e compromissos locais dispersos e cambiantes), "o mundo ideal" "é um mundo sem Estados, ou pelo menos com pequenos e não grandes Estados", observou Eric Hobsbawm. "A menos que tenha petróleo, quanto menor o Estado, mais fraco ele é, e menos dinheiro é necessário para se comprar um governo."

> O que temos hoje é, com efeito, um sistema dual, o sistema oficial das "economias nacionais" dos Estados, e o real, mas não oficial, das unidades e instituições transnacionais ... Ao contrário do Estado com seu território e poder, outros elementos da "nação" podem ser e são facilmente ultrapassados pela globalização da economia. Etnicidade e língua são dois exemplos óbvios. Sem o poder e a força coercitiva do Estado, sua relativa insignificância é clara.[20]

Como a globalização da economia procede aos saltos, "comprar governos" é, certamente, cada vez menos necessário. A clara incapacidade dos governos de equilibrar as contas com os recursos que controlam (isto é, os recursos que eles podem estar certos de que continuarão no domínio de sua jurisdição independente do modo que escolham para equilibrar as contas) seria suficiente para fazê-los não só se renderem ao inevitável, mas colaborarem ativamente e de bom grado com os "globais".

Anthony Giddens utilizou a metáfora apócrifa do *"juggernaut"* para captar o mecanismo da "modernização" do mundo.

A mesma metáfora se adapta bem à globalização da economia de hoje: é cada vez mais difícil separar os atores e seus objetos passivos, pois a maioria dos governos competem entre si para implorar, adular ou seduzir o *juggernaut* global a mudar de rumo e vir primeiro às terras que administram. Os poucos entre eles que são lentos, míopes ou orgulhosos demais para entrar na competição enfrentarão sérios problemas por não terem o que dizer a seus eleitores que "votam com suas carteiras", ou então serão prontamente condenados e relegados ao ostracismo pelo afinado coro da "opinião mundial", para serem depois varridos (ou ameaçados de ser varridos) por bombas capazes de restaurar seu bom senso, trazendo-os (de volta) ao redil.

Se o princípio da soberania dos Estados-nação está finalmente desacreditado e removido dos estatutos do direito internacional, se a capacidade de resistência dos Estados está efetivamente quebrada a ponto de não precisar ser levada seriamente em conta nos cálculos dos poderes globais, a substituição do "mundo das nações" pela ordem supranacional (um sistema político global de freios e contrapesos para limitar e regular as forças econômicas globais) é apenas um dos possíveis cenários – e, da perspectiva de hoje, não o mais provável. A disseminação mundial do que Pierre Bourdieu chamou de "política da precarização" é igualmente provável, se não mais. Se o golpe na soberania do Estado se demonstrar fatal ou terminal, se o Estado perder seu monopólio da coerção (que tanto Max Weber como Norbert Elias consideravam como sua característica distintiva e, simultaneamente, o atributo *sine qua non* da racionalidade moderna ou ordem civilizada), não se segue necessariamente que o volume total de violência, inclusive violência com consequências potencialmente genocidas, diminuirá; ela pode ser apenas "desregulada", descendo do nível do Estado para o da "comunidade" (neotribal).

Na falta do quadro institucional de estruturas "arbóreas" (para utilizar a metáfora de Deleuze/Guattari), a socialidade pode perfeitamente retornar a suas manifestações "explosivas", ramificando-se e fazendo brotar formações de grau variado de durabilidade, mas invariavelmente instáveis, calorosamente contestadas e destituídas de base em que se apoiar – à exceção das ações apaixonadas e frenéticas de seus partidários. A instabilidade endêmica dos fundamentos precisará ser compensada. Uma cumplicidade ativa (voluntária ou forçada) nos crimes, que só a existência continuada de uma "comunidade explosiva" pode isentar efetivamente de punição, é a candidata mais provável a ocupar a vaga. Comunidades explosivas precisam de violência para nascer e para continuar vivendo. Precisam de inimigos que ameacem sua existência e inimigos a serem coletivamente perseguidos, torturados e mutilados, a fim de fazer de cada membro da comunidade um cúmplice do que, em caso de derrota, seria certamente declarado crime contra a humanidade e, portanto, objeto de punição.

Numa série de estudos provocativos *(Des choses cachées depuis la fondation du monde; Le bouc émissaire; La violence et le sacré),* René Girard desenvolveu uma teoria ampla do papel da violência no nascimento e persistência da comunidade. Um impulso violento está sempre em ebulição sob a calma superfície da cooperação pacífica e amigável; esse impulso precisa ser canalizado para fora dos limites da comunidade, onde a violência é proibida. A violência, que caso contrário desmascararia o blefe da unidade comunal, é então reciclada como arma de defesa comunal. Dessa forma reciclada ela é indispensável; precisa ser reencenada sempre sob a forma de um sacrifício ritual, cuja vítima substituta é escolhida de acordo com regras que raramente são explicitadas, e são no entanto estritas. "Há um denominador comum que determina a eficácia de todos os sacrifícios." Esse denominador comum é

a violência interna – todas as dissensões, rivalidades, ciúme e querelas dentro da comunidade, que os sacrifícios contribuem para suprimir. O propósito do sacrifício é restaurar a harmonia da comunidade, reforçar o tecido social.

O que une as diversas formas de sacrifício ritual é seu propósito de manter viva a memória da unidade comunal e de sua precariedade. Mas, para que desempenhe essa função, a "vítima substituta", objeto sacrificado no altar da unidade comunal, deve ser escolhida adequadamente – e as regras de seleção são exigentes e precisas. Para ser adequado ao sacrifício, o objeto potencial "deve ter grande semelhança com as categorias humanas excluídas das fileiras dos 'sacrificáveis' (isto é, os humanos considerados 'membros da comunidade'), ainda que mantenham um grau de diferença que impeça qualquer possível confusão". Os candidatos devem ser de fora, mas não distantes demais; semelhantes "a nós, membros cabais da comunidade", mas inequivocamente diferentes. O ato de sacrificar esses objetos se destina, afinal, a traçar estritas e impassáveis fronteiras entre o "dentro" e o "fora" da comunidade. Não é preciso dizer que as categorias das quais as vítimas são regularmente selecionadas são

> seres que estão fora ou nas fronteiras da sociedade; prisioneiros de guerra, escravos ... indivíduos de fora ou marginais, incapazes de estabelecer ou compartilhar os laços sociais que unem o resto dos habitantes. Seu status como estrangeiros ou inimigos, sua condição servil, ou simplesmente sua idade, impede essas futuras vítimas de se integrarem à comunidade.

A falta de laços sociais com os membros "legítimos" da comunidade (ou a proibição de estabelecer tais laços) tem uma vantagem adicional: as vítimas "podem ser expostas à violência sem risco de vingança";[21] pode-se puni-los com impunidade – ou pelo menos pode-se esperar por isso, manifestando, porém, a expectativa oposta, pintando a capacidade assassina das vítimas nas cores mais vivas e lembrando que a comunidade deve cerrar fileiras e manter seu vigor e vigilância no máximo.

A teoria de Girard parece fazer sentido da violência que é profusa e exaltada nas esgarçadas fronteiras das comunidades, especialmente comunidades cujas identidades são incertas ou contestadas, ou, mais precisamente, do uso comum da violência como instrumento para desenhar fronteiras quando estas estão ausentes, ou são porosas ou apagadas. Três comentários parecem, porém, necessários.

Primeiro: se o sacrifício regular de "vítimas substitutas" é uma cerimônia de renovação do "contrato social" não escrito, ele pode desempenhar esse papel graças a seu outro aspecto – o da lembrança coletiva de um "ato de criação" histórico ou mítico, do pacto original a partir de um campo de batalha mergulhado em sangue inimigo. Se não houve tal evento, ele precisa ser retrospectivamente construído pela assídua repetição do ritual de sacrifício. Genuíno ou inventado, porém, ele cria um padrão para todas as candidatas ao status de comunidade – as futuras comunidades que ainda não estão em posição de substituir a "coisa real" pelo ritual benigno e o assassinato de vítimas reais pela morte de vítimas substitutas. Por mais sublimada que seja a forma do sacrifício ritual que transforma a vida comunal numa reencenação contínua do milagre do "dia da independência", as lições pragmáticas tiradas por todas as que aspiram ao status de comunidade induzem a façanhas de pouca sutileza ou elegância litúrgica.

Segundo: a ideia de uma comunidade cometendo o "assassinato original" a fim de tornar sua existência segura e garantida e cerrar fileiras é incongruente nos próprios termos de Girard; antes que o assassínio original fosse cometido dificilmente haveria fileiras a serem cerradas e uma existência comunal para ser assegurada. (O próprio Girard deixa isso implícito, quando explica em seu capítulo 10 o simbolismo ubíquo do corte na liturgia do sacrifício: "O nascimento da comunidade é antes e acima de tudo um ato de separação.") A visão da exportação calculada da violência interna para além das fronteiras da comunidade (a comunidade assassinando estranhos a fim de manter a paz entre seus membros) é mais um caso do expediente tentador mas equivocado de tomar a função (genuína ou imputada) por explicação causal. É antes o próprio assassinato original que traz a comunidade à vida, colocando a demanda de solidariedade e a necessidade de cerrar fileiras. É a legitimidade das vítimas originais que clama pela solidariedade comunal e que tende a ser confirmada ano após ano nos rituais de sacrifício.

Terceiro: a afirmação de Girard de que o "sacrifício é principalmente um ato de violência sem risco de vingança" (p.13) precisa ser complementada pela observação de que, para tornar o sacrifício eficaz, a ausência de risco deve ser cuidadosamente ocultada ou, melhor ainda, enfaticamente negada. Do assassínio original o inimigo deve ter emergido não inteiramente morto, mas morto-vivo, um zumbi pronto a levantar-se da tumba a qualquer momento. Um inimigo realmente morto, ou um inimigo morto incapaz de ressuscitar, não inspirará temor suficiente para justificar a necessidade de unidade – e os rituais de sacrifício são regularmente realizados para lembrar a todos que os rumores do desaparecimento final do inimigo são propaganda do próprio inimigo e, portanto, a prova oblíqua, mas vívida, de que o inimigo está vivo.

Numa formidável série de estudos sobre o genocídio na Bósnia, Arne Johan Vetlesen diz que, na falta de fundamentos institucionais confiáveis (esperaríamos que duráveis e seguros), um espectador não envolvido, morno ou indiferente se torna o mais odiado e o melhor dos inimigos: "Do ponto de vista de um agente do genocídio, esses estranhos são pessoas que têm um potencial ... para deter o genocídio em curso."[22] Independente de que os espectadores efetivem ou não esse potencial, sua presença enquanto "espectadores" (pessoas que não fazem nada para destruir o inimigo) é um desafio à única proposição de que a comunidade deriva sua *raison d'être*: de que é uma situação "ou nós, ou eles", que a destruição "deles" é indispensável para "nossa" sobrevivência e matá-"los" é a *conditio sine qua non* da "nossa" sobrevivência. Como a participação na comunidade não está predeterminada ou institucionalmente assegurada, o "batismo do sangue (derramado)" – uma participação pessoal no crime coletivo – é a única maneira de aderir e a única legitimação da participação contínua. Por oposição ao genocídio praticado pelo Estado (e, principalmente, por oposição ao Holocausto), o tipo de genocídio que é o ritual de nascimento das comunidades explosivas não pode ser confiado aos especialistas ou delegado a departamentos ou unidades especiais. Não é tanto uma questão de quantos "inimigos" são mortos; é mais importante quantos são os assassinos.

Também é importante que os assassinatos sejam cometidos abertamente, à luz do dia e à vista de todos, que existam testemunhas do crime que conheçam os assassinos pelo nome – de modo que a evasão e a impunidade deixem de ser uma opção viável e a comunidade nascida do crime iniciático permaneça como único refúgio para os assassinos. A limpeza étnica, como Arne Johan Vetlesen descobriu em seu estudo da Bósnia,

> fixa e *mantém* as condições de proximidade entre criminoso e vítima e até cria essas condições se elas não existirem, e as estende, como questão de princípio, se correm o risco de desaparecer. Nessa violência superpersonalizada, famílias inteiras foram forçadas a ser testemunhas de tortura, estupro e assassinato ...[23]

Outra vez por contraste com o genocídio ao estilo antigo, e acima de tudo ao Holocausto como "tipo ideal", as testemunhas são ingredientes indispensáveis na mistura de fatores que dão vida a uma comunidade explosiva. Uma comunidade explosiva pode contar razoavelmente (ainda que às vezes enganosamente) com longa vida apenas enquanto o crime original for lembrado e, assim, seus membros, cientes de que as provas do crime que cometeram são abundantes, permanecem unidos e solidários – cimentados pelo interesse conjunto de cerrar fileiras para contestar a natureza criminosa e punível de seus atos. A melhor maneira de gerar essas condições é reavivar periódica ou continuamente a memória do crime e o medo da punição pela adição de novos crimes aos velhos. Como as comunidades explosivas nascem em pares (não haveria o "nós" se não fosse por "eles") e como a violência genocida é um crime a que qualquer dos membros do par recorre com facilidade quando se sente mais forte, não faltam oportunidades para encontrar um pretexto adequado a uma nova "limpeza étnica" ou atentado genocida. A violência que acompanha a sociabilidade explosiva e é o modo de vida das comunidades que sedimenta, portanto, se autopropaga, autoperpetua e autorreforça. Ela gera o que Gregory Bateson chamou de "cadeias esquizogenéticas", que resistem bravamente a serem interrompidas, que dirá revertidas.

Uma característica que torna as comunidades do tipo analisado por Girard e Vetlesen particularmente ferozes, violentas e sangrentas, dotando-as de considerável potencial genocida, é sua "conexão territorial". Esse potencial tem origem em outro paradoxo da era da modernidade líquida. A territorialidade está intimamente ligada às obsessões espaciais da modernidade sólida; alimenta-se delas e contribui, por sua vez, para sua preservação. As comunidades explosivas, ao contrário, estão em casa na era da modernidade liquefeita. A mescla de sociabilidade explosiva com aspirações territoriais está fadada, portanto, a resultar em mutações monstruosas. A alternância de estratégias "fágicas" e "êmicas" na conquista e defesa do espaço (que em geral era a principal questão nos conflitos da modernidade sólida) aparece inteiramente fora de lugar (e o que é ainda mais importante, "fora do tempo") num mundo dominado pela variedade leve/fluida/de *software* da modernidade; nesse mundo, ela quebra a norma em vez de segui-la.

As populações sedentárias sitiadas se recusam a aceitar as regras e riscos do novo jogo de poder "nômade", atitude que a nova elite global nômade acha extremamente difícil (bem como repulsiva e indesejável) de entender e não pode perceber senão como um sinal de retardamento e atraso. Quando se trata de confrontos, e particularmente confrontos militares, as elites nômades do moderno mundo líquido percebem a estratégia territorialmente orientada das populações sedentárias como "bárbara" por comparação à sua própria estratégia militar "civilizada". Agora é a elite nômade que dá o tom e dita os critérios pelos quais as obsessões territoriais são classificadas e julgadas. A mesa foi virada – e a velha e testada arma da "cronopolítica", outrora utilizada pelas triunfantes populações sedentárias para expulsar os nômades para a pré-história bárbara e selvagem, é agora utilizada pelas vitoriosas elites nômades em sua luta com o que restou da soberania territorial e contra aqueles que ainda se dedicam à sua defesa.

Em sua reprovação das práticas territoriais, as elites nômades podem contar com o apoio popular. O ultraje experimentado à vista das massivas expulsões chamadas de "limpeza étnica" ganha vigor adicional pelo fato de que elas parecem estranhamente uma versão ampliada das tendências manifestadas diariamente, ainda que em menor escala, perto de casa – em todos os espaços urbanos das terras que fazem a cruzada civilizadora. Lutando contra os "faxineiros étnicos", exorcizamos nossos "demônios", que nos estimulam a pôr em guetos os indesejáveis "estrangeiros", a aplaudir o estreitamento do direito de asilo, a demandar a remoção dos constrangedores estrangeiros das ruas da cidade e a pagar qualquer preço pelos abrigos cercados de câmeras de vigilância e guardas armados. Na guerra iugoslava o que estava em jogo para os dois lados era notavelmente semelhante, embora o que era o objetivo declarado de um dos lados fosse um segredo ansiosamente guardado pelo outro. Os sérvios queriam expulsar de seu território uma minoria albanesa recalcitrante e embaraçosa, enquanto os países da Otan, por assim dizer, "respondiam à altura": sua campanha militar foi deslanchada pelo desejo dos outros europeus de manterem os albaneses na Sérvia, matando assim no ninho a ameaça de sua reencarnação como migrantes constrangedores e indesejados.

Cloakroom communities*

A ligação entre a comunidade explosiva em sua encarnação moderna especificamente líquida e a territorialidade não é porém necessária, nem, certamente, universal. A maioria das comunidades explosivas contemporâneas são feitas sob medida para os tempos líquidos modernos mesmo que sua disseminação possa ser projetada territorialmente; elas são extraterritoriais (e tendem a obter sucesso mais espetacular quanto mais livres forem das limitações territoriais) – precisamente como as identidades que invocam e mantêm precariamente vivas no breve intervalo entre a explosão e a extinção. Sua natureza "explosiva" combina bem com as identidades da era moderna líquida: de modo semelhante a tais identidades, as comunidades em questão tendem a ser voláteis, transitórias e voltadas ao "aspecto único" ou "propósito único". Sua duração é curta, embora cheia de som e fúria. Extraem poder não de sua possível duração mas, paradoxalmente, de sua precariedade e de seu futuro incerto, da vigilância e investimento emocional que sua frágil existência demanda a gritos.

O termo *"cloakroom community"* capta bem alguns de seus traços característicos. Os frequentadores de um espetáculo se vestem *para a ocasião,* obedecendo a um código distinto do que seguem diariamente – o ato que simultaneamente separa a visita como uma "ocasião especial" e faz com que os frequentadores pareçam, enquanto durar o evento, mais uniformes do que na vida fora do teatro. É a apresentação noturna que leva todos ao lugar – por diferentes que sejam seus interesses e passatempos durante o dia. Antes de entrar no auditório, deixam os sobretudos ou capas que vestiram nas ruas no *cloakroom* da casa de espetáculos (contando o número de cabides usados pode-se julgar quão cheia está a casa e quão garantido está o futuro imedia-

---

* Literalmente, "comunidades de guarda-casacos", em alusão aos locais onde, em museus e teatros, deixam-se capas e casacos, que são retirados à saída. (N.T.)

to da produção). Durante a apresentação, todos os olhos estão no palco; e também a atenção de todos. Alegria e tristeza, risos e silêncios, ondas de aplauso, gritos de aprovação e exclamações de surpresa são sincronizados – como se cuidadosamente planejados e dirigidos. Depois que as cortinas se fecham, porém, os espectadores recolhem seus pertences do *cloakroom* e, ao vestirem suas roupas de rua outra vez, retornam a seus papéis mundanos, ordinários e diferentes, dissolvendo-se poucos momentos depois na variada multidão que enche as ruas da cidade e da qual haviam emergido algumas horas antes.

Cloakroom communities precisam de um espetáculo que apele a interesses semelhantes em indivíduos diferentes e que os reúna durante um certo tempo em que outros interesses – que os separam em vez de uni-los – são temporariamente postos de lado, deixados em fogo brando ou inteiramente silenciados. Os espetáculos enquanto ocasiões para a breve existência de *cloakroom communities* não fundem e misturam cuidados individuais em "interesses de grupo"; adicionadas, as preocupações em questão não adquirem uma nova qualidade, e a ilusão de compartilhar que o espetáculo pode gerar não dura muito mais que a excitação da performance.

Os espetáculos passaram a substituir a "causa comum" da era da modernidade sólida, do *hardware* – o que faz diferença para a natureza das identidades ao novo estilo e leva a dar sentido às tensões emocionais e traumas geradores de agressividade que de tempos em tempos as acompanham.

"Comunidades de carnaval" parece ser outro nome adequado para as comunidades em discussão. Tais comunidades, afinal, dão um alívio temporário às agonias de solitárias lutas cotidianas, à cansativa condição de indivíduos *de jure* persuadidos ou forçados a puxar a si mesmos pelos próprios cabelos. Comunidades explosivas são *eventos* que quebram a monotonia da solidão cotidiana, e como todos os eventos de carnaval liberam a pressão e permitem que os foliões suportem melhor a rotina a que devem retornar no momento em que a brincadeira terminar. E, como a filosofia, nas melancólicas meditações de Wittgenstein, "deixam tudo como estava" (sem contar os feridos e as cicatrizes morais dos que escaparam ao destino de "baixas marginais").

"Cloakroom" ou "de carnaval", as comunidades explosivas são uma característica tão indispensável da paisagem da modernidade líquida quanto o pleito essencialmente solitário dos indivíduos *de jure* em seus ardentes (embora vãos) esforços de elevar-se a indivíduos *de facto*. Os espetáculos e cabides no *cloakroom* e as folias carnavalescas que atraem multidões são muitos e variados, para todos os tipos de gostos. O admirável mundo novo de Huxley tomou emprestado ao 1984 de Orwell o estratagema dos "cinco minutos de ódio (coletivizado)", complementando-o esperta e engenhosamente com o expediente dos "cinco minutos de adoração (coletivizada)". A cada dia, as manchetes de primeira página da imprensa e dos cinco primeiros minutos da TV acenam com novas bandeiras sob as quais reunir-se e marchar ombro (virtual) a ombro (virtual). Oferecem um "objetivo comum" (virtual) em torno do qual comunidades virtuais podem se entrelaçar, alternadamente atraídas e repelidas pelas sensações sincronizadas de pânico (às vezes moral, mas geralmente imoral ou amoral) e êxtase.

Um efeito das *cloakroom communities*/comunidades de carnaval é que elas eficazmente impedem a condensação de comunidades "genuínas" (isto é, compreensivas e duradouras), que imitam e prometem replicar ou fazer surgir do nada. Espalham em vez de condensar a energia dos impulsos de sociabilidade, e assim contribuem para a perpetuação da solidão que busca desesperadamente redenção nas raras e intermitentes realizações coletivas orquestradas e harmoniosas.

Longe de ser uma cura para o sofrimento nascido do abismo não transposto e aparentemente intransponível entre o destino do indivíduo *de jure* e o do indivíduo *de facto,* são os sintomas e às vezes fatores causais da desordem social específica da condição de modernidade líquida.

. Posfácio .

Escrever; escrever sociologia[1]

A necessidade de pensar é o que nos faz pensar.

THEODOR W. ADORNO

Citando a opinião do poeta tcheco Jan Skácel sobre a condição do poeta (que, nas palavras de Skácel, apenas descobre os versos que "estiveram sempre, profundamente, lá"), Milan Kundera comenta (em *L'Art du roman*, 1986): "Escrever significa para o poeta romper a muralha atrás da qual se esconde alguma coisa que 'sempre esteve lá'." Sob esse aspecto, a tarefa do poeta não é diferente da obra da história, que também *descobre*, e não *inventa*: a história, como os poetas, descobre, em sempre novas situações, possibilidades humanas antes ocultas.

O que a história faz corriqueiramente é um desafio, uma tarefa e uma missão para o poeta. Para elevar-se a essa missão, o poeta deve recusar servir verdades conhecidas de antemão e bem usadas, verdades já "óbvias" porque trazidas à superfície e aí deixadas a flutuar. Não importa que essas verdades "supostas de antemão" sejam classificadas como revolucionárias ou dissidentes, cristãs ou ateias – ou quão corretas e apropriadas, nobres e justas sejam ou tenham sido proclamadas. Qualquer que seja sua denominação, essas "verdades" não são as "coisas ocultas" que o poeta é chamado a desvelar; são antes partes da muralha que é missão do poeta destruir. Os porta-vozes do óbvio, do autoevidente e "daquilo em que todos acreditamos" são *falsos poetas,* diz Kundera.

Mas o que tem que ver a vocação do poeta com a do sociólogo? Nós sociólogos raramente escrevemos poemas. (Alguns de nós que o fazemos tomamos uma licença, para a atividade de escrever, de nossos afazeres profissionais.) E no entanto, se não quisermos partilhar do destino dos "falsos poetas" e não quisermos ser "falsos sociólogos", devemos nos aproximar tanto quanto os verdadeiros poetas das possibilidades humanas ainda ocultas; e por essa razão devemos perfurar as muralhas do óbvio e do evidente, da moda ideológica do dia cuja trivialidade é tomada como prova de seu sentido. Demolir tais muralhas é vocação tanto do sociólogo quanto do poeta, e pela mesma razão: o emparedamento das possibilidades desvirtua o potencial humano ao mesmo tempo em que obstrui a revelação de seu blefe.

Talvez o verso que o poeta procura tenha estado "sempre lá". Não se pode estar tão certo, porém, sobre o potencial humano descoberto pela história. Será que os humanos – os que fazem e os que foram feitos, os heróis e as vítimas da história – sempre carregarão consigo o mesmo volume de possibilidades à espera do momento certo para serem reveladas? Ou a oposição entre descoberta e criação é nula e vazia e não faz sentido? Como a história é o processo infindável da criação humana, não seria ela pela mesma razão o processo infindável do autodescobrimento humano? A propensão para revelar/criar sempre novas possibilidades, para expandir o inventário das possibilidades já descobertas e tornadas reais, não é o único potencial humano que sempre "esteve lá", e sempre estará? Saber se a nova possibilidade foi criada ou "meramente" revelada pela história é sem dúvida um estímulo bem-vindo para mentes escolásticas; quanto à própria história, ela não espera pela resposta e pode seguir sem ela.

O legado mais precioso de Niklas Luhmann a seus colegas sociólogos é a noção de *autopoiesis* – autocriação (do grego ποιείη, fazer, criar, dar forma, o oposto de πασχειη, sofrer, ser um objeto e não a fonte do ato) –, que pretende captar e encapsular a essência da condição humana. A escolha do termo foi em si mesma uma criação ou descoberta da ligação (parentesco herdado mais que afinidade escolhida) entre a história e a poesia. A poesia e a história são duas correntes paralelas ("paralelas" no sentido do universo não euclidiano regulado pela geometria de Bolyai e Lobachevski) dessa *autopoiesis* das potencialidades humanas, em que a criação é a única forma que pode tomar a descoberta e a autodescoberta é o principal ato de criação.

A sociologia, sou tentado a dizer, é uma terceira corrente, paralela a essas duas. Ou pelo menos isso é o que ela deveria ser para ficar dentro dessa condição humana que tenta entender e tornar inteligível; e é o que ela vem tentando ser desde o início, embora tenha sido repetidas vezes desviada por ter tomado equivocadamente as aparentemente impenetráveis e ainda não decompostas muralhas como os limites últimos do potencial humano, e por ter se apressado a garantir aos comandantes e às tropas sob seu comando que as linhas que traçaram para marcar os limites jamais seriam ultrapassadas.

Alfred de Musset sugeriu há quase dois séculos que os "grandes artistas não têm pátria". Há dois séculos essas palavras eram militantes, uma espécie de grito de guerra. Foram escritas em meio às ensurdecedoras fanfarras do patriotismo juvenil e crédulo, e por isso mesmo belicoso e arrogante. Muitos políticos estavam descobrindo sua vocação para a construção de Estados-nação com uma só lei, uma só língua, uma só visão de mundo, uma só história e um só futuro. Muitos poetas e pintores estavam descobrindo sua missão de nutrir os tenros brotos do espírito nacional, ressuscitando tradições nacionais há muito tidas como mortas ou concebendo outras novas e oferecendo à nação as histórias, canções, semelhanças e nomes de ancestrais heroicos – algo a compartilhar, amar e guardar em comum, e assim elevar o mero viver juntos ao nível do pertencer à mesma coisa, abrindo os olhos dos vivos para a beleza e doçura do pertencimento ao levá-los a lembrar e venerar seus mortos e a alegrar-se por cultivar seu legado. Contra esse clima, o rude veredicto de Musset tinha todas as marcas de uma rebelião e um chamado às armas: concitava seus colegas escritores a recusar cooperação ao empreendimento dos políticos, profetas e pregadores das fronteiras vigiadas e das trincheiras armadas. Não sei se Musset intuiu a capacidade fratricida dos tipos de fraternidades que os políticos nacionalistas e ideólogos laureados estavam determinados a erguer, ou se suas palavras não passavam de expressões de seu desagrado intelectual com os estreitos horizontes e com a mentalidade paroquial. Qualquer que fosse o caso então, quando lidas agora, com a vantagem do tempo, pela lente de aumento manchada com as marcas escuras das limpezas étnicas, genocídios e túmulos coletivos, as palavras de Musset parecem não ter perdido nada de sua urgência e desafio, e tampouco de sua capacidade de gerar controvérsia. Agora como então, elas miram o coração da missão do escritor e desafiam sua consciência com a questão decisiva para a *raison d'être* de qualquer escritor.

Um século e meio depois, Juan Goytisolo, provavelmente o maior entre os escritores espanhóis vivos, assume uma vez mais a questão. Em entrevista recente ("Les batailles de Juan Goytisolo", no *Monde,* de 12.2.1999) ele diz que quando a Espanha aceitou, em nome da piedade católica e sob influência da Inquisição, uma noção altamente restritiva da identidade nacional, o país se tornou, por volta do final do século XVII, um "deserto cultural". Note-se que Goytisolo escreve em espanhol, mas viveu muitos anos em Paris e nos EUA, antes de fixar-se finalmente no Marrocos. E note-se também que nenhum outro escritor espanhol tem tantas obras traduzidas para o árabe. Por quê? Goytisolo não duvida da razão. E explica: "A intimidade e a distância criam uma situação privilegiada. Ambas são necessárias." Ainda que por razões diferentes, ambas essas qualidades se fazem presentes nas relações de Goytisolo com seu espanhol nativo e com o árabe, o francês e o inglês adquiridos – as línguas dos países que sucessivamente se tornaram suas pátrias substitutas escolhidas.

Como Goytisolo passou grande parte de sua vida longe da Espanha, a língua espanhola deixou de ser para ele a ferramenta familiar da comunicação diária, mundana e ordinária, sempre à mão e dispensando a reflexão. Sua intimidade com a língua da infância não foi – nem poderia ter sido – afetada, mas agora está complementada pela distância. A língua espanhola se tornou o "lar autêntico em seu exílio", um território conhecido e sentido e vivido de dentro e no entanto – como também se tornou remoto – cheio de surpresas e descobertas. Esse território íntimo/distante se presta ao escrutínio tranquilo e distante *sine ira et studio,* pondo a nu as armadilhas e as possibilidades não testadas, invisíveis no uso vernacular, mostrando uma plasticidade insuspeitada, admitindo e convidando à intervenção criativa. Foi a combinação de intimidade e distância que permitiu a Goytisolo perceber que a imersão não refletida na língua – exatamente a espécie de imersão que o exílio torna quase impossível – é cheia de perigos: "Se vivemos apenas no presente, arriscamo-nos a desaparecer juntamente com o presente." Foi o olhar "de fora" e distante de sua língua nativa que permitiu a Goytisolo dar um passo além do presente que constantemente se esvai e enriquecer seu espanhol de um modo de outra maneira improvável, talvez de todo inconcebível. Trouxe de volta à sua prosa e poesia termos antigos, há muito caídos em desuso, e ao fazê-lo soprou a poeira que os cobria, limpou a pátina do tempo e ofereceu às palavras uma vitalidade nova e insuspeitada (ou há muito esquecida).

Em *Contre-allée,* livro recentemente publicado em colaboração com Catherine Malabou, Jacques Derrida convida seus leitores a pensar *em viagem* – ou, mais precisamente, a "pensar viajar". O que quer dizer pensar a atividade única de partir, ir embora de *chez soi,* ir para longe, para o desconhecido, arriscando todos os riscos, prazeres e perigos que o "desconhecido" oculta (até mesmo o risco de não voltar).

"Estar longe" é uma obsessão de Derrida. Há alguma razão para supor que ela nasceu quando, em 1942, aos 12 anos, Jacques foi expulso da escola, que recebera do governo de Vichy a ordem de purificar-se dos alunos judeus. Assim começou o "exílio perpétuo" de Derrida. Desde então, ele divide sua vida entre a França e os EUA. Nos EUA, era um francês; na França, por mais que tentasse, vez por outra o sotaque argelino de sua infância irrompia através de sua refinada *parole* francesa, traindo o *pied noir* escondido sob a fina pele do professor da Sorbonne. (Alguns pensam que foi por isso que Derrida passou a exaltar a superioridade da escrita e compôs o mito etiológico da prioridade para sustentar a afirmação axiológica.) Culturalmente, Derrida continuaria "sem Estado". Isso não significava não ter uma terra natal cultural. Ao contrário: ser "culturalmente sem Estado" significava ter mais de uma terra natal, construir um lar próprio na encruzilhada das culturas. Derrida se tornou e permaneceu um *métèque,* um híbrido cultural. Seu "lar na encruzilhada" foi feito da língua.

Construir um lar na encruzilhada cultural foi a melhor das oportunidades para submeter a língua a provas com que ela poucas vezes se depara, para ver suas qualidades não percebidas, descobrir do que ela é capaz e quais as promessas que não pode realizar. Desse lar na encruzilhada, para abrir-nos os olhos, veio a notícia da inerente pluralidade e da indecidibilidade do sentido (em *L'Écriture et la différence),* da impureza das origens (em *De la grammatologie)* e da perpétua não realização da comunicação (em *La Carte postale)* – como notou Christian Delacampagne no *Monde* de 12 de março de 1999.

As mensagens de Goytisolo e de Derrida são diferentes da de Musset: não é verdade, sugerem o romancista e o filósofo em uníssono, que a grande arte não tem pátria – ao contrário, a arte e os artistas podem ter muitas pátrias, e a maioria deles certamente tem mais de uma. Em vez de ser sem pátria, o segredo é estar à vontade em muitas pátrias, mas estar em cada uma ao mesmo tempo dentro e fora, combinar a intimidade com a visão crítica de um estranho, envolvimento com distanciamento – o que as pessoas sedentárias dificilmente aprendem. Pegar o jeito é a oportunidade do exílio: *tecnicamente* um exílio – que é *no* lugar, mas não *do* lugar. A liberdade que resulta dessa condição (que *é* essa condição) revela que as verdades caseiras são feitas e desfeitas pelo homem e que a língua materna é um fluxo infindável de comunicação entre as gerações e um tesouro de mensagens sempre mais ricas que quaisquer de suas leituras e sempre à espera de serem novamente reveladas.

George Steiner considerava Samuel Beckett, Jorge Luis Borges e Vladimir Nabokov os maiores escritores contemporâneos. O que os une, disse, e o que os fez grandes, é que os três se moviam com a mesma facilidade – estavam igualmente "à vontade" – em vários universos linguísticos, e não em apenas um. (Cabe um lembrete: "universo linguístico" é um pleonasmo: o universo em que cada um de nós vive é linguístico, e não pode ser senão linguístico – é feito de palavras. As palavras iluminam as ilhas das formas visíveis no oceano escuro do invisível e marcam os dispersos pontos de relevância na massa informe da insignificância. São as palavras que dividem o mundo em classes de objetos nomeáveis e fazem surgir seu parentesco ou oposição, proximidade ou distância, afinidade ou estranhamento – e enquanto estiverem sozinhas no campo elevam todos esses artefatos ao nível da realidade, a única realidade que existe.) É preciso viver, visitar, conhecer intimamente mais de um desses universos para descobrir a invenção humana por trás da estrutura impositiva e aparentemente irredutível de qualquer desses universos, e para descobrir quanto esforço cultural humano é necessário para adivinhar a ideia da natureza com suas leis e necessidades; tudo isso é preciso para se reunir, ao final, a audácia e a determinação para juntar-se, *conscientemente,* a esse esforço cultural, ciente de seus riscos e armadilhas, mas também do ilimitado de seus horizontes.

Criar (e também descobrir) significa sempre quebrar uma regra; seguir a regra é mera rotina, mais do mesmo – não um ato de criação. Para o exilado, romper regras não é uma questão de livre escolha, mas uma eventualidade que não pode ser evitada. Os exilados não sabem o bastante sobre as regras que reinam em seu país de chegada, nem as tratam com suficiente fervor para que seus esforços para observá-las e conformar-se a elas sejam percebidos como sérios e aprovados. Em relação a seu país de origem, a partida para o exílio foi lá registrada como o pecado original dos exilados, à luz do qual tudo o que eles venham a fazer mais tarde poderá ser usado contra eles como evidência de sua quebra das regras. Por ação ou omissão, quebrar as regras se torna a marca registrada dos exilados. Dificilmente isso os fará queridos pelos nativos dos países pelos quais fazem seus itinerários. Mas, paradoxalmente, também lhes permite trazer para todos os países envolvidos dons de que eles muito precisam e que não poderiam receber de outras fontes.

Esclareço. O "exílio" em discussão não é necessariamente um caso de mobilidade física, corporal. Pode envolver trocar um país por outro, mas não obrigatoriamente. Como disse Christine Brooke-Rose (em seu ensaio "Exsul"), a marca distintiva de todo exílio, e particularmente do exílio do escritor (isto é, o exílio articulado em palavras e assim transformado em uma *experiência* comunicável) é a recusa a ser integrado – a determinação de situar-se fora do espaço, de construir um lugar próprio, diferente do lugar em que os outros à volta se inserem, um lugar diferente dos lugares abandonados e diferente do lugar em que se está. O exílio é definido não em relação a qualquer espaço físico particular ou às oposições entre vários espaços físicos, mas por uma posição autônoma assumida em relação ao espaço como tal. "Em última análise", pergunta Brooke-Rose,

> cada poeta ou romancista "poético" (explorador, rigoroso) não é uma espécie de exilado, que olha de fora para dentro, com os olhos da mente, uma imagem brilhante e desejável do pequeno mundo criado, para o espaço do esforço de escrever e do espaço mais curto do ler? Esse tipo de escrita, muitas vezes contra editor e público, é a última arte criativa solitária, não socializada.

A resoluta determinação de permanecer "não socializado"; o consentimento a integrar-se apenas sob a condição de não integração; a resistência – muitas vezes penosa e agoniante, mas em última análise vitoriosa – à grande pressão do lugar, tanto o antigo quanto o novo; a áspera defesa do direito de julgar e de escolher; a adesão à ambivalência ou a invocação dela – essas são, podemos dizer, as características constitutivas do "exilado". Todas elas – note-se – referem-se a atitudes e estratégias de vida, à mobilidade espiritual mais que à física.

Michel Maffesoli (em *Du nomadisme: Vagobondages initiatiques*, 1997) escreve sobre o mundo que *todos* habitamos nos dias de hoje como um "território flutuante" em que "indivíduos frágeis" encontram uma "realidade porosa". A esse território só se adaptam coisas ou pessoas fluidas, ambíguas, num estado de permanente transformar-se, num estado constante de autotransgressão. O "enraizamento", se existir, só pode ser dinâmico: ele deve ser reafirmado e reconstituído diariamente – precisamente pelo ato repetido de "autodistanciamento", esse ato fundador, iniciático, de "estar de viagem", na estrada. Depois de comparar a todos nós – os habitantes do mundo de hoje – aos nômades, Jacques Attali (em *Chemins de sagesse*, 1996) sugere que, além de viajar leves e ser gentis, amigáveis e hospitaleiros em relação aos estranhos que encontram em seu caminho, os nômades devem estar constantemente alertas, lembrando que seus acampamentos são vulneráveis e não têm muros ou fossos que impeçam a entrada de intrusos. Acima de tudo, lutando para sobreviver no mundo dos nômades, precisam acostumar-se ao estado de desorientação perpétua, a viajar por estradas de rumo e tamanho desconhecidos, raramente olhando além da próxima curva ou cruzamento; eles precisam concentrar toda sua atenção no pequeno trecho de estrada que têm que vencer antes do escurecer.

"Indivíduos frágeis", destinados a conduzir suas vidas numa "realidade porosa", sentem-se como que patinando sobre gelo fino; e "ao patinar sobre gelo fino", observou Ralph Waldo Emerson em seu ensaio *"Prudence"*, "nossa segurança está em nossa velocidade". Indivíduos, frágeis ou não, precisam de segurança, anseiam por segurança, buscam a segurança e assim tentam, ao máximo, fazer o que fazem com a máxima velocidade. Estando entre corredores rápidos, diminuir a velocidade significa ser deixado para trás; ao patinar em gelo fino, diminuir a velocidade também significa a ameaça real de afogar-se. Portanto, a velocidade sobe para o topo da lista dos valores de sobrevivência.

A velocidade, no entanto, não é propícia ao pensamento, pelo menos ao pensamento de longo prazo. O pensamento demanda pausa e descanso, "tomar seu tempo", recapitular os passos já dados, examinar de perto o ponto alcançado e a sabedoria (ou imprudência, se for o caso) de o ter alcançado. Pensar tira nossa mente da tarefa em curso, que requer sempre a corrida e a manutenção da velocidade. E na falta do pensamento, o patinar sobre o gelo fino que é uma fatalidade para todos os indivíduos frágeis na realidade porosa pode ser equivocadamente tomado como seu *destino*.

Tomar a fatalidade por destino, como insistia Max Scheler em sua *Ordo amoris,* é um erro grave: "O destino do homem não é uma fatalidade ... A suposição de que fatalidade e destino são a mesma coisa merece ser chamada de fatalismo." O fatalismo é um erro do juízo, pois de fato a fatalidade "tem uma origem natural e basicamente compreensível". Além disso, embora não seja uma questão de livre escolha, e particularmente de livre escolha individual, a fatalidade "tem origem na vida de um homem ou de um povo". Para ver tudo isso, para notar a diferença e a distância entre fatalidade e destino, e escapar à armadilha do fatalismo, são necessários recursos difíceis de obter quando se patina sobre gelo fino: tempo para pensar, e distanciamento para uma visão de conjunto. "A imagem de nosso destino", adverte Scheler, "só nos abandona quando lhe damos as costas". Mas o fatalismo é uma atitude que se autorreferenda: faz com que o "voltar as costas", essa *conditio sine qua non* do pensamento, pareça inútil e indigno de ser tentado.

Tomar distância, tomar tempo – a fim de separar destino e fatalidade, de emancipar o destino da fatalidade, de torná-lo livre para confrontar a fatalidade e desafiá-la: essa é a vocação da sociologia. E é o que os sociólogos podem fazer caso se esforcem consciente, deliberada e honestamente para refundir a vocação a que atendem – sua fatalidade – em seu destino.

"A sociologia é a resposta. Mas qual era a pergunta?", diz e pergunta Ulrich Beck em *Politik in der Risikogeselschaft.* Algumas páginas antes, Beck parecera articular a pergunta que procura: a possibilidade de uma democracia que vá além da "especialistocracia", uma espécie de democracia que "começa onde se abre o debate e a formação de decisões sobre se *queremos* uma vida nas condições que nos são apresentadas …".

Essa possibilidade é marcada por um ponto de interrogação não porque alguém deliberada e maldosamente tenha fechado a porta do debate e proibido a tomada de decisões bem-embasada; a liberdade de falar e reunir-se para discutir questões de interesse comum jamais foi tão completa e incondicional como agora. A questão é que é preciso mais que a simples liberdade formal de falar e aprovar decisões para começar seriamente o tipo de democracia que na opinião de Beck é nosso imperativo. Também precisamos saber sobre o que devemos falar e do que devem se ocupar as decisões que devemos tomar. E isso precisa ser feito na sociedade em que vivemos, onde a autoridade de falar e decidir é reservada aos especialistas que detêm o direito exclusivo de definir a diferença entre realidade e fantasia e de separar o possível do impossível. (Especialistas, podemos dizer, são quase por definição pessoas que "sabem das coisas", que as tomam como são e pensam sobre a maneira menos arriscada de viver com elas.)

Por que isso não é fácil e provavelmente não vai ficar mais fácil a menos que se faça alguma coisa é o que Beck explica em seu *Risikogeselschaft: auf dem Weg in eine andere Moderne.* Escreve: "O que o alimento é para a fome, a eliminação dos riscos, *ou a interpretação que os exclui,* é para a consciência do risco."

Numa sociedade pressionada principalmente pela necessidade material não havia opção entre "eliminar" a miséria e "interpretá-la como inexistente". Em nossa sociedade, mais assombrada pelo risco que pela necessidade material, a opção existe – e é feita diariamente. A fome não pode ser aliviada pela negação; na fome, o sofrimento subjetivo e suas causas objetivas estão indissoluvelmente ligados, e a ligação é evidente e não pode ser desmentida. Mas os riscos, ao contrário da necessidade material, não são experimentados subjetivamente; pelo menos não são "vividos" diretamente a não ser que sejam mediados pelo conhecimento. Podem nunca chegar ao domínio da experiência subjetiva – podem ser trivializados ou expressamente negados antes de chegar lá, e a possibilidade de que sejam impedidos de chegar *cresce* junto com a extensão dos riscos.

Segue-se que *a sociologia é mais necessária que nunca*. O trabalho em que os sociólogos são especialistas, o trabalho de trazer novamente à vista o elo perdido entre a aflição objetiva e a experiência subjetiva, se tornou mais vital e indispensável que nunca; e isso precisará da ajuda profissional dos sociólogos, porque é cada vez menos provável que possa ser feito pelos praticantes de outros campos de especialização. Todos os especialistas lidam com problemas práticos e todo conhecimento especializado se dedica à sua solução, e a sociologia é um ramo do conhecimento especializado cujo problema prático a resolver é o *esclarecimento que tem por objetivo a compreensão humana*. A sociologia é talvez o único campo de especialização em que (como observou Pierre Bourdieu em *La misère du monde)* a famosa distinção de Dilthey entre *explicação* e *compreensão* foi superada e cancelada.

Compreender aquilo a que estamos fadados significa estarmos conscientes de que isso é diferente de nosso destino. E compreender aquilo a que estamos fadados é conhecer a rede complexa de causas que provocaram essa fatalidade e sua diferença daquele destino. Para operar no mundo (por contraste a ser "operado" por ele) é preciso entender como o mundo opera.

Posfácio

O tipo de esclarecimento que a sociologia é capaz de dar se endereça a indivíduos que escolhem livremente e têm por objetivo aperfeiçoar e reforçar sua liberdade de escolha. Seu objetivo imediato é reabrir o caso supostamente fechado da explicação e promover a compreensão. A autoformação e a autoafirmação dos homens e mulheres individuais, condição preliminar de sua capacidade de decidir se querem o tipo de vida que lhes foi apresentada como uma fatalidade, é que pode ganhar em vigor, eficácia e racionalidade como resultado do esclarecimento sociológico. A causa da sociedade autônoma pode ganhar junto com a causa do indivíduo autônomo; elas só podem vencer ou perder juntas.

Citando de *Le délabrement de l'Occident,* de Cornelius Castoriadis,

> uma sociedade autônoma, uma sociedade verdadeiramente democrática, é uma sociedade que questiona tudo o que é predeterminado e assim *libera a criação de novos significados.* Em tal sociedade, todos os indivíduos são livres para escolher criar para suas vidas os significados que quiserem (e puderem).

A sociedade é verdadeiramente autônoma quando "sabe, tem que saber, que não há significados 'assegurados', que vive na superfície do caos, que ela própria é um caos em busca de forma, mas uma forma que nunca é fixada de uma vez por todas". A falta de significados garantidos – de verdades absolutas, de normas de conduta pré-ordenadas, de fronteiras pré-traçadas entre o certo e o errado, de regras de ação garantidas – é a *conditio sine qua non* de, ao mesmo tempo, uma sociedade verdadeiramente autônoma e indivíduos verdadeiramente livres; a sociedade autônoma e a liberdade de seus membros se condicionam mutuamente. A segurança que a democracia e a individualidade podem alcançar depende não de lutar contra a contingência e a incerteza da condição humana, mas de reconhecer e encarar de frente suas consequências.

Se a sociologia ortodoxa, nascida e desenvolvida sob a égide da modernidade sólida, se preocupava com as condições da obediência e conformidade humanas, a primeira ocupação da sociologia feita sob medida para a modernidade líquida deve ser a promoção da autonomia e da liberdade; tal sociologia deve enfocar a autoconsciência, a compreensão e a responsabilidade individuais. Para os habitantes da sociedade moderna em sua fase sólida e administrada, a oposição principal se dava entre conformidade e desvio; a oposição principal da sociedade moderna em sua fase liquefeita e descentrada, a oposição que precisa ser enfrentada para pavimentar o caminho para uma sociedade verdadeiramente autônoma, se dá entre assumir a responsabilidade e buscar um abrigo onde a responsabilidade pelas próprias ações não precisa ser assumida pelos atores.

Este outro lado da oposição, buscar abrigo, é uma opção sedutora e uma perspectiva realista. Alexis de Tocqueville (no segundo volume de sua *De la démocratie en Amérique)* observou que se o egoísmo, fantasma que atormentou a espécie humana em todos os períodos de sua história, "seca as sementes de todas as virtudes", o individualismo, aflição nova e tipicamente moderna, seca apenas "a fonte das virtudes públicas"; os indivíduos afetados estão ocupados "criando pequenos grupos para seu próprio desfrute" e deixando a "sociedade maior" de lado. Essa tentação cresceu consideravelmente desde que Tocqueville fez sua observação.

Viver entre uma multidão de valores, normas e estilos de vida em competição, sem uma garantia firme e confiável de estarmos certos, é perigoso e cobra um alto preço psicológico. Não surpreende que a atração da segunda resposta, de fugir da escolha responsável, ganhe força. Como diz Julia Kristeva (em *Nações sem nacionalismo),* "é rara a pessoa que não invoca uma proteção primal para compensar a desordem pessoal". E todos nós, em medida maior ou menor, às vezes mais e às vezes menos, nos encontramos em Estado de "desordem pessoal". Vez por outra, sonhamos com uma "grande simplificação"; sem aviso, nos envolvemos em fantasias regressivas cuja principal inspiração são o útero materno e o lar protegido por muros. A busca de um abrigo primal é o "outro" da responsabilidade, exatamente como o desvio e a rebelião eram o "outro" da conformidade. O anseio por um abrigo primal veio hoje a substituir a rebelião, que deixou de ser uma opção razoável; como diz Pierre Rosanvallon (em novo prefácio a seu clássico *Le capitalisme utopique)*, não há mais "uma autoridade no poder para depor e substituir. Parece não haver mais espaço para a revolta, como atesta o fatalismo diante do fenômeno do desemprego".

Sinais da doença são abundantes e visíveis, mas, como repetidamente observa Pierre Bourdieu, procuram em vão uma expressão legítima no mundo da política. Sem expressão articulada, precisam ser lidos, obliquamente, nas explosões da fúria xenófoba e racista – manifestações mais comuns da nostalgia do abrigo primal. A alternativa disponível e não menos popular da busca de bodes-expiatórios e da intolerância militante neotribais – a retirada da arena política e a fuga para trás dos muros fortificados do privado – não é mais a estratégia dominante e, acima de tudo, não é mais uma resposta adequada à fonte verdadeira da aflição. E é neste ponto que a sociologia, com seu potencial de explicação que promove a compreensão, atinge seu lugar mais que em qualquer outro momento em sua história.

Segundo a antiga e ainda válida tradição hipocrática, como Pierre Bourdieu lembra aos leitores de *La misère du monde,* a verdadeira medicina começa com o reconhecimento da doença invisível – "fatos de que o doente não fala ou esquece de relatar". O que é preciso no caso da sociologia é a "revelação das causas estruturais que os sinais e falas aparentes só evidenciam por distorção *[ne dévoilent qu'en les voilant]".* É preciso enxergar – explicar e compreender – os sofrimentos característicos de uma ordem social que "sem dúvida fez recuar a grande miséria (ainda que talvez menos do que se diz frequentemente), ao mesmo tempo em que multiplicava os espaços sociais ... que ofereciam condições favoráveis para o crescimento sem precedentes de todos os tipos de pequenas misérias".

Diagnosticar uma doença não é o mesmo que curá-la – essa regra geral vale tanto para os diagnósticos sociológicos como para os médicos. Mas note-se que a doença da sociedade difere das doenças do corpo num aspecto tremendamente importante: no caso de uma ordem social doente, a falta de um diagnóstico adequado (silenciado pela tendência de "interpretar como inexistentes" os riscos observada por Ulrich Beck) é parte crucial e talvez decisiva da doença. Como bem disse Cornelius Castoriadis, está doente a sociedade que deixa de se questionar; e nem poderia ser diferente, considerando que – quer o saiba ou não – a sociedade é autônoma (suas instituições são feitas por humanos e, portanto, podem ser desfeitas por humanos), e que a suspensão do autoquestionamento impede a consciência da autonomia ao mesmo tempo em que promove a ilusão de heteronomia com suas consequências fatalistas inevitáveis. Recomeçar o questionamento significa dar um grande passo para a cura. Do mesmo modo como na história da condição humana a descoberta equivale à criação e no pensamento sobre a condição humana explicação e compreensão são uma só coisa, assim também, nos esforços de melhorar a condição humana, diagnóstico e terapia se misturam.

Pierre Bourdieu expressou isso perfeitamente na conclusão a *La misère du monde*: "Tornar-se consciente dos mecanismos que fazem a vida penosa, mesmo impossível de ser vivida, não significa neutralizá-los; trazer à luz as contradições não significa resolvê-las." E, no entanto, por mais céticos que possamos ser quanto à eficácia social da mensagem sociológica, não podemos negar os efeitos de permitir que aqueles que sofrem descubram a possibilidade de relacionar seus sofrimentos a causas sociais; nem podemos descartar os efeitos de tornarem-se conscientes da origem social da infelicidade "em todas as suas formas, inclusive as mais íntimas e secretas".

Nada é menos inocente, lembra Bourdieu, que o *laissez-faire*. Observar a miséria humana com equanimidade, aplacando a dor da consciência com o encantamento ritual do credo "não há alternativa", implica cumplicidade. Quem quer que, por ação ou omissão, participe do acobertamento ou, pior ainda, da negação da natureza alterável e contingente, humana e não inevitável da ordem social, notadamente do tipo de ordem responsável pela infelicidade, é culpado de imoralidade – de recusar ajuda a uma pessoa em perigo.

Fazer sociologia e escrever sociologia têm por objetivo revelar a possibilidade de viver em conjunto de modo diferente, com menos miséria ou sem miséria: essa possibilidade diariamente subtraída, subestimada ou não percebida. Não enxergar, não procurar e assim suprimir essa possibilidade é parte da miséria humana e fator importante em sua perpetuação. Sua revelação não predetermina sua utilização; quando conhecidas, as possibilidades também podem não ser submetidas ao teste da realidade, porque talvez não confiemos nelas o bastante. A revelação é o começo e não o fim da guerra contra a miséria humana. Mas essa guerra não pode ser empreendida seriamente, e menos ainda com uma possibilidade pelo menos parcial de sucesso, a menos que a escala da liberdade humana seja revelada e reconhecida, de tal modo que a liberdade possa ser plenamente utilizada na luta contra as fontes sociais de toda infelicidade, inclusive a mais individual e privada.

Não há escolha entre maneiras "engajadas" e "neutras" de fazer sociologia. Uma sociologia descomprometida é uma impossibilidade. Buscar uma posição moralmente neutra entre as muitas marcas de sociologia hoje praticadas, marcas que vão da declaradamente libertária à francamente comunitária, é um esforço vão. Os sociólogos só podem negar ou esquecer os efeitos de seu trabalho sobre a "visão de mundo", e o impacto dessa visão sobre as ações humanas singulares ou em conjunto, ao custo de fugir à responsabilidade de escolha que todo ser humano enfrenta diariamente. A tarefa da sociologia é assegurar que essas escolhas sejam verdadeiramente livres e que assim continuem, cada vez mais, enquanto durar a humanidade.

· Notas ·

1. Emancipação *(p.25-69)*

1. Herbert Marcuse, "Liberation from the affluent society", citado conforme *Critical Theory and Society: a Reader,* Stephen Eric Bronner e Douglas MacKay Kellner (orgs.), Londres: Routledge, 1989, p.277.

2. David Conway, *Classical Liberalism: The Unvanquished Ideal,* Nova York: St. Martin's Press, 1955, p.48.

3. Charles Murray, *What it Means to be a Libertarian: A Personal Interpretation,* Nova York: Broadway Books, 1997, p.32. Ver também os pertinentes comentários de Jeffrey Friedman em "What's wrong with libertarianism", *Critical Review,* verão 1997, p.407-67.

4. De *Sociologie et philosophie* (1924). Aqui citado seguindo a tradução em *Émile Durkheim: Selected Writings,* Cambridge: Cambridge University Press, 1972, p.115.

5. Erich Fromm, *Fear of Freedom,* Londres: Routledge, 1960, p.51, 67.

6. Richard Sennett, *The Corrosion of Character: The Personal Consequences of Work in the New Capitalism,* Nova York: W.W. Norton & Co., 1998, p.44.

7. Giles Deleuze e Felix Guattari, *Anti-Oedipus: Capitalism and Schizophrenia,* trad. Robert Hurley, Nova York: Viking Press, 1977, p.42.

8. Alain Touraine, "Can we live together, equal and different?", *European Journal of Social Theory,* nov 1998, p.177.

9. Frankfurt am Main: Suhrkamp, 1986. *Risk Society: Towards a New Modernity,* Londres: Sage, 1992.

10. Beck, *Risk Society,* p.137.

11. In Ulrich Beck, *Ecological Enlightenment: Essays on the Politics of the Risk Society,* Nova Jersey: Humanity Press, 1995, p.40.

12. Theodor Adorno, *Negative Dialectics,* trad. E.B. Ashton, Londres: Routledge, 1973, p.408.

13. Theodor Adorno, *Minima Moralia: Reflections from Damaged Life,* Londres: Verso, 1974, p.25-6.

14. Adorno, *Negative Dialectics,* p.220.

Notas

15. Adorno, *Minima Moralia*, p.68.

16. Adorno, *Minima Moralia*, p.33-4.

17. Theodor Adorno e Max Horkheimer, *Dialectics of Enlightenment*, Londres: Verso, 1986, p.213.

18. Adorno e Horkheimer, *Dialectics of Enlightenment*, p.214-5.

19. Victor Gourevitch e Michael S. Roth (orgs.), *Leo Strauss on Tyranny, including the Strauss-Kojève Correspondence*, Nova York: Free Press, 1991, p.212, 193, 145, 205.

2. Individualidade *(p.70-116)*

1. Nigel Thrift, "The rise of soft capitalism", *Cultural Values* 1/1, abr 1997, p.29-57. Aqui Thrift desenvolve criativamente conceitos cunhados e definidos por Kenneth Jowitt, *New World Disorder* (Berkeley: University of California Press, 1992), e Michel Serres, *Genesis* (Ann Arbor: The University of Michigan Press, 1995).

2. Alain Lipietz, "The next transformation", in Michele Cangiani (org.), *The Milano Papers: Essays in Societal Alternatives*, Montreal: Black Rose Books, 1996, p.116-7.

3. Ver V.I. Lênin, "Ocherednye zadachi sovetskoi vlasti", *Sokinenia* 27, fev-jul 1918, Moscou: GIPL, 1959, p.229-30.

4. Daniel Cohen, *Richesse du monde, pauvretés des nations*, Paris: Flammarion, 1997, p.82-3.

5. Max Weber, *The Theory of Social and Economic Organization*, trad. A.R. Henderson e Talcott Parsons, Nova York: Hodge, 1947, p.112-4.

6. Gerhard Schulze, "From situations to subjects: moral discourse in transition", in Pekka Sulkunen, John Holmwood, Hilary Radner e Gerhard Schulze (orgs.), *Constructing the New Consumer Society*, Nova York: Macmillan, 1997, p.49.

7. Turo-Kimmo Lehtonen e Pasi Mäenpää, "Shopping in the East-Central Mall", in Pasi Falk e Colin Campbell (orgs.), *The Shopping Experience*, Londres: Sage, 1997, p.161.

8. David Miller, *A Theory of Shopping*, Cambridge: Polity Press, 1998, p.141.

9. Zbyzko Melosik e Tomasz Szkudlarek, *Kultura, Tozsamosc i Demokracja: Migotanie Znaczen*, Cracóvia: Impuls, 1998, p.89.

10. Marina Bianchi, *The Active Consumer: Novelty and Surprise in Consumer Choice*, Londres: Routledge, 1998, p.6.

11. Hilary Radner, "Producing the body: Jane Fonda and the new public feminine", in Sulkunen et alii (orgs.), *Constructing the New Consumer Society*, p.116, 117, 122.

12. Um corolário apropriado e perspicaz do espanto de Tony Blair aparece na carta de Dr. Spencer Fitz-Gibbon ao *Guardian:* "É interessante que Robin Cook seja um homem mau agora que sua promiscuidade extramatrimonial foi revelada. No entanto, não faz muito tempo ele esteve envolvido na venda de equipamento à ditadura na Indonésia, um regime que massacrou 200 mil pessoas no Timor Leste ocupado. Se os meios de comunicação e o público britânicos se sentissem tão ultrajados em relação ao genocídio quanto ao sexo, o mundo seria um lugar muito mais seguro."

270   Modernidade líquida

13. Ver Michael Parenti, *Inventing Reality: The Politics of the Mass Media,* Nova York: St. Martin's Press, 1986, p.65. Nas palavras de Parenti, a mensagem subjacente aos massivos e ubíquos comerciais, o que quer que tentem vender, é que "a fim de viver bem e de maneira apropriada, os consumidores precisam que os produtores corporativos os guiem". De fato, os produtores corporativos podem contar com um exército de conselheiros, assessores pessoais e escritores de livros de autoajuda para martelar a mesma mensagem de incompetência pessoal.

14. Harvie Ferguson, *The Lure of Dreams: Sigmund Freud and the Construction of Modernity,* Londres: Routledge, 1996, p.205.

15. Harvie Ferguson, "Watching the world go round: Atrium culture and the psychology of shopping", in Bob Shields (org.), *Lifestyle Shopping: The Subject of Consumption,* Londres: Routledge, 1992, p.31.

16. Ver Ivan Illich, "L'Obsession de la santé parfaite", *Le monde diplomatique,* mar 1999, p.28.

17. Citado de Barry Glassner, "Fitness and the postmodern self", *Journal of Health and Social Behaviour* 30, 1989.

18. Ver Albert Camus, *The Rebel,* trad. Anthony Bower, Londres: Penguin, 1971, p.226-7.

19. Gilles Deleuze e Felix Guattari, *Oedipus Complex: Capitalism and Schizophrenia,* trad. Robert Hurley, Nova York: Viking Press, 1977, p.5.

20. Efrat Tseëlon, "Fashion, fantasy and horror", *Arena* 12, 1998, p.117.

21. Christopher Lasch, *The Culture of Narcissism,* Nova York: W.W. Norton and Co., 1979, p.97.

22. Christopher Lasch, *The Minimal Self.* Londres: Pan Books, 1985, p.32, 29, 34.

23. Jeremy Seabrook, *The Leisure Society.* Oxford: Blackwell, 1988, p.183.

24. Thomas Mathiesen, "The viewer society: Michel Foucault's 'Panopticon' revisited", *Theoretical Criminology* 1/2, 1997, p.215-34.

25. Paul Atkinson e David Silverman, "Kundera's *Immortality:* the interview society and the invention of the self", *Qualitative Inquiry* 3, 1997, p.304-25.

26. Harvie Ferguson, "Glamour and the end of irony", *The Hedgehog Review,* outono 1999, p.10-6.

27. Jeremy Seabrook, *The Race for Riches: The Human Costs of Wealth,* Basingstoke: Marshall Pikering, 1988, p.168-9.

28. Yves Michaud, "Des identités flexibles", *Le Monde,* 24.10.1997.

3. Tempo/Espaço *(p.117-63)*

1. Citado de Chris McGreal, "Fortress town to rise on Cape of low hopes", *Guardian,* 22.1.1999.

2. Ver Sarah Boseley, "Warning of fake stalking claims", *Guardian,* 1.2.1999, citando reportagem assinada por Michel Pathé, Paul E. Mullen e Rosemary Purcell.

3. Sharon Zukin, *The Culture of Cities,* Oxford: Blackwell, 1995, p.39, 38.

4. Richard Sennett, *The Fall of Public Man: On the Social Psychology of Capitalism,* Nova York: Vintage Books, 1978, p.39ss.

5. Sennett, *The Fall of Public Man,* p.264.

Notas

6. Liisa Uusitalo, "Consumption in postmodernity", in Marina Bianchi (org.), *The Active Consumer*, Londres: Routledge, 1998, p.221.

7. Turo-Kimmo Lehtonen e Pasi Mäenpää, "Shopping in the East-Centre Mall", in Pasi Falk e Colin Campbell (orgs.), *The Shopping Experience*, Londres: Sage, 1997, p.161.

8. Michel Foucault, "Of other spaces", *Diacritics* 1, 1986, p.26.

9. Richard Sennett, *The Uses of Disorder: Personal Identity and City Life*, Londres: Faber & Faber, 1996, p.34-6.

10. Ver Steven Flusty, "Building paranoia", in Nan Elin (org.), *Architecture of Fear*, Nova York: Princeton Architectural Press, 1997, p.48-9. Também Zygmunt Bauman, *Globalization: The Human Consequences*, Cambridge: Polity Press, 1998, p.20-1. [Ed. bras.: *Globalização: as consequências humanas*. Rio de Janeiro: Zahar, 1999.]

11. Ver Marc Augé, *Non-lieux: Introduction à l'anthropologie de la surmodernité*, Paris: Seuil, 1992. Também Georges Benko, "Introduction: modernity, postmodernity and social sciences", in Georges Benko e Ulf Strohmayer (orgs.), *Space and Social Theory: Interpreting Modernity and Postmodernity*, Oxford: Blackwell, 1997, p.23-4.

12. Jerzy Kociatkiewicz e Monika Kostera, "The anthropology of empty space", *Qualitative Sociology* 1, 1999, p.43, 48.

13. Sennett, *The Uses of Disorder*, p.194.

14. Zukin, *The Culture of Cities*, p.263.

15. Sennett, *The Fall of Public Man*, p.260ss.

16. Benko, "Introduction", p.25.

17. Ver Rob Shields, "Spacial stress and resistance: social meanings of spatialization", in Benko e Strohmayer (orgs.), *Space and Social Theory*, p.194.

18. Michel de Certeau, *The Practice of Everyday Life*, Berkeley: University of California Press, 1984; Tim Crosswell, "Imagining the nomad: mobility and the postmodern primitive", in *Space and Social Theory*, p.362-3.

19. Ver Daniel Bell, *The End of Ideology*, Cambridge, Mass.: Harvard University Press, 1988, p.230-5.

20. Daniel Cohen, *Richesse du monde, pauvreté des nations*, Paris: Flammarion, 1997, p.84.

21. Nigel Thrift, "The rise of soft capitalism", *Cultural Values*, abr 1997, p.39-40. Os ensaios de Thrift servem para abrir os olhos, mas o conceito de "capitalismo mole" utilizado no título e em todo o texto parece um nome equivocado – e uma caracterização que leva ao erro. Não há nada de "mole" no capitalismo de *software* da modernização leve. Thrift observa que "dançar" e "surfar" estão entre as melhores metáforas para aproximar a natureza do capitalismo em sua nova forma. As metáforas são bem-escolhidas, pois sugerem falta de peso, leveza e facilidade de movimento. Mas não há nada de "mole" na dança ou no surfe diários. Dançarinos e surfistas, e especialmente os que vivem na pista do salão de baile lotado ou na costa batida por altas ondas, precisam ser duros, e não moles. E são duros – como poucos de seus predecessores, capazes de ficar parados ou mover-se em trilhas claramente marcadas e bem-mantidas, jamais precisaram ser. O capitalismo *software* não é menos firme e duro que seu ancestral *hardware*. E líquido não quer dizer mole. Basta pensar no dilúvio, numa inundação ou na ruptura de um dique.

22. Ver Georg Simmel, "A chapter in the philosophy of value", in *The Conflict in Modern Culture and Other Essays,* trad. K. Peter Etzkorn, Nova York: Teachers College Press, 1968, p.52-4.

23. Relatado em Eileen Applebaum e Rosemary Batt, *The New American Workplace,* Ithaca: Cornell University Press, 1993. Citado de Richard Sennett, *The Corrosion of Character: The Personal Consequences of Work in the New Capitalism,* Nova York: W.W. Norton & Co., 1998, p.50.

24. Sennett, *The Corrosion of Character,* p.61-2.

25. Anthony Flew, *The Logic of Mortality.* Oxford: Blackwell, 1987, p.3.

26. Ver Michael Thompson, *Rubbish Theory: The Creation and Destruction of Value,* Oxford: Oxford University Press, 1979, especialmente p.113-9.

27. Leif Lewin, "Man, society, and the failure of politics", *Critical Review,* inverno-primavera 1998, p. 10. A passagem criticada é do prefácio de Tullock a William C. Mitchell e Randy T. Simmons, *Beyond Politics: Markets, Welfare, and the Failure of Bureaucracy,* Boulder, Col.: Westview Press, 1994, p.xiii.

28. Guy Debord, *Comments on the Society of the Spectacle,* trad. Malcolm Imrie, Londres: Verso, 1990, p.16, 13.

4. Trabalho *(p.164-209)*

1. No prefácio, que escreveu na condição de Coordenador da Comissão para o Ano 2000, a seu *The Year 2000,* orgs. Hermann Kahn e Anthony J. Wiener. Aqui citado de I.F. Clarke, *The Pattern of Expectation, 1644-2001,* Londres: Jonathan Cape, 1979, p.314.

2. Pierre Bourdieu, *Contre-feux: Propôs pour servir à la résistance contre l'invasion neo-liberale,* Paris: Liber, 1998, p.97. [Ed. bras.: *Contrafogos. Táticas para enfrentar a invasão neoliberal,* Rio de Janeiro: Zahar, 1998]

3. Alain Peyrefitte, *Du "miracle" en économie: leçons au Colege de France,* Paris: Odile Jacob, 1998, p.90, 113.

4. Kenneth Jowitt, *New World Disorder,* Berkeley: University of California Press, 1992, p.306.

5. Guy Debord, *Comments on the Society of the Spectacle,* trad. Malcolm Imrie, Londres: Verso, 1990, p.9.

6. Peter Drucker, *The New Realities,* Londres: Heinemann, 1989, p.15, 10.

7. Ulrich Beck, *Risk Society: Towards a New Modernity,* trad. Mark Ritter, Londres: Sage, 1992, p.88.

8. Ver David Ruelle, *Hasard et chaos,* Paris: Odile Jacob, 1991, p.90, 113.

9. Jacques Attali, *Chemins de sagesse: traité du labyrinthe,* Paris: Fayard, 1996, p.19, 60, 23.

10. Ver Paul Bairoch, *Mythes et paradoxes de l'histoire économique,* Paris: La Découverte, 1994.

11. Daniel Cohen, *Richesse du monde, pauvretés des nations,* Paris: Flammarion, 1998, p.31.

12. Ver Karl Polanyi, *The Great Transformation,* Boston: Beacon Press, 1957, especialmente p.56-7 e cap.6.

13. Richard Sennett, *The Corrosion of Character: The Personal Consequences of Work in the New Capitalism,* Nova York: W.W. Norton & Co., 1998, p.23.

14. Sennett, *The Corrosion of Character,* p.42-3.

15. Pierre Bourdieu (org.), *La misère du monde,* Paris: Seuil, 1993, p.631, 628.

16. Sennett, *The Corrosion of Character,* p.24.

17. Robert Reich, *The Work of Nations,* Nova York: Vintage Books, 1991.

18. Sennett, *The Corrosion of Character,* p.50, 82.

19. Attali, *Chemins de sagesse,* p.79-80, 109.

20. Nigel Thrift, "The rise of soft capitalism", *Cultural Values,* abr 1997, p.52.

21. Pierre Bourdieu, *Sur la television,* Paris: Liber, 1996, p.85. [Ed. bras.: *Sobre a televisão,* Rio de Janeiro: Zahar, 1997]

22. Bourdieu, *Contre-feux,* p.95-101.

23. Alain Peyrefitte, *La société de confiance: éssai sur les origines du développement,* Paris: Odile Jacob, 1998, p.514-6.

24. Bourdieu, *Contre-feux,* p.97.

25. Attali, *Chemins de sagesse,* p.84.

5. Comunidade *(p.210-50)*

1. Philippe Cohen, *Protéger ou disparaître: les elites face à la montée des insecurités,* Paris: Gallimard, 1999, p.7-9.

2. Eric Hobsbawm, *The Age of Extremes,* Londres: Michael Joseph, 1994, p.428.

3. Eric Hobsbawm, "The cult of identity politics", *New Left Review* 217, 1998, p.40.

4. Jock Young, *The Exclusive Society,* Londres: Sage, 1999, p.164.

5. Young, *The Exclusive Society,* p.165.

6. Leszek Kolakowski, "Z lewa, z prawa", *Moje sluszne poglady na wszystko,* Cracóvia: Znak, 1999, p.321-7.

7. Ver Bernard Yack, "Can patriotism save us from nationalism? Rejoinder to Virioli", *Critical Review* 12/1-2, 1998, p.203-6.

8. Ver Bernard Crick, "Meditation on democracy, politics, and citizenship", manuscrito inédito.

9. Alain Touraine, "Can we live together, equal and different?", *European Journal of Social Theory* 2/1998, p.177.

10. Richard Sennett, *The Corrosion of Character: The Personal Consequences of Work in the New Capitalism,* Londres: W.W. Norton, 1998, p.138.

11. Ver Jean-Paul Besset e Pascale Krémer, "Le nouvel attrait pour les résidences 'sécurisées'", *Le Monde,* 15.5.1999, p.10.

12. Richard Sennett, "The mith of purified community", *The Uses of Disorder: Personal Identity and City Style,* Londres: Faber & Faber, 1996, p.36, 39.

13. Citado de Anthony Giddens (org.), *Émile Durkheim: Selected Writings,* Cambridge: Cambridge University Press, 1972, p.94, 115.

14. Ver Jim MacLaughlin, "Nation-building, social closure and anti-traveller racism in Ireland", *Sociology,* fev 1999, p.129-51. Também para a citação de Friedrich Rabel.

15. Ver Jean Clair, "De Guernica à Belgrade", *Le Monde,* 21.5.1999, p.16.

16. *Newsweek,* 21.6.1999.

17. Ver Chris Bird, "Serbs flee Kosovo revenge attacks", *Guardian,* 17.7.1999.

18. Ver Daniel Vernet, "Les Balkans face au risque d'une tourmente sans fin", *Le Monde,* 15.5.1999, p.18.

19. Vernet, "Les Balkans face au risque d'une tourmente sans fin".

20. Eric Hobsbawm, "The nation and globalization", *Constelations,* mar 1998, p.4-5.

21. René Girard, *La violence et le sacré,* Paris: Grasset, 1972. Aqui citado na tradução inglesa de Patrick Gregory, *Violence and the Sacred,* Baltimore: Johns Hopkins University Press, 1979, p.8, 12, 13.

22. Arne Johan Vetlesen, "Genocide: a case for the responsibility of the bystander", jul 1998 (manuscrito).

23. Arne Johan Vetlesen, "Yugoslavia, genocide and modernity", jan 1999 (manuscrito).

Posfácio *(p.251-67)*

1. Este ensaio foi publicado pela primeira vez em *Theory, Culture and Society,* 2000, 1.

· Índice remissivo ·

A

adiamento da satisfação, 197-200
Adorno, Theodor W., 35, 39, 56-60
Agar, Herbert Sebastian, 28
aptidão versus saúde, 99-103
Arendt, Hannah, 238
Aristóteles, 71, 221
Arnold, Matthew, 29
Atkinson, Paul, 110
Attali, Jacques, 173-4, 192, 209, 259
ausentes, senhores, 22-3
autoridade (na política-vida), 83-4, 87-9

B

Bacon, Francis, 210
Bairoc, Paul, 177
Bakhtin, Mikhail, 126
Barth, Frederick, 220
Bateson, Gregory, 63, 246
Beattie, Melody, 84-5
Beck, Ulrich, 13, 34, 43-4, 47, 51, 170-1, 261-2, 266
Beck-Gernsheim, Elisabeth, 44
Bell, Daniel, 146, 165-6
Benjamin, Walter, 145, 167
Benko, Georges, 130, 138
Bentham, Jeremy, 17, 39, 110
Berlin, Isaiah, 68, 217

Bianchi, Marina, 82
Bierce, Ambrose, 165
Blair, Tony, 91
boa sociedade, 80-1, 83-4, 135-6, 209-10
Boorstin, Daniel J., 87
Bourdieu, Pierre, 166, 170, 186, 195, 201, 203, 208, 213, 240, 262-6
Brook-Rose, Christine, 258
Buñuel, Luis, 207
burocracia, 37-8, 76-8
Butler, Samuel, 85

C

Calvino, Italo, 151
Camus, Albert, 165-6
capitalismo pesado versus capitalismo leve, 36-7, 73-8, 83-4, 144-50, 159-60, 184, 208-9
Carlyle, Thomas, 10
Castoriadis, Cornelius, 33, 263, 266
causa comum, 48-50, 248-9
Certeau, Michel de, 144
cidadania, 49-51, 53-5
civilidade, 121-4, 133-4
Clair, Jean, 237
Cohen, Daniel, 76, 148-9, 177
Cohen, Phil, 236-7
Cohen, Philippe, 213

compras, 94-7, 103-9, 113-5
comunidade postulada, 211-5
comunidade, 51-2, 118-9, 128-36
comunidades nômades versus
  comunidades sedentárias, 21-2,
  235-6, 246-7
comunismo, 75-6
comunitarismo, 45-6, 50-2, 136-9,
  211-7, 226-7
confiança, 166-7, 169-70, 207-8
conquista territorial, 144-7
consumismo, 95-7, 103-4, 107-15, 198,
  206-7
Conway, David, 29
corpo e comunidade, 226-30
Coser, Lewis, 184
Crick, Bernard, 221
Crosswell, Tim, 144
Crozier, Michel, 151, 155, 189-90
cultura de cassino, 199

D
Davis, Mike, 120
Debord, Guy, 163, 168
Delacampagne, Christian, 256
Deleuze, Gilles, 32, 106, 240
dependência mútua, 18, 21-3, 151-3,
  181-8
Derrida, Jacques, 255-6
desacomodação, 45-52, 177-8, 211-2
Descartes, René, 143, 210
desejo versus querer, 96-100, 199-200
desencontro, 121-2
desengajamento, 19-20, 22-4, 54-5,
  153-6, 161-3, 187-8, 189-91, 234-5
desregulamentação, 11-3, 40-2,
  169-71, 188-9
Diderot, Denis, 31
direitos humanos, 49-50
Drucker, Peter, 42, 84, 169
Durkheim, Émile, 30, 85, 228

E
Elias, Norbert, 43-4, 240
Emerson, Ralph Waldo, 259-60
espaço público, 55, 67-8, 89-93

Estado de bem-estar, 183
Estado-nação, 20-2, 216-20, 230-2
estamentos versus classes, 13-4, 45-7
estética do consumo, 198-200
estrangeiros, 135-8
exército reserva de trabalho, 182-3
exílio, 258
exterritorialidade de poder, 19-20,
  54-5, 187-8

F
Ferguson, Harvie, 97-8, 111
Feuchtwanger, Lion, 27
Flew, Anthony, 157-8
flexibilidade do trabalho, 189-92
fluidez dos laços, 8-11, 15-6
Flusty, Steven, 129
fluxo de poder, 19-24, 54-5
Fonda, Jane, 86-8
Ford, Henry, 76, 109, 165-8, 181-2
fordismo, 37, 73-82, 105-9, 114-5,
  167-8
Foucault, Michel, 17, 39, 110, 126
Franklin, Benjamin, 142
Freud, Sigmund, 26, 44
Fromm, Erich, 31

G
Gates, Bill, 157
Giddens, Anthony, 31, 34, 115, 239-46
Girard, René, 241
Glassner, Barry, 104
Goytisolo, Juan, 254-7
Gramsci, Antonio, 74
Grande Irmão, 37, 42, 69
Granovetter, Mark, 187
Grotius, Hugo, 233
Guattari, Felix, 32, 107, 240
guerra, 20-2, 233-45

H
Habermas, Jürgen, 90
Hazeldon, George, 117-9, 139
Hobbes, Thomas, 43, 218
Hobsbawm, Eric, 214, 239
Horkheimer, Max, 35, 39, 58
Huxley, Aldous, 70-1, 75, 90, 250

Índice remissivo

I

Ibn Khaldoun, 21
identidade, 106-13, 114-6, 130-2, 134-8, 222-3, 225-6
Illich, Ivan, 103
imortalidade, 159-63
individualização, 41-53, 56, 68-9, 186, 212-4
indivíduo *de jure* e *de facto*, 52-6, 64-9, 223-4, 249-50

J

Jelyazkova, Antonina, 236
Jowitt, Kenneth, 167

K

Kant, Immanuel, 141, 210
Kennedy, John Fitzgerald, 142
Kissinger, Henry, 236
Kociatkiewicz, Jerzy, 131
Kojève, Alexander, 60-3
Kostera, Monika, 131
Kolakowsi, Leszek, 217
Kristeva, Julia, 264
Kundera, Milan, 251

L

Lasch, Christopher, 109
Lênin, Vladimir, 75
Lessing, Ephraim, 40
Lévi-Strauss, Claude, 129, 193, 219
Lewin, Leif, 160-1
liberdade, 11-5, 25-31, 36-7, 47-8, 64-6, 68, 111-3, 114-5, 151-3, 177-8, 212-3, 226-7
líderes versus exemplos, 83-9, 92-5
limpeza étnica versus Holocausto, 244-6
Lipietz, Alan, 74
Luhmann, Niklas, 252
Luttwak, Edward N., 235
Lyotard, François, 169

M

MacLaughlin, Jim, 20, 233
Maffesoli, Michel, 259

Man, Henri de, 74
Manifesto comunista, 9
Marcuse, Herbert, 25, 33
Marx, Karl, 9, 10, 73, 178-80
Mathiesen, Thomas, 110
Melosik, Zbyszko, 81
Michaud, Yves, 116
Mills, John Stuart, 43
Mills, Wright C., 84
modelo republicano, 222-3
modernização, 39-41, 43-4, 52-3
Murray, Charles, 29
Musset, Alfred de, 253-4

N

Nietzsche, Friedrich, 41

O

O'Neill, John, 191
Offe, Claus, 11-2, 46
Orwell, George, 38-40, 70-5, 90, 250

P

Panóptico, 17-20, 37-8, 110
Parenti, Michael, 95
Paterson, Orlando, 214
patriotismo versus nacionalismo, 216-22
Peyrefitte, Alain, 166, 207
Platão, 60, 71
Polanyi, Karl, 153, 178
política-vida, 7-8, 40-2, 53-4, 67-9, 84-5, 203-4
"precarização", 201-6
programas de entrevista, 88-90, 110-1
progresso, 164-7

R

racionalidade por referência a valores, 77-80
Ratzel, Friedrich, 233
Reich, Robert, 190, 208
revolução, 11-3
risco, 46-7, 261-3
Ritzer, George, 95, 125, 126
Roman, Joël, 50-1

Rosanvallon, Pierre, 265
rotinização, 146-8, 151-2, 179-81
Ruelle, David, 172
Rutherford, Jonathan, 13

S
Santo Agostinho, 219
Scheler, Max, 260
Schields, Rob, 143-4
Schopenhauer, Arthur, 26
Schulze, Gerhard, 79
Schütz, Alfred, 54
Seabrook, Jeremy, 110, 113
segurança, 213-7
Sennett, Richard,12, 31, 51, 121, 127-8,
134-5, 137-8, 157, 184-8, 191, 223-4
Sidgwick, Henry, 29
Silverman, David, 110
Skácel, Jan, 251
Steiner, George, 199, 257
Strauss, Leo, 34, 48, 60-4
Szkudlarek, Tomasz, 81

T
Taylor, Frederic, 185
teoria crítica, 33-5, 37-41, 54-5, 64-7
Thompson, E.P., 185
Thompson, Michael, 158
Thrift, Nigel, 72, 193, 208
Tocqueville, Alexis de, 10, 49, 179, 264

Tönnies, Ferdinand, 214
totalitarismo, 36-8
Touraine, Alain, 32, 223
trabalho ético, 198
Tullock, Gordon, 160
Tusa, John, 199

U
Uusitalo, Liisa, 124

V
Valéry, Paul, 7
Vernet, Daniel, 237
Vetlesen, Arne Johan, 244
Viroli, Maurizio, 218

W
Walpole, Horace, 71
Weber, Max, 10, 11, 37, 40, 77-8, 143,
149, 156, 197, 240
Williams, Raymond, 211
Wittgenstein, Ludwig, 59, 250
Woody Allen, 50, 157-8

Y
Yack, Bernard, 218
Young, Jock, 214-5

Z
Zukin, Sharon, 120, 136

1ª EDIÇÃO [2021] 9 reimpressões

ESTA OBRA FOI COMPOSTA POR MARI TABOADA EM AVENIR E MINION PRO
E IMPRESSA EM OFSETE PELA GRÁFICA BARTIRA SOBRE PAPEL PÓLEN
DA SUZANO S.A. PARA A EDITORA SCHWARCZ EM JULHO DE 2024

A marca FSC® é a garantia de que a madeira utilizada na fabricação do papel deste livro provém de florestas que foram gerenciadas de maneira ambientalmente correta, socialmente justa e economicamente viável, além de outras fontes de origem controlada.